我动议

孙宪忠民法典和民法总则
议案、建议文集

MOTIVES, PROPOSALS AND DRAFTS

孙宪忠 / 著

北京大学出版社
PEKING UNIVERSITY PRESS

序

2013年1月我当选为第十二届全国人民代表大会（以下简称"全国人大"）代表，至2018年3月这一届任期将满。担任全国人大代表不仅仅是一份光荣，更多的是一份责任。从我国宪法规定看，全国人大代表是国家最高权力机构的组成人员，他们以投票的方式，享有参与国家最高机关及其领导人的决定权，享有对中央政府、最高人民法院和最高人民检察院的监督权，享有领衔提出议案和附署议案推动立法的权利，享有依据提出建议案的方式监督具体执法机构和司法机构的权利，等等。这些权利，多数必须在大会期间行使，也有一些权利可以在大会休会期间行使。在我国，每一个全国人大代表大约代表45万个普通民众，一个人要代表这么多人，这个数字比例恐怕在世界上是少有的。而这个数字也说明全国人大代表责任之重。如果不能积极认真地履行职责，那么实在是有负于这么多民众。五年以来，我认为自己还是勤勉地履行了职责的。

全国人大代表的职权，除了参加会议行使选举权、审议以及表决权、监督权之外，就是领衔提出立法议案和立法建议。我在任职期间领衔提出的立法议案超过10件，立法建议超过20件。立法议案中值得一提的，就是在2013年领衔提出"修订《民法通则》为民法总则、整合其他民事法律为民法典"的议案。在这个议案当年没有得到立法机构回应的情况下，2014年再次提出同名议案。2014年8月，全国人民代表大会常务委员会(以下简称"全国人大常委会")讨论了这些议案。2014年10月,中共中央作出的"关于全面推动依法治国若干问题的决议"作出了"编纂民法典"的决定。从此,编纂中国民法典这个伟大工程即全面展开。2015年3月,我又提出"中国民法典中民法总则的编制体例的议案",即当年全国人大代表的第70号议案。全国人大法律委员会决定:"孙宪忠等代表提出的第70号议案,提出民法总则基本的制度框架及立法指导思想。对于议案提出的建议,法律委员会、法制工作委员会将在民法典编纂工作中认真研究。制定民法总则已列入全国人民代表大会常务委员会2016年立法工作计划。"2016年9月3日,第十二届全国人大常委会邀请我在第二十四讲专题讲座上作"我国民法典编纂中的几个问题"的报告。在这个报告中,我就世界性的民法法典化运动的起源、世界影响、经验、我国民法典编纂要解决的现实问题、工作重点、工作方案、关联立法问题等,提出了自己的系统观点。本次民法典编纂,立法机关采取的是"两步走"的工作方案,也是本人2013年、2014年议案所提。这个方案第一步编制民法总则,第二步整合其他现有民事基本法律为民法典。确定采取这个方案的原因是,1986年制定的《民法通则》条文绝大多数已经无法适用,民法总则部分应该重新制作;而其他民事法律比如合同法、物权法等颁布不久,部分修改即可使用。因此,这个立法方案是符合中国实际的。

2014年底至2017年3月《民法总则》颁布之前,我国最高立法机关主要的工作任务是编制《民法总则》。在这个工作中,我提出了自己的民法总则方案、关于法律行为部分的立法方案、关于民事权利部分的立法方案、关于权利客体的立法方案等。一份完整的议案,首先要说明案由,即议案指向的立法目的;其次要说明案据,即立法的法律根据或者事实依据;再次要进行论证,即依据议案涉及的政治、经济、法律等方面的科学原理,结合我国立法现状予以分析讨论;最后要提出自己的立法方案。所以,议案的撰写常常需要花费很多心血。一份完整的人大代表建议,虽然不像议案有格式和内容的要求,但是如果是指向立法的,其格式与内容大体也和议案相当。从已颁布的《民法总则》看,这些心血没有白费。应说明的是，本文集收集的议案、建议绝大多数内容是我自己撰写的，也有一些是中国社会科学院课题组部分同志撰写的。当然，所有的内容都是按照我的思路做出来的，最后的文字稿也由我确定。

民法典是当代世界公认的法治国家的标志，是国家治理与国计民生的基本保障，也是国家法律体系建设基本完善的标志。因此，它的编纂是1949年以来一代又一代法律工作者的共同梦想。但是2011年3月，立法机关宣布我国法律体系建设完成，其中隐含民法典编纂不再进行之意。在那几年里，中国民法典编纂竟一时无人提起。尽管如此，本人怀揣几代法律人的梦想与渴望，再举呼吁民法典编纂的旗帜，于2013年担任人大代表的第一年，就提出编纂民法典的议案。在立法机关没有响应的情况下，我2014年再次提出这个议案，并进行了更加详细的论证。这个议案应该说发挥了现实的作用。此后每年都提出涉及民法典的两个议案，还有数个建议或立法报告。在我国立法机关开始编纂民法典的工程之后，我作为全国人大代表列席了数次全国人大常委会的审议，还作为全国人大常委会法制工作委员会聘请的立法专家顾问，多次参加民法总则编制的咨询和顾问的工作。立法机关在这一时期多次召开立法讨论会、论证会和听证会，我参加了这些会议，而且有时候还要接受电话的咨询。在大会休会期间，我又以全国人大代表建议的方式提出来了一些具体制度建设的观点。所以五年来，仅仅是我提出大会期间和休会期间的议案和建议，就已经形成很多文字。

《民法总则》颁布和生效之后，已经有一些学者著述阐明该法的法理以及条文含义。也有不少朋友和出版社向我提起我本人在推动民法典编纂、参与民法总则制定的这一段经历，认为这一期间我的工作值得总结归纳。因此，现在将我提出的这些议案和建议收集起来交付出版。文集以"我动议"为名的含义是，文集内容不论是议案还是建议均为我自己本人所做，而且也有积极履行职责不负人民之托的意思。

本文集收集的，首先是我本人领衔提出的关于民法典和民法总则的议案。按照我国立法法等法律的规定，全国人大代表提出的议案，应该由30人联名提出。因此，这些议案虽然由本人撰写和领衔，但是这些议案形成具有约束力的法案，其他共同署名人的贡献丝毫不能忽略。让我感到非常荣幸的是，本人所在的上海代表团，代表们对于我国立法尤其是民法典的立法始终同样抱有强烈的责任感和热情，每当我介绍自己领衔的议案时，总能很快得到大家的呼应。我领衔的议案往往在一天之内就可以征集到足够的代表签名，还有代表朋友主动提出要给我的议案签名。每忆及此，我的心对上海团满怀感激。

文集还收集了一些以人大代表的名义提出的立法研究报告。

值得一提的是，在本届任期之内，本人还领衔提出了民法立法之外其他立法的议案和建议，其中一些也有比较好的社会反响。除关于标准化法的议案我已经收到全国人大财经委的立法立项通知之外，建议案中关于科研经费的两次提议，获得了强烈的社会反响。我国政策一再强调要推动科学研究的极大发展，但是 2013 年前后科研人员使用经费却遇到了极大的限制，甚至有一些合情合理的使用方法也被禁止了。因此，在 2014 年本人提出了科研经费使用管理制度改革的建议。遗憾的是，这个建议并没有产生期待的效应，甚至对于科研人员的束缚呈现出越来越严格的趋势。因此，在 2016 年本人再次提出这一建议，而且将该建议公开在中国法学网上。该年度的这一建议产生了很大的社会反响，本人从网络获得的反馈有二十多万条。后来，不但科技部、教育部等部门都给本人以明确的积极改进的回复，而且当年国务院办公厅也发布了给科研经费使用松绑的决定。这个文件确实发挥了非常积极的社会效果。此外，还有几件建议，社会效果也是很好的。但是，因文集主题限制，本人只好将这些有意义的资料归并在本文集的附录部分。

《民法总则》颁布之后，民法典的其他分则的编纂工作还在紧锣密鼓地进行。愿我国民法典早日成就。仅以此为序。

孙宪忠

2018 年 1 月　北京天宁寺

目 录

2013 年

- [议案题目] 修订《民法通则》为民法总则、整合其他民事法律为民法典　　001

2014 年

- [议案题目] 将《民法通则》修订为民法总则并整合民法立法群体、在此基础上编纂中国民法典的议案　　007
- [建议题目] 关于依法恢复、重建农村集体经济组织的建议　　016
- [议案题目] 民法典总则编"法律行为"一章建议稿　　022
- [建议题目] 民法典总则编"法律行为"一章的结构和条文建议稿　　110

2015 年

- [议案题目] 中国民法典中民法总则的编制体例的议案　　127
- [报告题目] 中国民法典编纂中的几个问题　　133

2016 年

- [议案题目] 关于中华人民共和国民法总则的议案　　161
- [议案题目] 民法总则应该规定"客体"一章及该章编制方案的议案　　215
- [建议题目] 对 2016 年 1 月 11 日《民法总则（征求意见稿）》的几点建议　　223
- [建议题目] 对 2016 年 4 月《民法总则草案（征求意见稿）》的修改建议　　226

[建议题目]	关于《民法总则草案》"民事权利"一章的修改建议	237
[报告题目]	我国民法典编纂中的几个问题	249
[建议题目]	关于《民法总则草案》"非法人组织"一章的修改建议	267

2017年

[建议题目]	关于民法总则是否应该把政策作为民法渊源的意见	271
[建议题目]	坚持现实性和科学性相结合原则、积极推进民法典分编编纂的建议	273

附录：其他议案或者建议

[建议题目]	建议人民法院停用"调撤率"作为绩效考核指标	297
[建议题目]	严厉打击轻型黑色经济的建议	301
[建议题目]	《立法法修正案（草案）》修改建议	303
[建议题目]	关于建立"科研友好型经费使用管理制度"的建议	307
[建议题目]	对政府法制工作的一点儿看法	316
[议案题目]	关于加快修订《标准化法》的议案	318
[建议题目]	关于尽快制定我国个人信息保护法的建议	323

后　记　335

2013 年

[议案题目]

修订《民法通则》为民法总则、整合其他民事法律为民法典①

一、案由

将我国《民法通则》修改制定为民法总则、并在此基础上整合现行民法立法群体、编纂我国民法典。

二、案据

1986 年制定的《民法通则》，产生于计划经济体制时代，虽然在当时的法律制度设计过程中表现出极大的改革开放的勇气，但是毕竟受到时代的限制。随着市场经济体制的建立和改革的深入，现在该法已有将近三分之二的行为规范和裁判规范的条文或失效、或不合市场经济体制要求。继续保留该法已经不符合法治的精神。依据中国共产党第十八届中央委员会第二次全体会议报告提出的"科学立法"的要求，现提议按照民法典的立法体例，将《民法通则》编制成为"民法总则"；并在制定我国民法总则之后，顺势尽快编制我国民法典。

三、简要论证

当代成文法系国家都制定民法典，将其作为国计民生的基本法律。因为民法典在推进国家政治进步和经济进步、在保障民生方面发挥首屈一指

---

① 该议案被列为 2013 年全国人民代表大会（以下简称"全国人大"）代表议案第 83 号。

的作用，所以法学界通认它在国家法律体系中处于核心和基础的地位。正因如此，当代成文法国家均以民法典的颁布作为法律体系完备、法制经验成熟的标志，也将它作为国家法律文明发展达到高级阶段的标志。我国改革开放之前民法立法几乎一片空白，在改革开放政策的推动下，立法者和社会共同努力，现在已经制定《民法通则》《合同法》《物权法》《婚姻法》《继承法》《侵权责任法》等民法法律，这些立法形成与民法典内容大体相当的法律群体。我国民法立法取得的成就举世公认，这些立法在改革开放中为促进我国市场经济体制发展，为保障我国民法基本权利也确实发挥了极大的作用，对此我们当然要给予充分的肯定。但是，这些民法所形成的，还只是一个立法"群体"，这个群体体系性不强，甚至尚不能称之为"体系"。因为体系化立法要求各个部分之间不仅仅具有功能上的分工，而且还应该具有明确的逻辑关联。现在我国的民法立法群体内部，尚不能做到这一点。尤其重要的是，众所周知，我国改革开放采取"摸着石头过河"的策略，法律建设基本上是走一步看一步，我国民法立法也是这样一步步走来的，因此其中一些立法带有明显的历史烙印，尤其是计划经济体制时代制定的法律更是这样。这些历史的烙印不仅仅表现在立法的思想精神方面，也表现在体系性规划方面。民法是规范现实生活最重要的法律，而我国民法因为立法造成的缺陷，妨害了法律应有功能的发挥，对市场规范不利，对民众权利保护不利。虽然不能因此得出贬低我国法制建设的结论，但是这些缺陷也是不能否定的。

我国改革开放初期即酝酿制定民法典，但是由于那时对国计民生的重大制度认识不清，制定民法典的努力未能成功，遂于1986年制定《民法通则》。该法制定时我国尚处于计划经济时代。该法制定过程中排除了很多干扰，坚持了改革开放的大方向，法律制度设计体现了勇于创新的精神，法律的原则和人身权部分的制度设计至今仍然获得高度赞扬。该法总得来说对后来的改革开放贡献非常大。但是，在改革开放多年之后，尤其是市场经济体制确立之后，该法表现出明显不足。这些问题简要的分析如下。

（一）涉及民事权利的绝大部分内容已经被其他法律替代而失效

从王汉斌副委员长所作的立法报告可以看出，该法在制定时承担着民法基本法的功能，因此它包括了大量的物权法、合同法、知识产权法、民事责任立法、涉外法律适用法的内容。实际上，这些规范构成了民法基本法最主要的行为规范和裁判规范。因为历史限制，该法中的这些制度非常简单，后来为适应改革开放的需要，我国立法机关陆续制定了独立的《物权法》《合同法》《专利法》《著作权法》《侵权责任法》《涉外民事关系法律适用法》等法律。因此《民法通则》中涉及物权、债权、知识产权、民事责任、涉外民事法律关系的法律适用这些核心的章节，直接包含的法律条文共74个，都失去了作用。仅仅这一部分失去效用的条文，就已经占该法的总条文数量（156个）约一半左右。而从是否为对立法具有核心价值的行为规范和裁判规范的角度看，失效部分占据的分量更大。从这一点看，该法已经到了必须修正的时候。

（二）该法剩余的承担民法总则作用的条文，也有很多不合时宜、不堪其用

《民法通则》中民事权利之外的条文，在立法者最初的设计中，应该承担民法典中民法总则的作用。这些条文反映的一些改革初期的变革措施，现在已经不合时宜、不堪其用，应该及时修改、补充，有些则应该予以废止。大体上看这些制度或者条文有：

（1）"联营"制度（含3个条文），因体现了立法者改革开放初期的法理认识缺陷，早已失去了法律规范的价值，故应该立即废止。

（2）"个体工商户""农村承包经营户"的规则所涉及的4个条文，立法需要做出重大修改。这几个条文从立法颁布初期到现在一直存在很大争议，主要是因为当时的法律政策不承认私营企业的合法性，所以在关于城市个体工商户的规定方面显得十分拘谨而失去法律科学性。另外，立法对于农村承包经营的规定不符合现实，第28条将农村承包经营户定义为"依据承包合同规定从事商品经营"的规定显然并不准确。

（3）"法人"制度，体现计划经济体制色彩浓厚。比如，该法对企业的生产经营，法律规定"企业法人应该在核准登记的经营范围内从事经营"(第 42 条),这一规定最初被定义为强制性规则,这一点早已不符合现实。再如,"法人"制度对公有制企业十分强调"国家"对他们的授权关系,而没有反映按照市场经济体制应该建立的投资关系(第 48 条等)。再如,因为当时宪法以及法律政策不承认民营企业,所以《民法通则》在"法人"制度中未给予民营企业任何的法律地位。总的来说,该法规定的企业法人和事业法人,不当之处都比较明显而且多见。

(4)"合伙"制度部分规则,因为无法充分体现合伙企业的特点,因此已经被后来制定的《合伙企业法》替代,也失去了规范价值。

(5)该法对于"人身权"制度的创立虽然进步意义重大,但没有规定一些十分重要的权利如"隐私权"等意义重大的条款。

(6)"民事法律行为"制度中,从基本原则到制度群体,反映依据公共权力管制民法社会的色彩十分强烈,反映民事主体意思自治原则的思想不显著,法律科学性不足,和市场经济体制下民法社会的现实多有不合。

另外,像"土地不得买卖、出租、抵押"(第 80 条第 3 款)这样的规定,早已不符合当前体制。这些规定和市场经济体制的要求不相符合,不但早已无人使用,如果保留在法律中,反而成为改革的羁绊。

(三)修改方案

修改《民法通则》的立法体例成为民法总则;修改民法通则中承担民法总则作用的条文,按照市场经济体制的要求实现其立法思想和法律规则的更新。

"十八大报告"强调了"法治国家"原则,并且明确提出"科学立法"的要求,也提出及时制定、修改法律的要求。从上文对《民法通则》现有问题的缺陷的分析看,该法实在到了必须修改的时候。鉴于该法涉及民事权利、民事责任、涉外民事关系法律适用的规则已经被替代,修改该法的主要方针应当是将该法修改为真正的民法总则。在民法总则部分的内容修订过程中,应该注意到的是,该法现有的条文中的多数,都必须按照市场经济体制的要求予以重新撰写。

在民法典的体系中,民法总则是至关重要的立法,这一部分立法包括民法立法的指导思想、基本原则,也包括适用于民法分则内容的最一般的制度，这一部分内容在民法整体立法中具有统率作用。因此，将《民法通则》修订为民法总则，并不会降低该法在民法体系中的作用。明确地采用"民法总则"这个立法名目，而且在立法中明确建立针对现有《物权法》《合同法》《婚姻法》《继承法》《侵权责任法》以及其他大量的民法单行法、民法附从法的统率性规则，并建立将这些法律予以整合的法律逻辑，实现民法编纂的基本要求，这一工作意义重大而且已经成为紧迫的任务。事实上，法律的及时修改正是维护法律威信的要求。对明显缺陷不修改，使其在社会现实面前呈现不适应的状态，这就违背了法治最一般的要求。

从当前我国的立法能力看，做这一修改工作，各方面的条件已经成熟，不但立法机关可以驾轻就熟，而且学术研究也能够充分配合。因此，这一工作具有充分的可行性，能够比较顺利地完成。

在修订《民法通则》的同时，应该考虑我国民法典制定的整体化功能，在此基础上完成民法典的编纂工作。这些工作，主要是将改革开放不同阶段制定的《合同法》《物权法》《侵权责任法》《婚姻法》《继承法》等法律制度不协调之处予以整合，并且将它们依据法律编纂的规则编为一体。一旦民法典编制完成，我国民众权利和市场经济体制立法才能真正实现体系化，我国法律文化、法律文明的发展也可以上到一个很高的台阶。此时，我们才可以自豪地宣告我国民法的体系化任务的完成，我们也才可以以优秀的法律文化发展称名于世界。

第十二届全国人大代表（代表证号 0628） 孙宪忠

• 2014 年

[议案题目]

将《民法通则》修订为民法总则并整合民法立法群体、在此基础上编纂中国民法典的议案[①]

该议案去年已经在第十二届全国人民代表大会（以下简称"全国人大"）第一次会议上提起，因为没有得到答复，因此在增加论证的基础上，本年度再次提起，希望得到立法上的响应。

一、案由

将我国《民法通则》修改制定为民法总则、并在此基础上整合现行民法立法群体、编纂中国民法典。具体地说，该项案由包括三项互相有联系的立法工作：（1）修订《民法通则》为民法总则；（2）整合我国已经制定的数目庞大群体性民法立法，进行民法现行法律的编纂工作，将民法群体修订为一个符合法律科学的和谐一致的系统；（3）在此基础上编制中国民法典。

二、案据

（一）《民法通则》已被"掏空"

20 世纪 80 年代，随着我国实行改革开放政策以建立市场经济体制，

---

① 该议案被列为 2014 年全国人民代表大会代表议案第 9 号。同年 8 月，该议案曾被提至全国人民代表大会常务委员会法律委员会讨论。

我国立法机关为了适应改革开放的需要，陆续制定出了很多法律，这些立法形成数目比较大的现行法群体。2011年底，全国人民代表大会常务委员会委员长吴邦国向世界宣布，中国市场经济体制的法律体系已经建成。在这个"法律体系"中，直接为市场体制和交易服务的民商法群体，地位十分重要。在民商法群体中，民法是基础性法律，其中1986年制定的《民法通则》又是这些法律无可争议的基础和核心立法。因为虽然民商法群体庞大，但是它们基础性的法律理念、法律原则和具有普遍适用意义的行为规范和裁判规范都规定在该法之中。

实事求是地说，虽然《民法通则》产生于计划经济体制时代，但是它关于民法基本概念的规定、关于法律行为的基础性规定等内容，在我国改革开放初期发挥了巨大的作用。该法许多规定都表现出了改革开放的勇气。比如，它把民法所调整社会关系定义为平等主体之间的财产关系和人身关系，而"平等主体"之间的社会关系这个定义，在当时铁板一块的计划经济体制下非常具有突破的意义。这些改革开放的勇气值得我们敬仰，也值得我们遵从。

但是，该法的制定毕竟受到20世纪80年代初期我国还在坚持的计划经济体制的限制，该法一些条文突出了计划体制的要求。在我国《宪法》1992年的修正案确定建立市场经济体制之后，《民法通则》中很多规则的理念无法适应新体制的要求。近年来，随着我国立法机关制定的一大批民法立法的出台，《民法通则》的条文不是多数失效而是整体性失效。在该法全部156个条文中，真正具有行为规范或者裁判规范价值的条文约140多个，而这些条文所涉及的法律规范，都已经有新法替代，所以说该法目前基本上已经被"掏空"，一些未被替代的，又基本上直接失效。总体来说，该法意义重大，但是它的全部内容基本上无法适用，应该立即予以修改。

1. 该法内容分析

（1）绝大部分内容已经被其他法律替代

1986年全国人民代表大会制定《民法通则》的报告是王汉斌副委员长作的。从该报告看，立法机关认为，该法从一开始制定时就承担着民法基本法的功能；但是，从实际内容看，该法并不仅是民法的基本法，还是当时我国社会全部民商法的基本法，因为该法属于商法的内容的篇幅也很大。当时我国还是计划经济体制，民事关系或者民商事社会关系相对简单，涉及交易关系的基本上没有。因此该法整体条文稀少、简单。但是在1992年我国修改《宪法》，建立市场经济体制之后，我国的民商事生活的社会空间获得了极大的扩展。为适应这种形势的发展，立法机关相继制定了大量的民商事法律，包括在法学上被认为属于民法的物权法、合同法、知识产权法、婚姻家庭立法、民事责任立法、涉外法律适用法，另外还有属于商法内容的公司法、票据法、破产法。在这些法律之外，立法机关和国务院还制定了许多具有民商法特别法意义的法律法规。可以说，改革开放以来发展最快的立法领域就是民商法，正因如此，《民法通则》的内容基本被"掏空"。

在第十二届全国人民代表大会第一次会议上提出的议案中，我们已经指出了这种"掏空"效应带来的结果。比如，大家经常说民法是民事权利的立法，也是行为规范和裁判规范的立法。这些法律规范，主要就是《民法通则》关于物权、债权、知识产权、民事责任、涉外民事法律关系的法律适用这些核心的规定。这些章节的法律条文共74个，可是现在都已经被其他法律替代而失去了作用。仅仅这一部分失去效用的条文，就已经占该法的总条文数量（156个）约一半。

（2）未被替代的法律条文中，绝大多数规定不符合市场经济的要求或者不符合法理而无法适用

这些条文有（对上一次议案已经阐述过的，本次议案略述）：

①"联营"制度（含3个条文），因不符合市场规则故早已不再被适用，应该立即废止。

②"个体工商户""农村承包经营户"（含4个条文），规则不符合法理和市场规则，应该做出重大修改。比如，第28条将农村承包经营户定义为"依据承包合同规定从事商品经营的"显然并不准确。

③"法人"制度整体体现计划经济体制要求，与市场经济体制和科学法理难以协调。比如，该法对企业的生产经营，法律规定"企业法人应该在核准登记的经营范围内从事经营"（第42条），这一规定最初被定义为

强制性规则,这一点早已不符合现实。再如,对公有制企业十分强调"国家"行政授权,把企业当做行政机关的附属,这完全不符合现代企业制度应该建立的投资关系的要求(第48条等)。再如,因为当时宪法以及法律政策不承认民营企业,所以《民法通则》在"法人"制度中未给予民营企业任何的法律地位。总的来说,该法规定的企业法人制度基本上不符合市场经济体制,因此已经不再有适用的价值。

关于事业单位法人,基本设想不符合法理,制度基本上没有反映其特征,实践中也不再适用。

④"合伙"制度无法充分体现合伙企业的特点,因此已经被后来制定的《合伙企业法》替代,也失去了规范价值。

⑤该法对于"人身权"制度的创立虽然进步意义重大,但没有规定一些十分重要的权利如"隐私权"等意义重大的条款。现在该法只有这一部分有数个条文得到适用。

⑥"民事法律行为"制度,没有反映民法上的意思自治原则,过分强调国家的管制,与市场经济体制下民法社会的现实多有不合。

⑦另外,像"土地不得买卖、出租、抵押"(第80条第3款)这样的规定,早已不符合当前体制。

(3) 该法未承认未规定的几个重大规则

因为历史认识问题,该法在一些重大制度建设方面有重大缺陷,比如:

① 不承认民营经济的法律地位,过分强调公有制经济的权利,严重贬低民众个人权利;

② 没有建立关于"民事权利行使"的一般规则,导致我国社会权利滥用、过分行使权利的情形普遍发生;

③ 未承认不动产市场化制度,无法容纳不动产登记制度,这一点已经远远落后于现实;

④ 作为基本法没有建立针对特别法的规则,比如民法对商事法、其他民法特别法的指导性规则;

⑤ 没有充分承认法律行为理论等。

2. 关于《民法通则》整体的修订

考虑到该法整体的行为规范和裁判规范的条文或失效，或不合市场经济体制要求，继续保留该法已经不符合法治的精神。依据"十八大报告"提出的"科学立法"的要求，现提议对该法予以整体修订。

在修订《民法通则》时，考虑到我国民法群体立法（包括商法群体在内）已经存在的事实，提议按照民法典的立法体例，将《民法通则》编制成为"民法总则"。

（二）现有民法群体立法并不是和谐的体系

1. 问题的提出

如上所述，改革开放以来，我国已经制定的民事法律已经形成了一个庞大的群体性立法，但是这一群体还不是一个符合法律科学的和谐一致的体系。尤其是近年来的立法和立法动议，并不考虑法律体系科学性要求，只是追求单一立法的制度完满，而很少考虑与民法整体的制度建设的协调。因此，民法立法出现了比较明显的立法枝节化、碎片化的倾向。

据全国人民代表大会常务委员会公布的数字，我国已制定现行有效法律236件、行政法规690多件、地方性法规8 600多件。民法类法律在其中占据重要地位。我们要提出的问题是，在这些巨大数量的法律之间，有没有一个清晰明确的逻辑？因为说到法律的体系，我们就必须明确，这个体系的内部必须有清晰明确的逻辑联系，这不仅仅是为了学习法律的需要，也是为了切实贯彻法律的需要。民法之外的法律我们不谈，仅仅在我们上面列举的民法类法律群体之中，就很难发现有这样清晰的逻辑联系。恰恰相反，在这些法律中，我们还可以清楚地看到一些明显的体系性漏洞。比如：

（1）一些法律明显地保留着改革开放初期对经济体制认识不清、法律认识错误的痕迹。比如上面列举的《民法通则》中的一些问题。

（2）近年来制定的法律很少考虑民法整体的科学性、体系性，制定法律时不考虑利用现有法律的资源，不考虑和现有法律整体的联系和其他法律的协调，而只考虑单一法律制定时的自圆其说。在这一点上最明显的，是《收养法》。该法从其内容上看只是"婚姻家庭法"中的一部分，但是其立法内容，并没有考虑和现有的《婚姻法》的协调。此外，《侵权责任法》也有这一十分明显的问题。

（3）一些不同时期立法，受不同的法学理论的影响；一些重大的制度建设，在不同的法律之中有不同的规定。比如，关于交易生活中涉及债权变动和物权变动的问题，在合同法和物权法这两个最为重要的法律之中的规则却不一样。

（4）制度缺失和制度重复同时存在。比如，在民法基本规则中，立法没有关于"权利取得、权利行使"这样一些基本的规则；在主体制度上，没有财团法人规则，欠缺公益法人规则；在物权法部分，不按照民事主体的法律分类标准建立财产权利分类制度，欠缺法人所有权制度，欠缺一些重要的物权取得方式的规则；在债权法部分，至今没有债权的一般规则等。但是另一方面，民法现有制度的重复随处可见。比如《侵权责任法》关于特殊侵权部分的规则，都和现有的大量的单行法规相重合：比如道路交通侵权的规则和"道路交通安全法"重合，"医疗卫生责任"规则和现有的多个医疗卫生法重合。仅仅环境侵权部分，我国现有立法、条例以及部门规章就有40多个，这还不算地方性法规在内，而《侵权责任法》还是再次重述这一方面的规则。这些立法的制定，都没有考虑对现行法律资源的利用和规范的协调。另外，立法重复比较多的制度，还有代理制度，它在《民法通则》《合同法》总则、分则中多次出现，其含义并不一致。

（5）轻重不当，繁简失衡。改革开放初期的立法，受"宜粗不宜细""宜短不宜长"的立法指导思想的影响，法律大多粗放简短；而近年的法律则比较详细，从体系化的角度看，十分不成比例。

（6）近年来的立法和立法动议，出现了枝节化、碎片化的倾向，脱离了法律体系化科学的轨道。这一点在《侵权责任法》上表现明显。本来，侵权责任只是债权发生的根据之一，制定该法应该从债权制度这个大体系出发，和这个体系现有的规则相结合，弥补这个体系的不足，所以制定该法还是必要的。但是，该法的出台并没有考虑立法体系化要求，除了大量内容和其他法律重合之外，该法脱离民法整体架构的越来越细致的规定，使得立法整合出现严重困难。

此外，最近中国法学界一些学者正在筹备起草独立的"人格权法"也存在着这一问题。据悉，该法已经在立法工作机构全国人民代表大会常务委员会法制工作委员会（以下简称法工委）形成方案。在这种情况下，立法者更有必要从体系化科学的角度来考虑它制定的必要性问题。从法理上看，"人格权"在民法典中不能独立成编，更不能独立立法。因为，人格问题历来从属于自然人制度的一部分，是民事主体制度中的自然人制度的枝节性制度，是为了维持和保护自然人人格才建立的制度，因此无法和自然人制度分割（这一部分立法思考的进路是：主体制度—自然人制度—人格以及人格权制度）。更为重要的是，这一部分制度只是为了宣扬人格尊严，不涉及交易规范，因此法律条文不能很多。如果要将其独立成编，则必然增加一些不配套、甚至不相关的内容，会使得民法立法的体系发生崩塌。民法立法的基本出发点是建立行为规范和裁判规范，而人格权基本上无法转让，所以它不涉及立法上的行为规范问题，只涉及立法保护方面的裁判规范问题。而人格权保护方面的裁判规范问题，已经由《侵权责任法》充分解决了。所以整体而言，人格权立法的条文很少，也无法独立成编。

中国法学界有学者呼吁制定独立的人格权法，其中根据之一就是人格权也是可以转让的权利，比如肖像权就是可以转让的，因此人格权制度中的行为规范也是有的。但是这个观点是"以小偏概大全的"。因为，人格权中唯一可以由权利人转让的就是肖像权，而肖像权却恰恰不是典型的人格权，它的转让与人的生命健康这些基本人格无关，任何人都不会因为肖像权的转让导致其自然人格的损害。而且肖像权的转让问题，在合同法中有一个条文就可以解决其全部问题了。不能把这种不典型的情形作为根据，而得出人格权可以转让的一般结论，更不能以此得出人格权需要独立立法的结论。归根结底，因为人格权问题是自然人人格的制度，如果制定这样的法律，则中国民法整体的枝节化、碎片化现象将更加严重。

2. 必须尽快组织力量完成民法群体的整合

从上面的分析可以看出，我国现在已经制定的很多民法所形成的，还只是一个立法"群体"，而不是一个内在逻辑清晰、外在功能能够实现分工与合作的和谐一致的体系。这种情形不能保障立法作用的充分发挥，更不能充分满足市场经济体制发展和人民群众权利保护的需要。因此，现在必须尽快开展民法体系化整合的工作。

对现有民法群体予以体系化整合，从立法技术的角度看，就是法学上所谓的"法律编纂"的工作。这一工作属于立法活动之一，它的主要内容，就是消弭现有立法之间的矛盾，弥补现有立法的漏洞，首先要使得现有立法不出现内在规则的不一致，并且尽可能地从条文的繁简，和立法的风格、语言等各个方面做到整齐划一。在法律编纂活动中，立法者不一定要制定新法，甚至不一定要出台民法典，但是一定要对现有立法从体系上予以协调统一，使其能够充分良好地发挥作用。

世界上主要的民法发展过程中都曾经进行过法律编纂，即体系化统一的工作（其他法律也有类似情况）。公元9世纪时期罗马皇帝查士丁尼就主持过民法的编纂。著名的《法国民法典》的产生过程就是立法者先编制了30多个法律，然后再将其编纂成为法典。《日本民法典》、旧中国1930年《民法典》也都是这样编制起来的。

从中国民法发展的道路看，现在将其编纂成为一个内在和谐的整体，时机已经成熟，因为主要的法律已经编制完毕。如果不开展这一活动，则民法距离现实的要求会越来越大，不但民法的体系空有其名，而且会对市场经济的发展、对人民权利的保护造成妨碍。

（三）关于民法典的编纂

在制定我国民法总则和整合现有法群体使其成为体系之后，立法者应该顺势尽快编制我国民法典。

当代成文法系国家都制定《民法典》，将其作为国计民生的基本法律。因为民法典在推进国家政治进步和经济进步、在保障民生方面发挥核心作用，所以当代成文法国家均以民法典的颁布作为法律体系完备、法制经验成熟的标志，也将它作为国家法律文明发展达到高级阶段的标志。在我国，立法者应该勇敢地推动民法典的编制。

三、方案

民法是市场经济体制的基本法，也是人民权利的基本法。我国民法的发展现状，无法满足实践的需要；但是，从我国立法机关的工作规划看，民法整体的发展问题，似乎还没有安排到近年的规划之中。希望重视我国民法的立法现状的缺陷，并尽可能地早些组织力量解决。如上所述，修改《民法通则》使其成为"民法总则"、整合现有民法群体使其成为内在体系和谐的科学化整体、在此基础上编制民法典，这是市场经济体制的要求，也是人民权利保护的要求。"十八大报告"强调了"法治国家"原则，并且明确提出了"科学立法"的要求，也提出了及时制定、修改法律的要求。我国民法的发展，应该贯彻这些指示精神。

（1）关于民法总则方面的修法方案。鉴于中国社会科学院法学研究所梁慧星教授作为负责人的课题组已经提出了非常完善的方案，建议采纳这个方案，或者以此为基础展开修改《民法通则》为民法总则的工作。从上文对于《民法通则》现有问题的缺陷的分析看，该法实在到了必须修改的时候。鉴于该法绝大多数内容已经被"掏空"或者失效，因此将其制定为"民法总则"是非常适宜的。

（2）关于我国现有民法群体的编纂。目前我国民法立法数量已经比较庞大，作为民法基本法内容的部分，条文已经达到2 000多个，因此现在提出一个编纂的方案为时尚早。整合其体系、消弭其内在矛盾、漏洞，这样的工作必须组织比较大的力量。但是，这一工作非做不可，立法机关应该尽快开展民法编纂工作，促进民法立法体系整合。

（3）在民法体系整合之后，应该顺势编制民法典。民法典的制定是更高层次的立法工作，它不但是中国民法学成熟的象征，是中国法学整体走向成熟的象征，而且也是中国法律文明发展到高级阶段的象征。一旦"民法典"编制完成，中华民族才有了真正傲立于世间的民权文化和法律文明。目前，学者提出的民法典方案已经有五部之多，可供立法者参考。

从当前我国的立法能力看，完成上述工作各方面的条件已经成熟，希望立法者能够尽快开始这些伟大的工作。

第十二届全国人大代表（代表证号0628） 孙宪忠

[建议题目]
关于依法恢复、重建农村集体经济组织的建议

一、案由

对我国农村地区集体经济组织,按照市场经济体制和民众权利的要求;按照民法科学原理,予以恢复和重建,使得"农民集体"这种在我国宪法和《民法通则》等法律中已经得到规定,但是现实中基本不存在的法律主体,能够写入民法之中,能够在市场经济体制下再次发挥制度作用,同时使得建立这一组织形态的社会主义法理想能够得到实现。

二、案据

我国宪法规定,我国经济体制的基础是公有制,农村中的农民劳动群众集体所有制是公有制的重要组成部分;其中的"农民劳动群众集体"是这种所有制的主体形式。关于这种主体,1962年的"人民公社六十条"作出了首创性的规定,此后中国1982年《宪法》以国家根本法的形式,对这种主体以及其所有权作出了规定。在宪法规定之后,1986年的《民法通则》、2007年的《物权法》等国家基本法在规定我国农村的所有权形态时,直接或者间接规定了"农民集体",当然也规定了"农民集体所有权"。从建立这一法律制度的历史分析,不论是"农民集体"还是"农民集体所有权",都是按照中国社会主义的理想建立起来的,其存在于我国农村,具有正当性的理由。从当前世界上很多国家甚至是农业经济发达的国家的情形看,农村社会建立的类似这种集体,也还是发挥着良好的作用。

但是，近年来的社会调查发现，我国农村现实体制中，农民集体已经普遍被农村村民自治组织替代。其原因，固然是1962年"人民公社六十条"所规定的那种"农民集体"，也就是我国宪法规定的那种"农民集体"，在我国农村社会已经基本上不存在了。换句话说，虽然农村社会仍然在使用"集体"这个词汇，但是其法律含义以及制度规则都与宪法的不同。但是，农村村民自治组织能不能替代农民集体？答案是当然无法替代。问题在于，1962年确定的农民集体和现实生活不一致的情况也要认真处理。民法法人意义上的农民集体，是否能够得到法律的承认？其运作是否能够得到民法、物权法的保护？这个问题意义重大，必须从法理上和制度建设上解决。

从民商法科学的角度看，我国现实中那种"农民集体"，有些是符合法理和国情的，有些则不符合。因此在这里建议，按照民法科学原理、人民群众的意愿、中国国情，恢复和重建我国"农民集体"的法律制度，使宪法中规定的农民集体和现实中的农民集体统一，建立既符合国情又能够充分保护农民权益的法律制度。

三、简要论证

依据"人民公社六十条"，"农民集体"依据自然村落建立，集体中包括自然村落中的全体居民，因此，只要是这个村落里的居民，就自然而然地成为集体的成员。当然，因为出生或者婚姻而成为村落居民的，自然也就获得了集体成员的身份。也因此，"农民集体"这种主体形态从一开始就有一种随自然增减的特点，也就是说，集体成员是不具体、不确定的，成员在集体中的权利也是不具体不确定的。这些不确定的成员，都能够在集体中进行农业劳动，然后从劳动中获得报酬。这个特点，被定义为"社会主义公有制"，被当做一种特别的优点。这就是1982年《宪法》和其他法律确定的"农民集体"的基本含义。当初建立的这种"农民集体"反映了农村村落所有权的基本特点，一个村落里部分男女老幼，只要是村民，都是集体的成员；而这些集体成员个人或者家庭，并没有一种落实到每个人头上的确定的份额性质的权利。因为，集体的成员，在集体全部的资产之上"共同劳动、共同分配"，以土地的出产，主要是农业的出产来获得全体成员生存和发展所需要的物质资料的供给，但是农民个人具体的收入却来源于他的劳动。当时国家的主要领导人认为，农业土地之上会产生巨大的财富，每个集体的农民个人都会从土地产出中获得富裕的保障。只要农民肯劳动，就会获得足够的生存和发展的机会。当时人们就是这样认识农村社会主义的，"农民集体"所有权制度就是这样建立起来的。

因为村落的情况和历史发展的不同，"农民集体"在20世纪80年代建立"承包责任制"之前，被区分为生产小队、生产大队、人民公社三个级别的农村组织形态，"人民公社六十条"据此确立了集体拥有的土地等生产资料所有权的"三级所有、队为基础"的原则。根据这些规定，农民集体的所有权包括三种类型，其中生产小队的所有权是全国上下普遍的类型，生产大队和人民公社的所有权是特殊地区可以建立的类型。所以，"农民集体"从一开始就不是民法上的法人，当然也不是自然人的合伙。实事求是地说，建立这种集体时，并没有进行过任何的法理上的论证。因此这种集体从一开始就存在着集体和成员之间的法律关系不清晰的问题。

首先，宪法意义的"农民集体"建立在"共同劳动、共同分配"这种生产方式的基础上。可是现在农民早已不再共同劳动、共同分配了。

其次，这种"农民集体"不适应富裕起来的农民的愿望。20世纪80年代，广东南海地区一些农村利用区位优势大力兴办乡镇企业，并迅速致富。这些富裕起来的地方本来还坚持着全体集体成员"共同分配"的做法，但是后来他们遇到了一个分配上的难题，村子里姑娘们不愿意离开自己的娘家，而且还要招女婿上门，瓜分本村的经营红利。出嫁的女儿不出村，女婿一起住在妻子家里，这种做法从婚姻法的角度讲是合法的，但是这种做法极大地增加了分配集体经营红利的人数，妨害了村子里其他人的收入。于是村子里的人们在一起想出了一个办法，那就是从某年某月起，不再承认新增加的人口有"村民资格"，将现有的"村民资格"固定化；并且将现有村民按照村龄、劳动年限等标准，折合成"股份"，以此来决定村中企业经营红利的分配。这样，这里的"农民集体"，就演变成了村民股份合作组织，这个"集体"中只有"股民"。实行股份化以后，村里实现了"增人不增股，减人不减股"的"固化"措施。成员的资格是确定的，成员享有的财产份额也是确定的。

广东南海的这一做法，很快被经济发达地区的农村普遍效仿。因为这一做法的出发点虽然是为了防止农民集体成员无限制地增加，但是其实际的效果却是将不明确的集体成员资格明确化，这就解决了经济学上所说的"产权明晰"的问题。这个问题是改革开放之前到改革开放初期的农村体制一直无法解决的问题，现在由农民自发地解决了。

另外，这种最初是为"固化"农民财富分配权，后来却演化成为农民对乡镇企业享有股份权的做法，不但使得农民个人的权利从不固定演化到固定，而且也使得"农民集体"本身演变成了具有法人特征的、符合民法科学原理的民事权利主体。因为成员资格确定、成员对于整体拥有的权利呈现确定份额的形态，不论它是被称为合作社，还是被称为公司，都能够按照民法法人的治理结构，建立集体内部有职责区分的权力机构、监督机构、执行机构。这些机构可以保障法人的决策和执行做到透明、合法、高效，既能够保证"集体"法人整体的有效运作，又能够保障成员个人的权利。法人形态是当代民商法成熟而且符合法理的关于成员集体的法律主体形态，它的产生和运作有良好的民法制度保障。因此，农民将原来不符合法理的"农民集体"发展成为法人，这个变化意义重大。因为改革，农民按照自己的意愿使它变成了民法上的法人。这是农村改革的一项积极的成果。

正因如此，这些体现着改革成果的做法在全国其他地区推行后，很快发挥了良好的制度效应。上海市，尤其是上海市松江区的农村体制改革就是其中杰出的例子。在松江区，"确权确股不确地"，依靠法人方式组建的经济联合社，作为农民集体享有土地等生产资料的所有权，农民个人在本集体中享有股权，并且依据股权来享有收益的权利。因为土地等生产资料的所有权保留在集体法人手中，集体可以利用这些生产资料来组织较大规模的生产，还可以利用这一组织组建具有更大经济活力、更有经济效益的家庭农场。而个人的利益，并不因为这些集体的活动受到任何的损害，因为集体成员保留着自己的股份权利，可以在集体经营中获得分红，而且这种权利终生享有。此外成员也可以在本集体工作，获得劳动收入，或者也可以离开本集体去外面从事其他的工作。这种对集体、对个人都有极大的好处的做法，已经在松江区得以普遍推行。

从松江区的经验看，将"农民集体"按照民法原理组建成为法人，不但是符合民法法理的，符合当地民众意愿的，而且也是符合人民公社建立之前我国农村所实行的合作社的体制的，符合社会主义理想的做法。这种组织形态不违背法理，应该得到我国法律的承认和保护。

反过来，在我国一些经济不太发达的地区出现的，"农民集体"被村民自治组织替代的情形，不论是在法律上还是在实践上都是有很大缺陷的。在法律上，村民自治组织具有地方政权组织的本质属性，它应该发挥政权组织的作用，不应该和宪法所说的"劳动群众集体经济组织"相混淆。从实践的角度看，这种做法问题极大。比如，我们在陕北的调查中发现，在一些地方发现石油、天然气等资源时，这些农村的居民人数会迅速扩大，结果出现了农村集体成员之间为了持续的利益争夺的冲突。即使没有自然资源的地区，农村也还是有不少公共财产，它们也不能由政权组织享有所有权，否则违背民众意愿的事情会不断出现。比如，乡村里的学校、道路等公共用地，所有权还是要归属于农民为妥。

四、结论与方案

在我国农村的基本生产方式、农民生活方式、组织方式都已经发生本质变化的情况下，《宪法》等法律对于农村社会的基本生产方式和生活方式不可以继续定位于农村居民的"共同劳动、共同分配"，更不能将过去建立的、依据共同劳动和共同分配为基础的"农民集体"当做农村土地、企业、公共建筑物等的所有权的主体。立法应该及时反映社会生活的变化，尤其是应该及时反映涉及基本生产方式、基本生活方式的变化，这样才能够跟上时代的步伐，甚至引导社会的发展。正因为这样，我国宪法、民法等法律，应该及时改变关于"农民集体"的立法指导思想，也要及时改变关于"农民集体"的法律规则，重建农村社会经济组织的法律形态，也就是重建"农民集体"。

重建我国农村社会农民经济组织的基本思想，要坚持社会主义的法思想，坚持把土地等重大生产资料的所有权归属于"集体"。但是这个集体，必须是符合民众意愿的、能够切实保障民众享有权利和行使权利的组织。从法律科学的角度看，这个集体就是合作社法人和公司化法人。法人是建立在成员权基础之上的经济体，这种经济体符合我国国情，也符合民众的意愿，制度上也有优势。因此，新组建的"农民集体"应该强化农民个人的成员权，应该以农民具体明确的成员权作为基础和核心。这种做法唯一的方式就是建立农民在集体中的股份。当然，如何确立具体的农民股份可以由农民自己确定，政府可以出台一些指导性规则帮助他们。无论如何，立法应该放弃根据自然村落组建集体、将村落中的居民自然纳入集体成员的规则。只有这样才能够使得新组建的集体，符合经济学原理所说的"产权明晰"的要求，也就是法律科学原理所说的"定分止争"的要求。

同样基于上述理由，我们在这里所说的恢复和重建法人式的农民集体，它并不是2006年国家制定的《专业合作社法》中所说的合作社法人，而是涉及原有集体成员整体的法人式农民集体。

重建法人式农民集体，从目前情况来看，条件比较成熟。据调查，民众具有很高的积极性。因此，可以尽快研究修改和制定相关法律，将这种对于国计民生具有重大进步意义的制度在全国予以推广。

第十二届全国人大代表（代表证号0628）　孙宪忠

[议案题目]
民法典总则编"法律行为"一章建议稿

中华人民共和国民法总则　第　章　法律行为①

【立法理由及说明】

　　法律行为制度，是民法总则甚至是整个民法的核心制度之一。因为民法基本立法目标是民事权利保护，而民事权利只有取得和丧失的一般问题。法律行为制度的基本意义，就是要解决民事权利取得和丧失以及因此带来的相关民法问题，具体地说就是确立民事主体取得和丧失权利、承担义务以及责任的法理根据。在民法制度体系中，权利处于核心地位；但是现实中权利要发生取得、变更和丧失；相对应的，民事主体也要承担义务和责任。在民法上需要解决的问题，首先是要明确界定权利义务的法律关系，同时也要依法确定民事权利取得、变更与丧失，义务与责任的承担的法律根据或者法律基础。传统民法因此建立了法律根据或者法律事实的规则。关于法律根据或者法律事实，传统民法以民事主体的行为主动性作为根据，又将其区分为法律行为和非法律行为。其中的法律行为，指的是以民事主体的意思表示作为核心要素的行为。此外，其他那些能够引起民事权利和民事义务及责任发生的法律事实，传统民法称之为为非法律行为。非法律行为在民法制度建设中是一个非常大的类型，我国民法总则也将确定其规则，本章在此仅考虑法律行为的制度建设问题。

---

① 因建议稿章序不确定，故暂空缺。

法律行为作为民事权利义务发生变动的法律根据，其最基本的要素是民事主体自己的意思表示，也就是他关于民事权利义务关系发生变动的真实的内心意愿。以通俗的话语，这也就是要把民事主体的"是的，我愿意（Yes, I will）"，作为其享有权利行使权利的正当性根据，也将此作为其承担义务和责任的正当性根据。将民事主体的意思表示作为民事权利义务关系发生变动的法律根据，这一点在历史上意义非常重大。从历史发展的角度看，它不仅仅是民法上的一项制度建设问题，而且具有十分重大的人文和政治价值的革命性理论进步。因为在历史上，从支持法律效果的伦理正当性根据的角度看，法律确定民事主体享有权利、承担义务和责任的法律根据，曾经是神的意志、君主的意志、社会整体利益的强制要求等，一般的民众对此只能被动接受，不能有主动选择的权利。即使法律上的权利义务对于一般民众有一种强加于人的十分不利的效果，民众也不可以否定。所以，这些法律并不是民主与法治的立法，法律也只是君主统治人民的手段。在人文主义革命之后，民法之中引入民主与法治的精神，这样民法的制度建设之中才有了民事主体尤其是一般的人民可以依据自己的意愿来发生权利义务关系的规则，也就是法律行为的制度规则。所以，民法上确定将民事主体自己的内心意愿作为他自己的承受权利义务关系的根据，这不仅仅在民法发展历史上而且在整个法律的发展史上具有重要意义，可以说这是法律制度历史上最伟大的进步之一。①

在传统法学中，民法属于私法，民事权利义务关系一般都是民众之间的权利义务关系。如果民众自己的权利义务关系，民众自己不能根据自己的意愿来选择和决定，那显然违背民法的私法本质。而法律行为理论的产生，就是要承认民事主体对于自己的权利义务甚至法律责任的选择权和决定权，所以该理论提出并被确立为法律制度之后，民法才找到了真正的私法关系建立与保障的符合普通民众真正利益的道德伦理根据。意思自治原

---

① 关于法律行为理论产生的背景资料，有兴趣者，可以参阅〔德〕汉斯·哈腾豪尔：《法律行为的概念——产生以及发展》，孙宪忠译，载杨立新主编《民商法前沿·第1、2辑》，吉林人民出版社2002年版。

则与法律行为制度的建立,废除了封建时代自然人方面的等级身份制,也废除了法人的特许主义,从实质上开启了人人享有平等、自由与尊严的社会,极大地促进了社会经济的发展。所以这一理论对人类社会的发展贡献非常伟大![1]在意思自治这一民法基本原则下,法律行为不仅仅是民事权利义务关系得以建立的正当伦理依据,还是规范公共权力管理民事法律关系的各种行为的正当性根据。只有按照当事人自己设定的权利义务关系来确定当事人的法律责任,即,只有符合当事人自己意愿的法律关系,才是符合人类社会进步的、文明的法律所追求的正义性价值的。我国的法律尤其是民法当然要采纳这一理论以及以此建立的法律制度。

法律行为概念诞生在近代法学时期,罗马法中尚无这个概念。文艺复兴运动发展到人文主义革命之后,17世纪社会上兴起了理性法学派,此时德意志法学家古斯塔夫·胡果提出并建立这一概念的基本体系,该理论后来在德意志法系各国的立法中得到了确认。后来,萨维尼以及以萨维尼的学生温迪谢德为代表的德国潘德克顿学派的法学家对这一理论作出了极为重要的发展,在这一学派的努力下,该理论终于成为完善的体系。[2]《德国民法典》以及后来继受德国法学的国家,其民法立法都采纳了这些理论体系。即使是在法典中没有明确采纳这一概念的法国,民法学界也普遍承认这一概念的科学性,并在学理上为丰富这一理论中的内涵作出了贡献。其他后来制定民法典的罗马法系国家,虽然不属于德意志法系,但是其民法立法基本上都直接采纳了这一概念。[3]明治维新之后变法产生的日本民法和20世纪30年代制定的我国旧民法[4],也直接在民法总则中规定了法律行为制度。英美法系国家在学理上也采纳了这一概念。

以苏联民法为代表的改革开放之前的社会主义民法,一般也直接或者

---

[1] 参见王泽鉴:《民法总则》,三民书局2000年9月版,第266页以下。
[2] Hans Hattenbauer, Grundbegriffe des Bürgerlichen Rechts, Verlag C. H. Beck, 1982, Seite 67—74 usw.
[3] K. Zweigert and H. Kötz, An Introductiong to Comperative Law, translated by Tonz Weir, Second Editon, Volume II, Clarendon Press Oxford, 1987, pp. 16—18.
[4] 指南京国民政府时期颁布实施的《中华民国民法》,余同。

间接地采纳法律行为的概念，立法上也建立相应的制度。但是，因为计划经济体制的需要，民事法律关系的作用范围受到极大压抑，社会主要的财产转移依据政府指令划拨或者调拨，而不再依据民事行为；而民事行为中尤其强调当事人意思自治原则的法律行为更是无法发挥作用。在这方面最典型的例子就是婚姻。苏联法体系甚至将对于民事主体而言非常个性化、隐私化的婚姻行为都要从社会利益的角度去分析理解，而不是依据当事人的意思去分析理解，把婚姻基本上不当做法律行为的结果。至于合同、财产处分、公司的发起及其运作等，法律行为理论在其中发挥作用的空间极为有限。因为这种经济体制，这些国家立法中的法律行为制度也都非常简单。

苏联法学中的法律行为理论对我国法学的消极影响非常大。这种变形或者说变质的法律行为理论，现在还可以从我国主导性的法理学理论、宪法学理论中清晰地看出来。我国法学理论上，法律行为不是从当事人意思表示这个核心来分析和定义的，而是被定义为具有法律意义的行为或者能够发生法律关系的行为，包括国家行为、行政行为和民事行为等。一度，我国立法和主导学说将婚姻行为不再作为法律行为，将民事主体处分财产行为不再作为法律行为而仅仅作为事实行为，这都是苏联法学不能从主体的意思表示来定义法律行为的概念的理论造成的。如果不从意思表示的角度理解法律行为，那么就不能理解意思自治原则；而不理解意思自治原则时，民法、甚至整体的法律制度都会变质。幸运的是改革开放之后，我国民法理论，一直在努力地跳出苏联法学的巢窠，基本上成功地转型为市场经济体制的类型。尤其是《合同法》《物权法》以及最高人民法院关于合同法、物权法的司法解释的颁布，是我国民法成功转型的标志。

除受苏联法学影响这一段时间之外，我国立法从清末变法至今，一直接受法律行为理论。其中 20 世纪 30 年代制定的我国旧民法建立的法律行为制度在当时已经非常完善，在世界上享有盛名。改革开放之后，为适应市场经济体制的发展和人民权利保护的需要，我国民法不但采纳法律行为制度，而且在尊重民众意思自治原则方面呈现出不断发展的趋势。比如，1986 年颁布的作为民法基本法律的《民法通则》就建立了法律行为制度；

1999年颁布的《合同法》则以比较细致的规则，规定了我国法律中的债权行为，在这一方面极大地弥补了《民法通则》的众多疏漏。对于我国社会经济生活具有重大意义的 2007 年颁布的《物权法》，直接或者间接地承认了一些非常重要的处分行为。① 我国《婚姻法》中强调了婚姻的法律效果必须取决于当事人的内心真实意愿，即婚姻自主原则。我国《继承法》则比较细致地规定了遗嘱行为。我国《公司法》等商事法律则规定了一些多方法律行为也就是共同行为的制度。最值得注意的是，我国最高人民法院在立法确定的规则缺乏可操作性的情况下，为指导法院裁判案件，在这一方面颁发了很多涉及法律行为的司法解释文件。比如"合同法的司法解释（一）、（二）、（三）"等，在弥补立法漏洞、提供法院裁判的渊源方面做出了极大的努力。

从立法的角度看，我国现行法律对法律行为的理论"接受"和制度建设还是有许多不足。比较明显的有以下几点。

1. 我国法学整体对"意思自治原则"不能全面接受，因此对法律行为理论认识出现重大偏差。

我国法学整体的主导理论"意思自治原则"接受不足，在承认民众享有自我决定权方面显得小心翼翼，甚至完全违背意思自治原则的本意，因此导致法学主导理论无法彻底接受法律行为理论。如上所述，这种消极后果的发生，主要原因是我国此前接受了计划经济体制以及为这一体制运作而建立的苏联法学，另一方面也是因为我国历来市场交易不发达的缘故。改革开放之前因计划经济体制的需要，公共权力对社会全面而又强力的管控，具有法律道德层面的至高无上的伦理正当性，而民众依据自我意愿寻求生存和发展的基本权利受到极大限制，意思自治原则不但不能获得承认，反而被当做资产阶级法学的本质和典型特征受到批判。过去的这种观念，一方面是计划经济体制和苏联法学的影响，另一方面也和我国过去不发达的交易生活相适应。这种体制导致曾经一度的主流民法学说，不完全

---

① 对此有兴趣者，可以参阅孙宪忠著：《中国物权法总论》（法律出版社 2014 年版）中的"物权变动"一章。

承认民间社会的存在，不完全承认自然人、法人按照自己的意思追求法律效果的效力。这些学说导致的立法结果，首先是我国立法在《民法通则》使用"民事法律行为"这一概念而不采用"法律行为"概念。《民法通则》使用的"民事法律行为"这个用语，指的是民事主体适用法律的行为，而不是民事主体表达内心意思表示的行为。所以这是典型的似是而非。民事法律行为这一概念来源于苏联法学，虽然从表面上看它与法律行为这一概念似乎没有什么差别，但是其差别很大。因为，法律行为概念的核心是意思表示，即当事人内心真意的表达；但是，"民事法律行为"这一概念只是强调能够发生民事权利变动的法律根据，因此可以和发生行政法律关系的"行政法律行为"的概念相并列。因此，"民事法律行为"这一概念并不看重当事人的意思表示。这种法学观点，目前在我国法理学、宪法学的著述中居然是主导性的学说。①

这种将"法律行为"当做具有"法律意义"的行为的观点，完全抽去了当事人依据当事人的意思表示确定法律效果的正当性的基础，也就抽去了法律行为的灵魂。在公法领域，尤其是在行政法领域，并不存在依据当事人尤其是民众的意思表示发生法律效果的可能。因此，行政法领域，只有行政机关的管理行为和民众接受或者不接受管理的行为，在这一领域里，不可能有任何意义的当事人意思发生法律效果。所以，公法上不可能存在法律行为。所以"行政法律行为"这个概念似是而非，"民事法律行为"这个概念同样似是而非。这种似是而非，是苏联法学流传至今难以得到清理的原因。

另外，《民法通则》还使用了"民事行为"这一概念，从表面上看，似乎"民事行为"涵盖着"法律行为""事实行为"与"不法行为"这些部分，但是从立法的内容看，《民法通则》有时又将民事行为与法律行为这两个概念混同使用，对于他们之间的区分，在立法上、司法上和学理解

---

① 对此有兴趣者可以参阅张文显主编：《法理学》，高等教育出版社、北京大学出版社1999年版，第101页。这些著作，把法律行为解释为"具有法律意义的行为"，而不是当事人意思表示的行为。

释上均不清楚。

2. 我国法律只承认法律行为理论的一部分，而不承认一些更为重要的部分，在体系上很不全面。这一方面的问题主要有：

（1）现行民法重要法律，不论是《民法通则》《合同法》还是相关民法立法，只承认双方法律行为，而不承认单方法律行为（如悬赏行为、抛弃行为）、多方法律行为（三方当事人以上的交易行为）、共同行为（比如公司发起行为，决议行为等）等非常重要的法律行为类型。因为立法不承认这些分类，当然也没有建立相应的规则。①

（2）法律只承认财产法中的法律行为，基本上不承认人身关系中的法律行为。从人文主义的法思想的角度看，意思自治原则在人身关系领域里发挥作用，意义十分重大，因为个人的幸福、个性的满足，都必须从当事人自己的内心真实意愿的角度去理解，才能够得到完满的答案。但是恰恰在我国法律关于人身关系的规则之中，我们基本上看不到法律行为制度发挥作用的地方。比如，从《婚姻法》规定的婚姻效力的条文中，看不出婚姻当事人的意思表示在婚姻缔结以及婚姻缔结至终止中的决定作用。②至于在我国实践生活中得到广泛应用的婚约，我国法律基本上不予理睬，认识不到其重要的社会功用，也不知道如何加以规范。至于现在应用越来越多婚姻契约等，法律行为制度基本上也是未予以涉及。

（3）对于其他涉及人身关系、人事关系的法律行为，法律更无规定。一些法律将这些法律行为规定为行政行为，排斥了当事人的意思表示在其中发挥的作用。而在民法之中，也没有认识到这些法律行为的基本特征。比如，对于雇佣这样涉及人身自由、可以订约但是不可强制义务人履约的法律行为的特征，立法实际没有给予足够的关注。

3. 对于现代社会新出现的法律行为类型，立法基本上是不睬不理。比

---

① 《民法通则》第57条规定，法律行为的行为人"非依法律规定或者取得对方同意，不得擅自变更或者解除"。从这个条文我们可以知道，在那个时代出现的民法基本法，并不承认单方行为、多方行为，共同行为这些重要的法律行为类型。甚至到现在其他几种重要的法律行为类型在民法中也是难觅其踪。

② 这一点从《婚姻登记条例》等法律中更可以清楚地看出来。

如，类似于像运动员转会、人事资格流动等，虽然这些都属于特别民法问题或者特别法律行为问题，但民法总则中应该有其基本的规定。至于现代日常生活中大量存在的人体器官移植、输血、生命元素移植（如人的精子卵子捐献）中当事人意思表示的效力等，法律至今无动于衷。显然，在这一领域，我国法律应该有更大的创造。

4. 立法未明确承认交易秩序中最基本的法律行为分类，即负担行为和处分行为的区分，从而在交易最基本的法律构造方面造成障碍。在最高人民法院《关于审理买卖合同纠纷案件适用法律问题的解释》（2012）承认这一分类之后，立法已经落后于司法实践的事例再次呈现出来。

我国立法和支持立法的民法学理论，在法律行为理论以及制度建设方面是只承认模模糊糊的"泛意思表示"和"泛法律行为"，而不承认对于所有的交易——不论是民法上的物权交易、债权交易，还是商法上的权利转移、知识产权上的让与和许可等交易，都具有分析和裁判意义的具体的意思表示和具体法律行为，即负担行为和处分行为，这两种基本的法律行为在法律交易之中有着清晰而且明确的区分。因为，在所有的法律交易中，当事人之间先要订立合同，然后才履行合同，订立合同和履行合同之间有时间上的间隔，这本是交易常规的现象，有些合同从订立到履行相隔数年也是正常。之所以人们会相信，虽然合同订立的当时没有履行而以后肯定会按约定的时间履行，原因就是合同从订立之时起，就发生了法律上的约束力，即债权。当事人如果不履行合同，就是违约行为，就要承担违约责任。有时候违约责任的数额要超过合同约定的交易价格，因为违约责任中包括了对方当事人预期利益的损失。所以，如果没有违法的原因，那么合同从订立的时候就必须产生债权请求权的效力，实现法律规制的第一步，也就是法律对于双方当事人的约束，保障合同在未来能够得到履行。这个按照当事人的意思表示应该发生债权请求权法律效果的行为，就是债权行为。因为它给双方当事人设置了一个债权意义上的法律负担，所以这个法律行为也被称为负担行为。另外，因为这个法律行为给当事人设置的是履行义务的负担，所以这个法律行为也被称为义务行为。

在合同约定的履行期限到达的时候，如果当事人约定的法律条件仍然正当，那么此时当事人会以自己独立的意思表示来履约，也就是完成合同中指明的权利变动。比如，如果当事人订立的是买卖合同，那么出卖人会把标的物以及标的物的所有权证书交付给买受人，而买受人应该支付合同约定的价款。此时出卖人履行合同交付标的物和标的物的所有权证书，同样是自己意思表示推动的结果，这个意思表示的内容，就是完成所有权的交付或者所有权转移。这个意思表示，和债权行为不同，目的在于完成所有权转移的法律行为。这个法律行为，就是物权行为。如果当事人之间的交易目的不是物权的转移而是其他权利的转移，比如证券权利、股权、知识产权、甚至债权的转移，那么，这种行为被称为"准物权行为"，其性质和物权行为一致。因为此时当事人的意思表示的内容在于完全物权或者其他权利的转移或者变更，所以这一行为也被称为处分行为。

除上文分析的买卖这种最为典型的法律交易中，包含典型的负担行为和处分行为的区分之外，全部的交易之中，也都会出现负担行为和处分行为的区分。所以法学理论上建立了负担行为和处分行为的区分原则。这一原则——尤其是其中包括的民事主体依据意思自治原则行使对于物以及物上权利的处分权的法思想，在民法上得以建立具有极为重大的价值。首先是在权利的设立、变更、转让和处分这些法律实践之中，彻底地贯彻了民法上的意思自治原则，体现了民法主体依据自己的内心真实意愿对于自己权利的道德支配地位：不是神权、不是君权、也不是国家公共权力，而是民事主体自己拥有对自己权利的最终支配权。从这一点看，在我国法学界某些学者至今还坚持的仅仅只承认债权契约成立过程中存在法律行为，而物权处分过程中不存在法律行为的"债权形式主义"学说，其学术观点的不足，就是把当事人行使处分权的行为认定为"事实行为"，而不是法律行为，所以看不到民事主体履行合同以及发生物权变动过程中独立的意思表示发挥的作用，从而把物权处分的法律根据要么确定为债权行为，要么确定为公共权力机构的行为，最终的结果是排斥了民事主体对于自己权利的最终处分权。这种观点也就是在民法的核心领域，或者说核心要点上，排斥了意思自治原则的作用。比如，在这种"债权形式主义"的理论模式下，因为只有当事人之间发生债权变动的意思表示得到承认，所以具有物权效力的权利变动,就不再是债权意思表示的结果;但是因为当事人之间的物权意思表示不被承认,那么当事人之间物权的设立、变更、转移和消灭这种物权的效力是从何而来?因此"债权形式主义"只能从公共权力赋权、授权学说,来理解交易中的物权效力来源问题。他们因此把不动产登记理解为行政规制的行为,把不动产物权变动从不动产登记的行为之中获得的物权效力,理解为行政权力对于民事主体的赋权或者授权。这个理论要点不仅仅存在着明显的认识错误(如本来是民众自己买卖房屋,而这种观点非要解释成房屋所有权来源于不动产登记机构的赋权或者授权,好像出卖人原来没有所有权);还存在着政治性错误:交易物权的来源只能是民事权利主体本身,而绝对不是政府的公共权力。在这一点上坚持公共权力对于民众权利的赋权或者授权,这对于民事权利非常有害。苏联法学就是滥用了这种赋权和授权学说,才给一些政府利用其公共权力损害民众权利创造了借口。

但是,如果承认了当事人之间发生物权变动的法律效果,根源是当事人关于物权变动的效果意思,也就是当事人的物权行为,这样的理论和实践错误都会烟消云散。

区分原则第二个非常重大的价值,就是它作为核心的裁判规范,对于所有的民事权利,包括商事权利、知识产权权利等的交易案件的分析和裁判,具有普遍的指导价值和贯穿的作用。

至于物权意思表示和物权行为、债权意思表示和债权行为之间的区别,目前的立法基本上采取回避或者模糊的态度。目前,还有一些学者(一些著述甚至自称其为多数学者)否定在依据法律行为发生债权效果与发生物权效果时当事人意思表示即效果意思的区分,不承认不同民事权利变动需要不同法律行为支持这些交易的常识性理论。

这种否定负担行为与处分行为区分、否定债权行为与物权行为区分的观点,本质是认识不到在民法的基本权利类型划分之中,必须认识到的支配权和请求权的区分,因此也就认识不到支持这两种不同权利变动的法律事实的区分。确实,这种观点曾经是主导性的观点。

我国目前的民法立法不采纳区分原则,用一个"泛意思表示"作为一切法律行为的根据，支持一切民事权利的变动。现行《合同法》第51条的规定就突出地表现出这一问题。本来，当事人之间发生债权债务的法律关系时，他们所做的意思表示也就是债的意思表示。比如一个卖家到一家工厂里订货，这时候产品经常还没有生产出来，因此当事人之间表达的意思表示，也就是要让合同生效，产生债权法上的约束力。这种合同其实就是典型的债，当事人这个时期的意思表示就是典型的债权意思表示。而我国《合同法》第51条认为，这种出卖人没有标的物没有所有权或者处分权的合同属于无权处分，不应该得到法律的承认和保护。这样的规定，完全违背了债权定义的法理，也不符合市场经济体制的要求。因此这些规则都必须认真清理。这其实也是我们坚持区分原则的理由。

按照从理性法学派到潘德克顿学派建立和发展起来的法律行为理论体系，民法上的权利有财产权和人身权的区分、财产权又有支配权和请求权的区分；由于这些民事权利的本质不同，依法律行为作为根据发生这些权利变动时，当事人内心真意也就是效果意思必然是不同的。所以，在区分交易中当事人之间到底是发生了债权关系还是发生了物权关系时，就应该依据当事人此时的效果意思来加以判定。

民法立法必须承认这种不同，并且根据不同的意思表示，来确定法律行为的性质，进而根据不同的法律事实确定这些法律行为的效力。所以，现代民法科学首先承认法律行为有人身法的法律行为和财产法的法律行为的区分；接着在财产法的领域里，又承认了支配权的法律行为（处分行为）和请求权的法律行为（负担行为）的区分，以及因此而产生的物权法律行为和债权法律行为的区分。这种区分并不只是具有理论意义，其实践意义才是根本性的。只有在这种清晰的理论指导下，民法才能建立一种使各种民事权利变动的法律根据有清楚区别的制度。这样，一个交易涉及多种民事权利变动时，法律对确定这些不同的权利变动才能从时间上和法律效力上做出清晰的判断，从而对于处理复杂的交易行为建立科学的根据。这一点，对于建立现代化的法律制度，树立现代复杂的权利控制秩序，是非常必要的。① 现代民法关于法律行为的立法，就是建立在这种科学而且现实的分析之上。但是，我国民法学对这些科学的法理接受不足，甚至还曾经出现许多批评与否定，从而导致我国立法在处理人身关系变动与财产关系变动、负担行为与处分行为、物权变动与债权变动关系的制度建设上，出现了自相矛盾、体系不清、无法适应市场经济和人民群众生活的要求的弊端。比如，我国现行立法对人身关系的法律行为是否予以承认持模棱两可的态度，在人身法律关系建立与变动的根据、法律责任的追究等制度建设上很不完善。更为遗憾的是，担保法、合同法立法时，支撑我国立法的主流法学认识对物权与债权的区分、对物权变动与债权变动的法律根据的区分认识不清，担保法、合同法这些立法甚至不承认负担行为与处分行为相互区分的客观事实（比如，合同订立后无法确保其履行、因此合同只能发生请求权的效力、而不能发生物权变动的效力这一基本事实，我国担保法、合同法均不予认可），对物权行为与债权行为的区分没有建立合理的制度，从而导致对交易中当事人行为以及责任不能准确规范的问题。目前的立法思维，只能适应自然经济和简单的市场经济，无法适应高度复杂的市场经济的要求。这些问题的根源，是我国法学对法律行为理论的接受，大抵上停留在19世纪上半叶，即"泛意思表示理论"时期，对萨维尼以及萨维尼之后的潘德克顿学派对法律行为理论以及相关的法律关系理论的发展缺乏全面的探讨和认识。在客观上，则可以看出我国以前的交易一般比较简单，没有高度发展的市场经济条件下法学精深思维的基础这一问题。另外，我国法学界与建立在法国法系基础上的日本法学界部分学者的因缘，使一些学者难以跳出固有思维的框架。无论如何，我国当前建立的法律行为制度，应该在法理上和制度建设上有积极的发展。

最后，对于当代法律行为理论的发展，我国民法尚未接受，更没有予以发展的迹象。比如，当代现实中出现了许多关于人身、人体、甚至生命元素的法律行为，如人身器官的捐献、精子卵子的捐献等。这些以当事人

---

① 对此，可以参见拙作：《论物权变动的原因与结果的区分原则》，载《论物权法》，法律出版社2001年版，第36页以下。

自己的意思表示发生的效果，担任具有法律行为的意义。但是这些法律行为如何生效，它们效力的特点等，需要在法律上予以明确。另外，现实生活中涉及婚姻、抚养、收养等法律行为，民法立法也一直没有相应的制度。对此，关于法律行为的立法，必须在这一方面有所前进。

本立法建议在提出上述问题的基础上，试图提出自己的一些改进建议，希望能够产生抛砖引玉的效果。

各国法律对法律行为制度的规定，一般都是将其规定在民法典的总则编，也有一些立法将其散乱地规定在涉及不同权利变动的章节中。《德国民法典》中"法律行为"一章分为六节：第一节，行为能力；第二节，意思表示；第三节，合同；第四节，条件和期限；第五节，代理、代理权；第六节，单方面的同意、许可。① 《日本民法典》中"法律行为"一章分为五节：第一节，总则；第二节，意思表示；第三节，代理；第四节，无效及撤销；第五节，条件及期限。《韩国民法典》中的法律行为一章，分为五节：总则、意思表示、代理、无效的撤销、条件与期限。我国旧民法中"法律行为"一章分为六节：第一节，通则；第二节，行为能力；第三节，意思表示；第四节，条件及期限；第五节，代理；第六节，无效及撤销。

我国目前民法立法的基本考虑，是将原来属于法律行为制度的行为能力制度纳入人法，将原来属于代理制度的一般代理即直接代理，结合法定代理、间接代理和广义的商事代理，单独规定为代理一章。在这种情况下，目前我国的法律行为制度，内容上比上述立法稍稍狭窄一些。但是无论如何，这一部分内容必须在观念以及制度上进行积极的继承、创新和发展。本建议稿建议我国的法律行为制度，应规定为如下六节：第一节，一般规则；第二节，意思表示；第三节，人身关系的法律行为；第四节，法律行为的成立、生效、无效及撤销；第五节，附条件与附期限；第六节，

---

① 本建议稿"法律行为"部分所引用的关于德国民法的条文，不论是论述部分，还是立法例部分，均为本章作者孙宪忠自译。本章所引用的德国民法著述，均为本部分作者孙宪忠自译。

法律行为的解释。

第一节 一般规则

【本节说明】

其他国家或者地区的民法典立法，对于法律行为是否规定一般规则或者通则，并没有一定之规。因为法律行为涉及民事权利的各个部分，是各种民事权利发生、变更以及消灭的最主要的也是最基本的依据，因此，在法律中规定法律行为从主体到效力的一般规则，作为确定各种法律行为的一般准据，在立法上十分必要。

另外，我国法律对于立法中的重要概念，一般采用法条予以明确解释，以免生歧义。本章的规定也遵循这一体例。

第一条　（定义）

法律行为，即以民事权利义务关系发生、变更和废止为目的的意思表示为要素的人的行为。

【说明】　本条是关于法律行为的概念的规定。自从德国理性法学派提出法律行为这一概念后，虽然世界各国的法学家都在使用这一概念，但是尚无立法规定这一概念。现根据理性法学派创立这一概念的本意，根据当代民法科学的发展提出该概念。

理性法学派提出这一概念的本意，是根据意思自治的原则，把民事权利义务关系建立、变更和废止的根据，归结为民法上的人本身，即民事主体自己的内心的真实意图。[1]这一理性的思考与结论，在法律上确立了民法以及整个私法的根基：符合当事人自己内心真意的权利义务关系，以及根据这种权利义务关系追究的民事责任，在法律上方为正当的民法基本原则。在民法历史上，当事人的权利义务关系的产生、民事责任的追究的根据曾经被归之于神的意志、君主的意志、人际社会团体的需要、人的身份等因素，但是这些根据都不符合民法作为私法的本意，也不符合民法意思

---

[1] Hans Hattenbauer, Grundbegriffe des Bürgerlichen Rechts, Verlag C. H. Beck, 1982, Seite 58—61 usw.

自治的基本原则。所以,理性法学派提出的这一概念,很快为当时社会大力主张革新的法学界所接受,成为基本的法学概念,并为后来一代又一代的法学家们普遍继承。因此,后来民法学家所使用的法律行为概念,虽然表述略有不同,但基本精神都是一致的。

法律行为这一概念,基本的要素可以归纳为如下方面:

(1) 法律行为是民法上的人的行为。现代民法上的人,即具有民事权利能力、而且能够参与民事权利义务关系人。这一含义具有特定的意义。传统法律上的人,具有"人神不分"的特征,神也是法律上的人,这一点甚至在当代某些国家与地区的法律中尚有遗存。当代法律中,随着生态保护的要求高涨,产生了将动物纳入法律主体范围的呼声,但是这一要求至今尚未形成普遍的认可。

现代法意义上的人,有公法上的人与私法上的人的区分。公法上的主体与民法上的主体,不论其构成还是功能都有很多区别。只有私法上的人,即民法上的人,才能形成自己的独立意思,也才能为民法所指的法律行为。因此,确定法律行为这一概念,必须首先从主体方面有明确的界定。

正因为此,如果民法上的人的行为能力发生障碍,则该种法律行为所指向的效果应该中止。如果民事主体在行为能力正常时订立了一个买卖合同,但是在履行合同之前失去行为能力,则依法只能确定其行为能力正常时的法律行为有效,即债权法上的合同有效,当事人只能受相对人的债权请求权的约束,而不能将该买卖合同所指向的物权变动认定为有效。

(2) 法律行为,必须是以当事人的意思表示为要素的行为。民法上的人所为的行为,有事实行为和法律行为的区分。所谓事实行为,即行为的效果不以当事人的意思表示为条件的行为,即当事人无论有没有意思表示,无论当事人意思表示的内容是什么,只要当事人为某种行为,就能发生某种确定的结果。比如,根据无主之物依法归先占者取得的规则,无论先占者是否有取得无主物所有权的意思,该物应当归其取得。所以,先占者的行为,就是明确的事实行为。但是,法律行为是以当事人的意思表示为要素的行为,当事人如果没有发生某种效果的意思表示,则依法不能发生该种效果。比如,当事人的意思表示如果不是发生标的物所有权转移的效果,而是发生使用权转移的效果,则标的物的所有权肯定不应该转移。比如,租赁合同和买卖合同,都会涉及标的物的转移,但是根据当事人的意思表示,这两种合同的本质有别。因此,不能只是根据标的物转移的事实,来确定交易的性质。

一个法律行为的成立和生效,可能是一个意思表示,也可能包含多个意思表示,此外,还常常会有多个条件,但是意思表示是基本要素,即不可缺乏的因素。

(3) 法律行为中的意思表示,必须以民事权利义务关系的发生、变更和废止为目的。这种目的在于发生民事权利义务关系变动的意思,在法学上称之为效果意思。即使是民事主体所为的发生在民间社会的行为,如果没有民法上的权利义务发生变动的意思,即没有效果意思的行为,不是法律行为,不发生法律行为的结果。民事主体所为的发生在公法社会的行为,当然不会发生民法上的效果;但是民事主体所为的发生在私法社会即民间社会的行为,如果没有民法上的效果意思,比如朋友相互邀请同行至某地、亲友之间相互往来做客、开玩笑的行为等,不发生民法上的效果,不是法律行为。

【理由】 虽然《德国民法典》以及之后的大陆法系民法,多规定法律行为制度,但是这些法律,对法律行为的概念却没有规定。在民法理念相当强大的情况下,法律对法律行为的概念不做规定当然是可以的。但是我国民法基础薄弱,社会对法律行为理论的理解有不少偏差,所以,以立法的方式规定法律行为的概念是必要的。

学术界定义法律行为时,有些著述首先将其定义为一种能够引起民事权利义务关系发生变动的法律事实,然后将意思表示作为其必备要素,说明法律行为与事实行为的区分。比如,在德国民法中,法律行为指的是"包含一个或者多个意思表示、并一次作为一种必要条件,目的在于发生民法上的权利有效变动的法律事实"。[①] 史尚宽先生所著《民法总论》也

---

① Creifelds, Rechtswörterbuch, 12. Auflage, Verlag C. H. Beck, 1994, Seite 953 usw.

依此说。但是，法律事实首先应该区分为人的行为和自然事件；人的行为才能去分为法律行为和事实行为。所以，法律行为应该首先确定为是人的行为，以示其与自然事件的区分；其次应该强调人的民法主体身份。因此多数学者认为，法律行为应该是由一个人或者多数人所为的、目的在于发生民法上的效果，即引起民事权利义务关系变动的行为。①此处的定义，参照多数人的学说。

法律行为，以当事人意思表示的真实作为其最根本的条件。意思表示不符合当事人内心真意的，就是意思表示的不真实；而意思表示的不真实，即构成法律行为的瑕疵，以及民事权利义务关系的瑕疵；这种瑕疵，不但有可能导致当事人发生民事权利义务关系变动的意思不生效，而且还有可能产生追加当事人其他法律责任的结果。因此，意思表示真实，即符合当事人的真实意愿，是法律行为最根本的因素，这一点必须在立法上予以明确。

法律行为，必须以当事人发生民法上的效果意思作为必要因素。没有民法上的效果意思，即当事人有不发生民事权利义务关系变动的意思时，即使当事人的行为属于民间社会的行为，该行为也不是法律行为。他既不发生权利与义务建立、变更与废止的结果，也不发生以法律行为追求法律责任的根据。

【立法例】
- 《中华人民共和国民法通则》

第54条　民事法律行为是公民或者法人设立、变更、终止民事权利和民事义务的合法行为。

第二条　（一般生效条件）
法律行为，具备下列条件时自成立时生效：
（一）行为人具备相应行为能力。
（二）意思表示真实。

---

① See：Larl Larenz, Allgemeiner Teil des Bürgerlichen Rechts, 7 Auflage, Verlag C. H. Beck, 1989, Seite, 314 usw.

（三）符合法律与公共秩序，不损害社会利益与他人利益。

（四）行为目的可能。

【说明】　本条是关于法律行为生效的一般条件的规定。

根据民法学的一般原理，本建议稿规定法律行为的生效应该具备四个条件：

（1）行为人具备相应行为能力。所谓行为能力，即民事主体以自身的智力和对事物的判断力，为自己取得民事权利和设定民事义务的能力，以及为自己的行为承担法律责任的能力。所谓具备相应行为能力，即一般人具备完全行为能力和限制行为能力人具备行为性质需要的相应能力的情形。显然，只有具备相应行为能力的民事主体，才能够对自己将要参加或者变更与终止的民事权利义务关系的性质有适当的判断力。所以，这一条件是对行为人的智力和经验的要求，是法律行为生效的首要条件。

根据我国民法立法体例，关于行为能力的制度属于人法，即民事主体法。但是，行为能力与法律行为的关系，应该在法律行为部分规定。

（2）意思表示真实。即当事人在法律行为中所表达的意思，是其内心的真意。从上文关于法律行为制度一般意义的分析可以看出，法律行为制度建立的根本意义，就是把民事权利义务关系的基础，建立在当事人自己的内心真意上。只有符合当事人内心真意的法律行为，才是真正意义上的法律行为。所以，意思表示真实，是法律行为生效的根本条件。

（3）符合法律与公共秩序，不损害社会利益与他人利益。这是法律行为生效的社会条件。法律行为是当事人自己为自己设定权利义务关系的行为，是当事人私益的体现。在一个正常的社会中，当事人的私益应该符合法律与公共秩序，符合公益，并且应该与他人的正当利益相协调。符合公益并且也不损害他人利益的行为，才能得到法律的保护，当事人的效果意思才能够实现。

（4）行为目的可能。即当事人的法律行为所要达到的目的是可以实现的。这是法律行为的客观现实条件。只有效果意思可以实现时，当事人的法律行为才具有真正的意义。如果当事人依靠自己的行为试图达到不可能实现的结果，这一行为当然没有意义，没有法律予以保护和承认的价值。

【理由】 本条是关于法律行为生效的一般条件的规定。

在大陆法系国家民法典中，多数并不规定法律行为的一般生效条件，而只是从消极的方面规定法律行为违背某些条件时无效或者可以被撤销的规范。但是，民法立法的精神应该是"宣而导之"，法律首先应该具有指导的意义，而不是具有制裁的意义。所以，在关于法律行为制度建设中，应该首先规定行为生效的一般条件，这样才能对当事人所为的行为发挥一般的指导作用。

本条规定的法律行为生效的一般条件，来自与中外法学家对这一问题的探讨以及我国现有立法的成果。《民法通则》第55条规定的"民事法律行为应当具备"的条件，就包括了本条建议稿的前三个条件。所不同者有两点：(1) 本条第三项，比《民法通则》增加了法律行为"符合公共利益""不损害他人利益"的要求。《民法通则》原来对此没有规定是有缺陷的，现予以补正。(2) 增加了"行为目的可能"这一要求。对此予以增加的理由是，只有在客观上可以实现的效果意思，法律才有保护必要性。法律行为的客观可能性问题，在法律上比较复杂。如果一个合同的当事人约定的条款是不能实现的（即法学上所谓"自始不能"），那么该合同当然会自始无效。但是，自始不能属于主观不能还是客观不能，对当事人之间的法律责任清理仍然有重大的影响。另外，在现实中也有这样一种情况：当事人在设定某种权利义务关系时，实现这种权利义务关系在客观事实上是可能的，而以后才变为不可能。这就是法学上所谓"嗣后不能"的情形。在这种情况下，法律必须建立相关制度对当事人之间的权利义务关系予以清理。所以，在法律上建立"目的可能"这一标准，对法律行为制度的完善而言，是很有意义的。

【立法例】

- 《德国民法典》

第110条 （零用钱条款）

一项由未成年人缔结的合同，如果未成年人依据合同承受的给付义务所为的处分，符合其法定代理人或者第三人让与给该未成年人的目的，或者在他们给予该未成年人自由处分范围之内，则该合同自始有效。

- 《中华人民共和国民法通则》

第55条　民事法律行为应当具备下列条件：

（一）行为人具有相应的民事行为能力；

（二）意思表示真实；

（三）不违反法律或者社会公共利益。

第三条　（无行为能力人的行为结果）

无行为能力人的意思表示无效。无行为能力人，由法定代理人代为意思表示，并承受意思表示的结果。

但是，无行为能力人所为的对自己纯粹获得利益的行为，自始有效。

【说明】　本条是关于无行为能力人的法律行为的规定。行为人的行为能力具有瑕疵，即行为人不是完全行为能力人，或者说属于无行为能力人、限制行为能力人。行为能力有瑕疵者所为的法律行为，当然不能自然地发生效力。本条规定的是关于无行为能力人的法律行为，关于限制行为能力人所为的法律行为，在下条规定。

本条第一款第一句规定的，是无行为能力人所为意思表示的一般规则，即无行为能力人所为的意思表示无效，而无效就是依法不能产生意思表示的结果。因此，从立法的规定上看，这种意思表示，尚不能构成典型的法律行为。本条第一款第二句规定的，是根据无行为能力人的实际情况，将无行为能力人的意思表示的权利授权与他们的法定代理人，由法定代理人代无行为能力人进行意思表示，而无行为能力人承受法定代理人的意思表示的结果。

在现实中，有一些他人或者法律为无行为能力人纯粹取得权利的情形，比如为无行为能力人以遗嘱的方式赠与财产，为无行为能力人授奖，以及免除无行为能力人的义务等。此时，无行为能力人可以做出接受遗赠、接受奖励的意思表示，这些意思表示一旦做出，即发生有效法律行为的结果。

【理由】　关于什么是行为能力，以及什么是行为能力的瑕疵的问题，按照我国民法典的立法规则，由民事权利主体部分加以规定。但是，有关民事主体在行为能力瑕疵的情况下所为的法律行为的制度，却应该属于法律行为制度的内容，按照国际惯例以及法理清晰的标准，应该由法律行为的制度加以规定。①

对行为人在行为能力具有瑕疵的情况下所为的法律行为，国际上普遍的做法是采取保护主义的立法原则。②这一原则的基本意义是，立法者认识到行为人的行为能力存在缺陷，为杜绝行为人错误处分自己的权利的结果发生效力，而对行为人予以保护。

无行为能力人，即根据其智力、精神发育以及健康状况，可以肯定为基本上没有判断能力的人。所以，无行为能力人所做出的意思表示，不能发生法律上的效果。此时，如无行为能力人必须为财产上或者人身关系的处分，则必须由其法定代理人代而为之。在立法者看来，无行为能力人的法定代理人应该是与他们感情上或者身份上最亲密的人，故法定代理人代替无行为能力人所为的意思表示，一般应该能够照顾到无行为能力人的利益。

无行为能力人所为的纯粹为自己取得权利的行为，在立法上并不违背保护主义的立法原则，所以这些行为应该自始有效。

【立法例】

- 《德国民法典》

第105条

（1）无行为能力人的意思表示无效。

（2）在意识能力丧失以及暂时性精神错乱时所做出的意思表示无效。

- 我国旧民法③

第75条 无行为能力人之意思表示，无效。虽非无行为能力人，而其意思表示，系在无意识或精神错乱中所为者，亦同。

---

① 请参照《德国民法典》第一编第三章第一节，我国旧民法第一编第四章第二节等。
② Konrad Zweigert / Hein Kötz, Einführung in die Rechtsvergleichung, 3 Auflage, J. C. B Mohr Tübingen, 1996, Seite 341.
③ 指20世纪30年代制定的旧中国民法，即南京国民政府时期颁布实施的《中华民国民法》，余同。

第 76 条　无行为能力人，由法定代理人代为意思表示，并代受意思表示。

第四条　（限制行为能力人所为的行为）

限制行为能力人所为的与自己的年龄、智力、精神健康状况不相应的法律行为，必须得到其法定代理人的追认。法定代理人不予追认的，无效。

限制行为能力人所为的对自己纯粹获得利益的行为，法律许可限制行为能力人从事的行为，自始有效。

限制行为能力人成为完全行为能力人后，以其自我追认替代法定代理人的追认。

【说明】　本条是关于限制行为能力人所为的法律行为的规定。

本条的规定共有三款，基本含义如下：

（1）本条第一款规定的，是限制行为能力人为法律行为的一般规则。限制行为能力人与无行为能力人的区别，是他们随着年龄的增加，智力也随着增加，判断力逐渐增强，因此他们可以认识到一些行为的性质，可以做出一些对他们合理的决定；或者他们的精神健康状况许可他们独立的做出一些对自己无害的判断。所以上条曾经规定，限制行为能力人，可以独立地为那些与自己的年龄、智力、精神健康状况相应的行为。但是，限制行为能力人因为在一般情况下仍然是判断力不足的人，所以根据上文所说的保护主义立法精神，他们独立所为的行为应该得到其法定代理人的追认。所以，限制行为能力人所为的法律行为，在法学上属于"效力待定的行为"。也有学者将其称为"等待追认的行为"。

限制行为能力人所为的法律行为，与无行为能力人所为的法律行为的区别，是前者必须等待其法定代理人的追认，而后者为无效。这是本条规定的要点。这一点，其实是《德国民法典》以及我国旧民法以来的传统做法。这一做法制度清晰合理，值得采纳。

（2）本条第二款规定的，是第一款的但书。这一点，包括两个内容。其一，限制行为能力人所为的行为，如果纯粹为自己取得利益，比如接受奖励、接受遗产、接受捐赠等，根据保护主义的法理，这些行为当然应该自始有效。其二，法律许可限制行为能力人从事的行为，依理也应该有效。这些法律许可限制行为能力人所为的行为，比如劳动法许可未满18周岁但是已满16周岁者从事劳动并取得收入的规定等；再如我国法律许可这一年龄段的自然人处分自己的某些财产等。这些法律行为当然应该是有效行为。

（3）本条的第三款，规定的是限制行为能力人成为完全行为能力人之后，可以独立追认自己以前所为行为的情况。限制行为能力人成为完全行为能力人，对自己行为的性质已经具有合理的判断力，当然可以自我追认以前的行为。

【理由】 确定限制行为能力人的法律行为效果，基本的出发点是仍然坚持保护主义的原则，但是根据他们既具有判断力但是判断力又不完善的现实，采取更有针对性的措施既保护限制行为能力人，又保护行为的相对人。鉴于本条涉及的内容比较复杂，所以设置三款予以规定。

根据保护主义的原则，法律处理限制行为能力人所为的与自己的年龄、智力、精神健康状况不相应的法律行为的基本精神，并不应该简单的将其归于无效。因为，此时限制行为能力人所为的行为，有可能符合其利益，值得法律予以保护。但是，究竟这种行为是否符合其利益，应该由最能够代表其利益的法定代理人同意。因此，法律规定了这种行为必须得到其法定代理人追认的原则。这一点，是世界上大多数国家立法均予以承认的。当然，法定代理人不予追认的，该行为无效。

限制行为能力人所为的纯粹获得利益的行为，依理当然应该自始有效。原因已如前述。另外，根据我国立法的精神，此处增加了法律许可限制行为能力人独立从事的行为，该行为自始有效的规定。上文的说明中，已经指出这一规定的适用范围。

关于限制行为能力人具有完全行为能力后，是否可以对以前自己的行为予以追认的问题，德国民法、我国旧民法均予以承认。依法理，我国民法典也应当予以承认。

【立法例】

● 《德国民法典》

第 107 条 （法定代理人的同意）

未成年人的意思表示，如并非只是为了取得法律上的利益，则需要其法定代理人的同意。

第 108 条 （未经同意订立合同）

（1）未成年人未经其法定代理人必要的同意订立的合同，则合同的效力取决于该代理人的同意。

（2）合同的另一方当事人向法定代理人催告追认的，他只能向与其订立合同者提起；催告之前代理人向未成年人所做出的同意或者拒绝同意的意思表示均为无效。追认可以在接到催告后的两个星期内做出；代理人无意思表示的，则视为拒绝。

（3）未成年人的行为能力人限制失去后，其自我追认替代法定代理人的追认。

● 我国旧民法

第 77 条 限制行为能力人为意思表示及受意思表示，应得法定代理人之允许。但纯获法律上之利益，或依其年龄及身份，日常生活所必需者，不在此限。

第 78 条 限制行为能力人未得法定代理人之允许，所为之单独行为，无效。

第 79 条 限制行为能力人未得法定代理人之允许，所订立之契约，须经法定代理人之承认，始生效力。

● 《中华人民共和国合同法》

第 47 条第 1 款 限制民事行为能力人订立的合同，经法定代理人追认后，该合同有效，但纯获利益的合同或者与其年龄、智力、精神健康状况相适应而订立的合同，不必经法定代理人追认。

第五条 （相对人的权利）

限制行为能力人所为法律行为的相对人，可以催告该限制行为能力人

的代理人在一个月内追认。该限制行为能力人的法定代理人未做表示的，视为拒绝追认。

在前款规定的条件下，限制行为能力人所为法律行为的相对人，也可以在该行为被追认之前撤销该行为。撤销行为应当明确通知，并不得反悔。

【说明】 本条是关于保护限制行为能力人所为法律行为的相对人的规定。

本条规定的基本内容，即赋予限制行为能力人所为法律行为的相对人以催告权和撤销权，以及如何行使这些权利的规定。限制行为能力人有时从外表上看，与完全行为能力人并无区别，但是他们所为的行为，却使得行为相对人的权利处于一种不确定的状态，这对于相对人是非常不利的。因此，在法律上也应该赋予相对人某些权利，以建立保护相对人利益的制度。此处规定，就是从两个方面对相对人的利益保护作出规定。

首先，本条规定了限制行为能力人所为法律行为的相对人具有催告权。相对人可以催告该限制行为能力人的代理人在一个月内追认。该限制行为能力人的法定代理人未做表示的，视为拒绝追认。在这种情况下，限制行为能力人所为的行为归于无效。

其次，本条规定了相对人的撤销权。相对人也可以在该行为被追认之前撤销该行为。撤销行为应该明确通知，并不得反悔。这一规定的目的，是为了使得交易行为稳定可靠。

应该说明的是，限制行为能力人所为法律行为的相对人，并不仅仅限于他们订立的合同中的相对人。虽然此处所说的相对人常常指的是合同中的相对人，但是在合同相对人之外，限制行为能力人以单方行为处分其财产权利时，有可能获得这一权利的人，也是其相对人。在多方行为中，也会有相对人的存在。

【理由】 关于限制行为能力人所为法律行为的相对人利益保护问题，学理上较为复杂，法律制度设计上值得研究。《德国民法典》对此花费五个条文予以规定（从第106条至第110条）。其基本精神是一方面确定限制行为能力人的法定代理人的追认原则，另一方面，许可相对人行使撤销权。但是，涉及相对人的利益保护时，一方面承认相对人的撤销权，另一方面对此又规定许多但书条款，其制度显得繁琐而难以操作。我国20世纪30年代制定的旧民法基本上采纳《德国民法典》的规则，只是在单方行为和双方行为之间做出区分，认定单方行为无效而双方行为效力待定。但是，对于限制行为能力人以诈欺手段使得相对人相信其获得法定代理人同意、或者相信其已经具有完全行为能力时所为的行为，却是自始有效的行为。这一点虽然与《德国民法典》第109条内容相近，但是出发点不同。《德国民法典》的这一规定，是限制相对人的撤销权；而我国20世纪30年代制定的旧民法的规定，却取消了限制行为能力人的代理人的追认权。另外，在商业领域，限制行为能力人所为的行为，在法律许可的范围内为有效。法定代理人虽然在不适用限制行为能力人所为的商业性行为中享有撤销权，但是该项权利不得对抗善意第三人。我国《合同法》第47条第2款的规定，基本上是我国20世纪30年代制定的旧民法上述精神的缩写，其文字简洁明了，并无歧义产生的可能。所以我国《合同法》的规定基本上值得采纳。但是，合同法的规定只涉及双方行为，而不涉及单方行为和多方行为，这一点在合同中当然是妥当的，而在民法典中应当向后两种行为扩展。但是，《合同法》关于"合同被追认之前，善意相对人有撤销的权利"的规定，值得再研究。因为，这一规定把撤销权仅仅授予善意相对人，但是如果相对人认识到合同对限制行为能力人不利，而在限制行为能力人的法定代理人追认期限届满前自己提出撤销，法律为什么要予以禁止？所以善意保护的标准在此适用并不妥当。另外，此处"善意"立法含义也不明确，司法上难免歧义；另外，从现实的交易来看，能够从事较有意义的法律行为的限制行为能力人，常常具有完全行为能力人的外观，否则相对人不会与其发生法律行为，所以此时的善意举证的问题，至今无法解决。从实践的效果看，依法赋予限制行为能力人的法定代理人的追认权，已经能够达到保护主义的目的；而限制行为相对人的撤销权，法理与实务上略显不当。所以，此处关于只有"善意相对人"才享有撤销权的规定可以废止，应该许可一切相对人，均可以在限制行为能力人的法定代理人追认前行使撤销权。

在相对人行使撤销权的规定中，加上了"撤销行为应当明示通知，并不得反悔"的限制。"通知"当然应该明示，而不应该默示。虽然合同法规定了撤销权行使中的通知义务，但是，因为通知一词为多义词，所以，从理论上来说，合同法这一规定并不能绝对地理解为他为相对人规定了明示通知义务，因此，在此有必要进一步明确。同时，该项撤销不得反悔的规定，对于经济实践非常必要。

【立法例】

- 《德国民法典》

第109条　（另一方当事人的撤销权）

（1）合同未经追认之前，另一方当事人有权利撤销。撤销也可以向未成年人表示之。

（2）如另一方当事人明知未成年人的身份，则该项撤销只能在如下情况下有效：未成年人隐瞒真相，谎称自己已经获得了法定代理人的许可；但是如果另一方当事人明知该未成年人没有得到其法定代理人许可时，则不得提起撤销。

- 我国旧民法

第82条　限制行为能力人所订立之契约，未经承认前，相对人得撤回之。但订立契约时，知其未得有允许者，不在此限。

- 《中华人民共和国合同法》

第47条第2款　相对人可以催告法定代理人在一个月内予以追认。法定代理人未做表示的，视为拒绝追认。合同被追认之前，善意相对人有撤销的权利。撤销应当以通知的方式作出。

第六条　（限制行为能力人法律行为的自始有效）

限制行为能力人以一般公认的方式使得相对人信任其已经具有完全行为能力，或者信任其已经获得法定代理人同意而为的法律行为，自始有效。

【说明】　本条是关于限制行为能力人所为的行为中的一个特殊情形的规定。在现实中，如果限制行为能力人进行某种法律行为时，使用了一种一般均能承认的方式，说明自己已经具有完全行为能力，或者说明自己已经取得其法定代理人的许可，那么，从立法的客观主义精神来看，该项行为应当有效。否则，相对人基于客观一般可以认定的信赖而为的行为得不到法律的保护，在法律上甚不公平。

【理由】 本条的要点，是限制行为能力人所为的行为，是在其使用一般公认的方式使他人信赖其身份无瑕疵的情况下所为。这一点，在我国旧民法和日本民法中被称为"诈术"。比如，未成年人出示表示自己为成年人的身份证件等。而且现实中，有些未成年人的外观，已经与成年人无异。在这种情况下，如果规定他们所为的行为无效，则损害相对人的正当利益。因此，多数国家与地区的立法都是规定这种情况限制行为能力人的行为不应该撤销，而应该自始有效。

【立法例】

- 《德国民法典》

第 109 条第（2）项　（另一方当事人的撤销权）

（2）如另一方当事人明知未成年人的身份，则该项撤销只能在如下情况下有效：未成年人隐瞒真相，谎称自己已经获得了法定代理人的许可；但是如果另一方当事人明知该未成年人没有得到其法定代理人许可时，则不得提起撤销。

- 《日本民法典》

第 20 条　（无能力人的诈术）

无能力人为了使人相信其为能力人而使用诈术时，不得撤销其行为。①

- 我国旧民法

第 83 条　限制行为能力人用诈术使人信其为有行为能力人或已得法定代理人之允许者，其法律行为为有效。

第七条　（违背禁止性规范的结果）

法律行为，违背法律的禁止性规范者无效。

---

① 关于《日本民法典》的译文，引自曹为、王书江译《日本民法》，法律出版社 1986 年版。下同。但是，本章作者对一些译文是否准确有所保留。

法律行为，违背人民法院的判决、或者政府行政机关在其职权范围内作出的禁止性规定的，同样无效。

【说明】 本条第 1 款是关于当事人的行为违背法律禁止性规范的规定。第 2 款是关于法律行为违背具有法院判决以及政府行政指令中的禁止性规定的规定。

法律行为是以个人自己的意思发生法律效果的行为，但是任何民事主体都必须在法律规定的范围内活动，因此个人意思的效力与法律规范的效力之间的关系、与法院判决以及政府行政指令之间的关系，必须规定清楚。

关于本条第 1 款应该说明的是，法律规范的效力，必须在法律上和法学上做清楚的划分。本条规定的意思是，违背法律禁止性规范的法律行为，才会导致无效的结果；而违背法律的非禁止性规范的行为，并不必然是无效的。这一点不但是法律规范的本质要求，而且是世界各国立法的通例。

所谓禁止性规范，即由法律明确规定禁止某种作为的规范。比如，婚姻法关于禁止买卖婚姻和其他干涉婚姻自由的行为的规范、禁止直系血亲和三代以内旁系血亲结婚的规范、禁止借婚姻索取财物的规范等。法律一旦有明文禁止时，第三人为这样的行为，即为无效。这些行为不但不能发生当事人期待的结果，还有可能导致法律的惩罚。

人民法院判决中规定的禁止性规定、政府行政机关依据其职权所作出的禁止性规定，在法律上，当然依法产生法律效力。违背这些规定的法律行为，当然也是无效的。

【理由】 传统法学中，法律规范区分为强制性规范和任意性规范，也区分为禁止性规范和非禁止性规范。这两种区分并不严格一致。所谓禁止性规范，即法律明确禁止民事主体作为的规范；非禁止性规范，即法律不一定提倡，但是也没有明确禁止的规范。

本立法建议中的这一点，与我国目前的立法有所不同。《民法通则》第 58 条第（五）项规定"违反法律或者社会公共利益的"民事行为无效。这一规定不区分法律禁止性规范和任意性规范的效力，在立法上有明显的缺陷。依据法理，违背任意性规范的法律行为，当然不是无效行为。世界各国的立法都是这样规定的。所以,我国《合同法》第52条第(五)项规定"违反法律、行政法规的强制性规定"的合同无效。合同法试图依据法律规范的性质,对于当事人的行为的效力做出明确的区分,这一点比《民法通则》有了本质的进步。我国旧民法以及日本民法的规定也是如此。但是,合同法所规定的"违背强制性法律规范无效原则",从用词上似乎还可以商议。因为,从字面意义上看,似乎与"任意性规范"含义相对,但是从法律语法学的本意看,任意性规范相对的概念是"禁止性规范"。毕竟强制性规范,不可以简单理解为禁止性规范。比如,法律上的强制性许可,就不是禁止性规范。①所以我国旧民法第71条,在正面规定"法律行为违反强制或者禁止之规定者,无效"之外,又规定了"但其规定并不以之为无效者,不在此限"的但书。这一法律规定的意思,就是对强制性法律规范不能达到禁止性规范效果的排除。这一立法,意义积极,值得采纳。但是这一但书,在语法上使用的是"否定之再否定"的规则,在语义理解上容易产生歧义。而禁止性规范一词,含义非常明确,不会产生歧义。过去的教科书或者立法,多在此处使用"强制性规范"一词,本建议稿依据法理和实践,将这一概念修改为"禁止性规范"。

另外,关于法律行为违背法院判决以及政府行政指令中的禁止性规定的结果,虽然在学理上一般解释为同样是违背法律的结果,但是在我国目前的立法中这一点并不明确。为免生歧义,这一点在立法中也应该清楚予以规定。

【立法例】

- 《德国民法典》

第134条　(立法禁止条款)

法律行为,违背法律上的禁止条款,而且法律对此有没有其他规定的,无效。

---

① 对于涉及大众利益的企业的特别经营权利的授予,法律规范的本质是许可,但是其内容包含诸多强制性。比如,当代国家对于公共汽车行业的授权规范就是如此。一方面,法律授权其进行运营;另一方面,法律又要求照顾公共利益,不得利用其垄断性经营损害大众利益。故该许可本身又包含着强制。

第 136 条　（有权机关的转让禁止）

法院或者其他有权机关根据其管辖权所下达的转让禁止令，与第 135 条规定的关于立法上的禁止性条款的效力相同。

- 我国旧民法

第 71 条　法律行为，违反强制或者禁止之规定者，无效。但其规定并不以之为无效者，不在此限。

- 《日本民法典》

第 91 条　（任意规定与意思表示）法律行为的当事人，表示了与法令中无关公共秩序的规定相异的意思时，则从其意思。

第八条　（违背公序良俗行为的后果）

法律行为，违背公共秩序或者善良风俗者无效。

【说明】　本条是关于法律行为违背公序良俗的后果的规定。

公共秩序和善良风俗，一般合称为公序良俗，指的是社会正常的生活秩序和标志社会进步的良好风俗。正常社会秩序，其意义不言自喻，即社会群体的共同生活所形成的秩序。而善良风俗，并不是指一切习惯和风俗，而是指符合社会优良品质风尚的伦理规则、习惯和新风俗。即使在一个法制非常完善的社会里，法律也不可能为一切社会行为制定出完善的行为准则；所以这些优良的社会习惯和风俗，对于弥补法律的调整空间，稳定社会的正常秩序所发挥的作用，仍然值得肯定。违背公共秩序和善良风俗的行为，不但损害历史文明，而且妨害他人的正当利益，因此应该归于无效。

但是人类社会发展至今，历史已经非常漫长，历史上遗留的伦理、习惯和风俗，并非一切优良。比如在我国，旧伦理、习惯和风俗中轻视女性、过渡主张长幼尊卑秩序的内容等，即与社会平等观念不符。因此，这样的旧伦理、习惯和风俗，当然不是善良风俗。另外，违背正当的家庭关系伦理、违背正当的男女关系道德、侵犯人格尊严、欺负蒙骗弱者、赌博等行为，也不是善良风俗。

【理由】　关于违背公共秩序和善良风俗的条款是否应该纳入民法立

法问题，我国历来看法不一。我国旧民法在立法时，规定了法律行为违背公序良俗者无效的条文，当时的立法观念认为，"有悖于公共秩序、善良风俗之法律行为，虽不为犯罪，然有使国民道德日趋卑下之弊"，故立法应规定其无效。① 我国现行法律法规中，却没有关于这一内容的条款。但是有的法律著述将现行立法中关于"社会公共利益""社会公德"的规定，解释为公序良俗的规定。②

我国现行立法以及民法学著作，一般将关于"公序良俗"的规定，理解为民法的基本原则。如《民法通则》将这一点规定为"民事活动"的原则。但是，法律关于公序良俗的规定，其实是针对法律行为的规定；民事活动，只能狭义地理解为当事人依据法律行为进行的活动。所以，这一规则应该在"法律行为"部分加以反映。《德国民法典》《日本民法典》、我国旧民法等，都是这样规定的。我国民法当然应该遵循此例。

法律行为是当事人依据自己的行为取得法律效果的根据。但是社会的人总是从历史中走来的，总是生活在现实之中的，历史与现实中的善良风俗与恶风恶俗，均会影响民法中的人。尤其是在婚姻、家庭范围内，当事人的许多行为更多的是出于伦理、习惯、风俗方面的考虑。但是恰恰在这一领域，法律无法规定得十分详细。所以，在立法上依据公序良俗的原则来规范当事人的行为是很必要的。

【立法例】

- 《德国民法典》

第 138 条第（1）项

违反善良风俗的法律行为无效。

- 《日本民法典》

第 90 条 （公序良俗）以违反公共秩序或善良风俗的事项为标的的法律行为，为无效。

---

① 参见蔡墩铭等主编：《民法立法理由、判解决议、令函释示、实务问题汇编》，五南图书出版公司 1983 年版，第 98 页。

② 参见梁慧星：《民法总论》，法律出版社 1995 年版，第 45 页等。

- 我国旧民法

第 72 条　法律行为，有悖于公共秩序或善良风俗者，无效。

- 《中华人民共和国民法通则》

第 7 条　民事活动应当尊重社会公德，不得损害社会公共利益……

第二节　意　思　表　示

【本节说明】

　　民法上的权利与义务关系的建立、变更废止，以及法律责任的追究，其根据虽然并不都是法律行为的结果，但是毫无疑义的是，法律行为是其最基本、最常见的原因。上文对于法律行为理论的核心——意思表示的意义进行了初步阐述。从上面的论述中可以看出，依据法律行为建立的权利制度以及法律责任制度，其全部的正当性根据，就是意思表示的真实。而意思表示的真实，就是当事人表达的意思符合其内心的真正意图。但是由于当事人内心的真意，与其表达的意思以及方式并不具有天然的协调一致性；而即使是意思表示者即表意人自己以为采取了符合自己真意方式，表达了自己的意思，但是这一意思的接受人，即相对人是否能够通过这种方式，理解表意人内心的真意，不论在理论上还是在实践上也有疑问。尤其重要的是，如果因为当事人自身的原因，或者因为他人的原因，使得当事人内心的真意没有能够表达出来时，仅仅依据这样的意思表示确定权利义务关系的生效自然会在法律上产生不公正的结果。因此，在上述情况下，自然不能根据表意人所表达的意思产生法律的后果。诸如此类的问题，说明在法律上必须建立关于意思表示的制度，其对于建立公正客观的民事权利义务秩序，是非常必要的。

　　从民法立法的基本内容看，这一部分的规定主要是关于意思表示不真实的分类以及法律后果的规定。本建议稿对于意思表示的不真实，基本上按照主动的意思表示不真实和意思表示的不自由来加以区分。而主动的意思表示不真实，即由于表意人自身的原因产生的意思表示不真实，包括虚伪的意思表示和错误的意思表示两种情况。虚伪的意思表示，即意思表示的主动不真实，是表意人有意识的表示不真实，这种情况又划分单方的虚伪意思表示和双方的虚伪意思表示两种情况。在这种虚伪的意思表示情况下，立法上除了应该对这两种意思表示予以规范之外，还应该对表意人隐藏的意思表示加以规定。意思表示的错误，即表意人的误认以及错误表达。同时，对于传达的错误，依理也归纳为表意人的错误。意思表示的不自由，即由于客观外界的强制或者误导，使得表意人无法正当地表达意思的情况。这种情况传统民法中只有诈欺和胁迫两种类型。此外我国民法立法以及学术著作中还有显失公平以及乘人之危两种类型，一般也作为意思表示的不自由。但是，显失公平如果属于表意人主观上有误认，那么应该属于意思表示错误；如果因为外界的情况，则属于诈欺或者胁迫。而乘人之危，含义与胁迫的意思一致。因此，本建议稿对这两种中国特有的所谓意思表示不自由类型不予承认。

意思表示的内容以及形式的问题，过去的法律并不在这一部分规定。本建议稿认为应该在意思表示制度中予以规定。

最后，意思表示的生效时间界限确定规则，不论对于表意人还是相对人均十分重要。在法学发展历史上，曾经有所谓"发信主义"与"到达主义"两种观点的激烈争论，即意思表示到底是从表意人发出意思时生效，还是从该意思到达相对人时生效的问题。历史上的立法，曾就这一问题的解决有许多规定。不过这一争论，在近代立法中已经解决，主流的观点基本上采纳到达主义，兼顾发信主义的合理要求。我国《合同法》就是这样做的。不过，在现代社会，由于普遍使用电子化信息传递，历史上关于这一问题的争论以及一些立法的规定已经不具有重要意义。当代具有重要意义的，是电子化条件下意思表示的确定问题。所以本建议稿对传统的发信主义与到达主义争论时建立的制度不再投注较大的笔墨，而着重研究与解决现代化条件下的意思表示确定问题。

第九条　（定义及基本原则）

民事主体以一定的方式将其目的在于发生一定民事法律关系变动并使得自己受到拘束的效果意思表达于外部的行为，为意思表示。

意思表示必须真实。

【说明】 本条是关于意思表示的概念以及基本原则的规定。

德国法学通说认为，意思表示就是将目的在于发生私法上的效果的意思向外界的表达；而且私法上的效果也只能因为意思表达之后才能够产生。[①]从严格的法理来看，意思表示应该包括如下三层意义：

（1）意思表示以发生私法上的后果为目的。所谓私法上的后果，即发生民法基本法以及民法特别法上的权利义务关系，如人身关系或者财产关系的建立、移转、变更和废止的结果。因此，意思表示以及整个法律行为制度的基本内容，就是关于上述私法后果的制度。

（2）意思表示的效力是使表意人自己受到法律上的拘束。这一要求的核心，是表意人自己必须在意思表示生效之后受到法律上的拘束。这里所谓的拘束，就是表意人自己参加上述的民事法律关系，享受权利并承担义务，并且在义务不履行时承担法律责任。如果一个意思表示并不包括发生使得表意人自己受到拘束的后果，则作为私法上的意思表示不能成立。如，开玩笑的行为即戏谑行为，不成立私法上的意思表示。意思表示以及法律行为制度的基本内容，也就是公正确立表意人受自己意思拘束的制度。

（3）意思表示必须采取一定的形式。表意人的内心真意完全属于自己的主观世界，所以一定要依靠形式表达出来，才能为相对人理解。这样，某种形式，能否表达某种意思，成为法律制度建立的另一个要点。

意思表示的概念与法律行为的概念并不相同。虽然它们都以强调私法上的效果意思作为核心，但是，意思表示着重说明的是意思与表达之间的关系，而法律行为着重说明的是私法上效果的根据。另外，一个法律行为有可能包含两个以上的意思表示。如合同作为一个法律行为，至少包括两个以上的意思表示；而社团发起行为，至少包括三个以上的意思表示。所以意思表示与法律行为并不是同一概念。

意思表示的基本原则就是真实。所谓真实，意思表示人者即表意人用一定方式所表达出来的意思，以及相对人理解的意思，确实是表意人的内

---

① Creifelds, Rechtwörterbuch, 12. Auflage, Verlag C. H. Beck, 1994, Seite1426.

心真意。如果法律行为是单方行为，这一表示就是表意人的真实意思的表达；如果法律行为是双方行为如合同行为，则意思表示的真实，就是双方当事人内心真意的表达，而不只是其中一方当事人内心真意的表达；如果法律行为是多方行为如社团发起行为，则意思表示的真实，指的是全部当事人每个人的意思表示真实。只有在意思表示真实的情况下，法律行为发生的结果，才是当事人真正希望发生的结果。

上文在法律行为的生效条件中规定了意思表示的真实，是从法律行为的生效所作的要求；而此处的规定，是对意思表示制度整体建立的原则。

【理由】 在民法典中规定意思表示的概念，以及意思表示的基本原则即真实原则，在立法中尚无先例可循。但是，立法对此加以规定是完全有必要的，因为一般就意思表示与法律行为之间的区分并不十分清楚，所以在立法上首先应予以明确。

意思表示的真实，是意思表示的公理性原则，所有大陆法系立法以及学术著作都承认这一原则。因为属于公理性原则，所以在其他国家的民法立法中没有明确规定这一原则是正常的。但是在我国，由于市场经济体制刚刚建立、社会处于转型时期，人们对意思表示制度并不完全理解。从民法立法应首先发挥引导作用的原则出发，在立法上规定这一原则，对民事主体的法律行为从正面加以积极引导，然后再规定意思表示不真实的后果，对各种不真实的意思表示从法理上予以处理，这种立法观念应为正当。而且只有在阐明真实原则之后，再建立对不真实意思表示的处理规范，法理逻辑也更为清晰。

第十条 （真意保留—单方虚伪意思表示）

表意人内心有不发生某种效果的真意，但保留其真意而为的另一意思表示，为有效的意思表示。但相对人明知该意思表示不是真意的，该意思表示无效。

【说明】 本条是关于真意保留的意思表示的规定。

如本建议稿法条所示，所谓真意保留，就是表意人内心保留其关于某种法律效果的真实意愿，表达出一种与其内心意愿不同的另一个意思。真意保留的法律含义为单方意思表示，因单方当事人的表示而成立。所以在法学上，真意保留也被称为单方的虚伪意思表示。

真意保留意思表示的法律效果有两点必须说明：（1）真意保留的意思表示对一般相对人，为有效行为。（2）但是如果相对人明知该意思表示为真意保留，则该意思表示无效。

【理由】 法律行为的基本要件是表意人的意思表示真实，所以真意保留的意思表示本不应该生效；但是，如果表意人不愿意发生某种法律效果，但是他仍然向外界表达了发生这种效果、并且承受其拘束的意思，那么，相对人根据这种意思表示所产生的权利或者利益，就应该得到保障。所以从立法的客观公正原则出发，真意保留的意思表示，并不因为意思表示的不真实而当然无效。这一立法的目的，是保护一般条件下相对人的正当权利与利益。但是如果相对人明知该意思表示为真意保留的，当然该意思表示对该相对人无效。

【立法例】

- 《德国民法典》

第 116 条　（真意保留）

表意人对于表示的事项内心保留有不愿的意思时，其意思表示并不因此无效。但表意人对相对人为意思表示时，相对人明知保留的，该意思表示无效。

- 《日本民法典》

第 93 条　意思表示，不因表意人知非其真意而妨碍其效力。但相对人已知或得知表意人真意时，该意思表示为无效。

- 我国旧民法

第 86 条　表意人无欲为其意思表示所拘束之意，而为意思表示者，其意思表示，不因之无效。但其情形为相对人所明知者，不在此限。

第十一条　（通谋—双方或者多方当事人的虚伪表示）

表意人与相对人通谋所为的虚假意思表示无效。但是该项无效不得对抗善意第三人。

【说明】　本条是关于通谋的意思表示及其效力的规定。

所谓通谋的意思表示，指的是表意人在与相对人互相密谋协商之后，共同做出不符合他们自己内心真意的意思表示。

通谋而为的虚伪意思表示，不是表意人的内心真意，依法当然无效。表意人与他人通谋所为的虚假意思表示，肯定有相对人所为虚假意思表示的配合，所以通谋是双方甚至是多方虚假的意思表示。当事人之间之所以通谋而为虚假的意思表示，无非是为了规避法律、损害第三人利益等，故世界各国的法律均规定通谋的意思表示为无效。

但是，本条第二句的含义必须引起足够的注意。因为，本条第一句话所说的无效，是在通谋人之间的无效，对于通谋者之外的第三人是否当然无效，本条规定的是此项无效不得对抗善意第三人。这里的意思，不是该项意思表示不可以对抗第三人，而是该项意思表示的无效不可以对抗善意第三人。即使通谋的虚假行为无效，但是通谋者不得以其行为无效而不承担对于第三人的法律责任。至于第三人对于通谋者的权利，在下文诈欺等制度中予以规范。

【理由】　通谋而为的虚伪意思表示，我国过去的法律称之为"恶意通谋"，目的在于指出这种行为应受道德规范谴责的意思。但是这一概念的科学性有待于斟酌。因为，"恶意"在民法学上的意义为知情或者应当知情，并不具有道德上的善良与否的评价，用在此处反而有画蛇添足之憾；而通谋，本身就包含了"不光明正大"的道德评价的意思。所以，恶意通谋的概念可以不用。

本条通谋而为虚假的意思表示的效力，在通谋人之间的效力，应该与通谋人之外的第三人之间的效力有所区分。（1）该项虚伪意思表示，不是表意人的内心真意，所以在通谋人之间自然不能够生效。这一规定的根据不言自明。（2）该项意思表示的无效，不可以对抗善意第三人。因为通谋的行为被处理为无效是当然的，表意人以及相对人不可以对该项意思表示的无效提出异议或者抗辩，善意第三人当然也不能主张该意思表示有效。但是，善意第三人可以主张其对该意思表示的信赖利益，也可以主张对该项意思表示无效所承受的损失的赔偿请求权。此时，表意人不得以其意思表示无效而拒绝承担责任。

【立法例】

- 《德国民法典》

第 117 条第 1 款　表意人与相对人通谋而为的虚伪意思表示，无效。

- 《日本民法典》

第 94 条　（一）与相对人通谋而进行虚伪意思表示者，其意思表示为无效。

（二）前款意思表示的无效，不得以之对抗善意第三人。

- 我国旧民法

第 87 条第 1 款　表意人与相对人通谋而为虚伪意思表示者，其意思表示无效。但不得以其无效，对抗善意第三人。

第十二条　（隐藏的意思表示）
表意人予以隐藏的意思表示，以一般的意思表示的规范予以处理。

【说明】　本条是关于隐藏的意思表示的规定。

所谓隐藏的意思表示，即被隐藏的意思表示，或者说是表意人予以保留的真正意思表示，或者于通谋的意思表示之外被隐藏的意思表示。隐藏的意思表示，多发生在通谋的意思表示的情况下，如表意人与相对人之间为避免纳税，将一项不动产的买卖经过通谋，表达为赠与的意思表示。这样，赠与的意思表示为通谋的意思表示，而买卖的意思表示为隐藏的意思表示。单方隐藏的意思表示中，也可能隐藏有真正的意思表示。

对于隐藏的意思表示，法律上并不能一律否定其效力，而只能根据该意思表示的内容确定其效力。该意思表示依法可以生效的，则处理为生效；依法可以撤销的，则依法处理为可以撤销；依法不可以生效的，则处理为无效。

【理由】　对于隐藏的意思表示是否应该在立法上予以专门规定，国际上以及学理上并无一定之规。实务中常因对此没有规定，而产生这种意思表示被一律否定的后果。所以，在立法上明确规定隐藏意思表示的处理是很必要的。

对于隐藏的意思表示，也就是被隐藏的意思表示，只能以其自身的内容判断其效力。隐藏的意思表示，可以是单方的，也可以是双方的或者多方的；可以是关于负担行为的意思表示，也可以是处分行为的意思表示，它们的效力如何，根据各种意思表示的构成要件加以确定。

【立法例】

- 我国旧民法

第87条第2款　虚伪的意思表示，隐藏他项法律行为者，适用关于该项法律行为之规定。

第十三条　（戏谑的意思表示）

表意人并无严肃的意思表示的意思，而且在意思表示时预期到该项表示不会被严肃采认的，该意思表示无效。

【说明】　本条是关于戏谑的意思表示的规定。

所谓戏谑的意思表示，即开玩笑性质的意思表示，或者缺乏严肃性（Mangel der Erstlichkeit）的意思表示。对于戏谑的意思表示，本条强调的重点，是表意人预期到该项意思表示不会被采认为严肃的意思表示的，方可成为无效的意思表示。虽然这种意思表示并非出于表意人的内心真意，但是如果根据一般的标准判断，表意人应该预期或者已经预期到相对人不知其意思表示戏谑的性质，而仍然做出这种意思表示时，则这种意思表示应该是有效的。这种有效的后果，是表意人应受其意思表示的拘束。其意思表示发生约定的结果或者侵权的结果时，表意人应该承担责任。这种责任，除合同责任之外，还有可能是损害赔偿的责任。比如表意人在冰封雪冻之时以悬赏的方式开玩笑，让人为其在冰水中打捞一块有重要意义的手表，结果将某下水打捞者冻伤，此时表意人就应该承担损害赔偿的责任。

表意人对于自己戏谑表示能否被相对人正常预期，应该依据客观的标准予以确定：即对表意人的预期的心态，不能只是根据表意人自己的解释，而应该根据社会的客观标准予以解释。这一点是本条的重点。

【理由】　对于戏谑的意思表示，日常生活中非常多见，常有"开玩笑当了真"的情形，所以在立法上对这种非真意的表达，应该建立处理的措施。

戏谑的意思表示，一般而言，不论是表意人还是相对人均知道不是真正意思表示，所以应该无效，即表意人不受其意思表示的拘束。但是，这种无效的前提条件，是表意人在某种特定的情况下，可以合理地预期相对人明了这种表示的戏谑性，所以这种意思表示不应该生效。但是，如果表意人在某种情况下自己以为所作的意思表示为戏谑性质，而相对人却认其为真实意思表示时，就必须不能简单的确定为无效或者有效，也不能根据下文所说的"错误"予以处理。因为，错误是意思表示者有错误的认识，而表意人戏谑表示时，相对人是否有错误并不能肯定，因为有些可能是相对人对表意人正常的"玩笑"有错误认识，但是其中也有一部分相对人的误认可能是表意人戏谑不当所造成的后果，如果这种戏谑不当可以根据客观情况予以确认的话。对这种戏谑不当所造成的对相对人的损害，应该由表意人承担责任。

【立法例】

- 《德国民法典》

第118条 （非诚意之表示）

一项非严肃出自内心的意思表示，就预期这种非严肃的意思表示不会被采认的范围内，无效。

第十四条 （错误）

表意人在意思表示时对意思表示的内容有错误的表达，或者表意人如知道该意思表示的内容的意义便不会表示这种意思的，表意人可以撤销该意思表示。

对商事交易主体的误认，以及对上市交易客体的误认，如涉及表意人重大利益者，以前款规定处理。

表意人撤销其错误的意思表示的，就其过错承担责任。但法律另有规定的除外。

【说明】 本条是关于意思表示错误的规定。

所谓意思表示错误，即表意人因为自身的经验或者知识的不足，对意思表示的内容发生错误认识时所作的意思表示。本条规定的内容共有三款，第 1 款规定的是"错误"的定义以及基本效力。第 2 款规定的，是关于商事界一种"错误"意思表示的特殊情况。第 3 款规定的，是错误的责任承担规则。

关于错误，在我国《民法通则》以及有关立法中，一个相近的定义为"重大误解"。对于重大误解，司法解释的定义是"行为人因对行为的性质，对方当事人，标的物的品种、质量、规格和数量等的错误认识，使行为的后果与自己的意思相悖，并造成较大损失的，可以认定为重大误解。"[1]这一司法解释的基本特点是重大误解的内容包括主体、客体、权利义务各个方面，而且以"较大损失"作为其要件。但是，从民法立法的体例看，因为主体制度与客体制度在法律上已经另有规定，比如关于民事主体的行为能力的错误，已经在民事主体制度部分以及法律行为的一般原则部分作了规定，而客体的错误，一般也只发生在票据方面，所以此处所谓的意思表示的错误，也就是对法律关系的内容的误认。所以，立法上应该以内容误认作为意思表示错误的基本特征。

另外，本建议稿中的错误，没有加上"重大"的程度要求。这里的意思是将撤销标准的衡量交给表意人自己掌握。

本条第 1 款所说的意思表示的内容错误，也可以归纳为两个方面：（1）对法律关系的内容的误认，即表意人知悉意思表示的内容便不会表示这种意思的情况，比如将他人的出租误认为出售；（2）内容表达的错误，即表意人表示行为有错误，比如商场里写错价格标签等。无论是哪一方面的错误，均适用本条确定的规则。

在商事行为方面，关于主体的资格问题，不适用关于行为能力等民事主体的一般规定，所以商事主体的误认，可以归纳为意思表示错误。商事交易中的客体误认，如票据的误认，当然也可以纳入意思表示错误。

表意人的误认，是自己的过错，因此就撤销该错误意思表示应该承担

---

[1] 最高人民法院《关于贯彻执行〈中华人民共和国民法通则〉若干问题的意见（试行）》，第 71 条。

责任。但是表意人误认也可能有混合过错的情况，此时表意人当然只能就自己的过错承担部分责任。

本条第 3 款的但书条款同样具有重要意义，它适用于消费者保护法等领域。在消费者保护法、保险法等法律中，有一些特别处理商家的误认、消费者的误认的规范，这些规则与一般的误认并不相同。因此，本建议稿在此增加这一但书。

【理由】

意思表示的错误，在有些国家的立法中常常只有一个简单的条款，考虑到错误在实践中的复杂性，本建议稿以三款来予以规定。

（1）关于意思表示错误的效力，《日本民法典》第 95 条规定为无效，而其他各国立法为可以撤销，本建议稿的建议为可以撤销。这也是我国《民法通则》以及《合同法》等法律确定的规则。表意人意思表示错误，即使是基本要素错误，也不应该简单地处理为一律无效。可以撤销的规则，更能够体现意思自治的精神，而且赋予表意人更大的自由选择权。

（2）意思表示错误是否必须达到一定的标准才可以撤销的问题，本建议稿以为不必强行规定。因为，"重大"本身就有一个衡量标准，而这一标准在一般民事主体与商事主体之间是不同的。所以，立法上应该将这一标准交给表意人自己衡量。

（3）意思表示的错误，应该仅仅限于法律关系的内容误认以及错误表达两个方面。关于主体的误认，在民法基本法上一般不能纳入意思表示错误的规则，比如将未成年人误认为成年人的规则，一般立法在法律行为的主体制度中予以规范。但是商事行为中，对相对人的商事主体资格的误认，超越民法基本法所确定的法律行为主体制度范围；私法上的票据等客体的误认，也无法纳入民法基本法客体的范畴。故在此遵循《德国民法典》和我国旧民法的立法体例，将其纳入本条的"错误"之中。最为关键的是，商事主体的误认以及交易客体的错误，依法理应该纳入可以撤销的根据，而不应根据一般的民事规则处理。

（4）意思表示的错误，是表意人自己的过错，所以，撤销该意思表示时，表意人应该承担责任。这是一个基本的规则。但是，在消费者保护法以及保险法等法律中，有一些保护弱势群体的特别规范，在一些特殊情况下，消费者、被保险人等弱势群体作为表意人时，即使有一些误认或者错误表达，也不会承担责任。比如，在商家、保险人未能充分提示的情况下，消费者、被保险人即使有错误表达，也不会承担责任。本条的但书，指的就是这种情况。

【立法例】

- 《德国民法典》

第119条第1、2款　表意人为意思表示时对于意思表示的内容有错误的表达，或者对于表达的内容有清楚的了解便绝对不会为该意思表示的，可以撤销该意思表示。

关于交易对象的性质错误，如交易上认为重要者，视为关于意思表示内容的错误。

- 《日本民法典》

第95条　意思表示，于法律行为的要素有错误时，为无效。但是，表意人有重大过失时，不得自己主张其无效。

- 我国旧民法

第88条　意思表示的内容有错误，或表意人若知其事情即不为意思表示者，表意人得将其意思表示撤销之。但以其错误或不知事情，非由表意人自己之过失者为限。

当事人之资格或物之性质，若交易上认为重要者，其错误，视为意思表示内容之错误。

第91条　依第88条及第89条之规定，撤销意思表示时，表意人对于信其意思表示为有效而受损害之相对人或第三人，应负赔偿责任。但其撤销之原因，受害人明知或可得而知者，不在此限。

第十五条　（传达错误）

意思表示因传达人或者传达机关的原因发生错误的，以前条关于错误的规定处理。

【说明】　本条是对意思表示因传达的错误的处理的规定。

意思表示传达的错误，即传达人或者传达机关（一般统称为"传达人"）将表意人的意思表示予以错误的表达。因传达人并非法律关系的当事人，故这一错误的撤销权，应该属于表意人。表意人在传达撤销中的地位，与一般意思表示的错误不应有区别。

【理由】 传达的错误，虽然不是表意人的过错，但表意人与相对人之间发生法律关系，所以只能由表意人向相对人行使意思表示错误的撤销权。

本条规定的含义中，包括了表意人行使撤销权并根据前条规定的第3款承担过错责任的内容。虽然表意人此时并无过错，过错在于传达人；但是表意人与传达人之间的法律关系属于债权关系，不能对抗相对人，故错误撤销权还是属于表意人。至于表意人因此而受的损害，由他与传达人之间的关系规则处理。

【立法例】

● 《德国民法典》

第120条 意思表示因传达人或者传达机关不确实时，可以根据本法第119条规定的关于错误意思表示的同一条件予以撤销。

● 我国旧民法

第89条 意思表示，因传达人或传达机关传达不实者，得比照前条之规定，撤销之。

第十六条 （撤销的除斥期间）

意思表示错误的撤销权，自意思表示后，经过一年而消灭。

【说明】 本条是关于意思表示的撤销权的除斥期间的规定。

法律上的除斥期间，即基于某种事实状态的延续消灭某种形成权的期间。除斥期间届满，某种形成权不得提起。本条规定的，就是对意思表示错误的撤销权的除斥期间。本条规定的含义，就是限制表意人因自己的意思表达错误的撤销权只能在意思表示之后的1年之内行使，1年之后该项权利归于消灭。

【理由】 表意人因为自己的过错发生意思表示错误，虽然应该依据撤销权来保护自己的合法利益,但是如果该撤销权持续地不行使,就会对相对人造成损害。所以应该在法律上设置除斥期间来予以限制。该除斥期间确定为1年,是我国《合同法》(第55条)等现行法律规定的援用。

【立法例】

- 《德国民法典》

第121条第1、2款　在有本法第119条以及第120条规定的可行使撤销权的情形下,该项权利应立即行使。

自意思表示时期满三十年者,不得撤销。

- 我国旧民法

第90条　前二条之撤销权,自意思表示后,经过一年而消灭。

第十七条　(诈欺与胁迫)

因被诈欺或者被胁迫而为的意思表示,表意人可以撤销。

因被诈欺和被胁迫的意思表示的撤销,不得对抗善意第三人。在不得对抗善意第三人时,表意人可以向相对人主张不当得利,或者向诈欺与胁迫者请求损害赔偿。

【说明】　本条是关于被诈欺与被胁迫的意思表示的规定。

所谓诈欺,我国最高司法机关的司法解释的定义是"一方当事人故意告知对方虚假情况,或者故意隐瞒真实情况,诱使对方当事人做出错误意思表示"的行为。所谓胁迫,同一司法解释的定义是"以给公民及其亲友的生命健康、荣誉、名誉、财产等造成损失为要挟,迫使对方做出违背真实意思表示"的行为。诈欺与胁迫的共同特点,是使得表意人的意思表示不自由,从而造成表意人无法表达其内心真正意愿的结果。

对于被诈欺和被胁迫所为的意思表示,国际上有一律规定为无效和可撤销两种立法例。我国的合同法的规定又有涉及国家利益者无效、涉及其他利益者可以撤销的规定。本立法建议稿认为应该一律规定为可以撤销。

本条立法建议所规定的第二款的意义是,表意人对于被诈欺和被胁迫所为的意思表示的撤销权,不得对抗善意第三人的取得权。其意思是,如果发生善意第三人因为表意人的行为而取得一项被表意人处分的权利时,当事人的取得不受表意人撤销其意思表示的约束而仍然有效。此时，表意人可以向相对人主张不当得利的请求权，或者向诈欺者和胁迫者主张损害赔偿的请求权。

【理由】

被诈欺和被胁迫的意思表示的共同特征是，表意人因为外界的强制或者欺骗作出意思表示。这种意思表示一般被统称为意思表示不自由。鉴于他们的根据相同，所以在立法上将他们规定在一起。

被诈欺和被胁迫的情况下虽然经常发生表意人意思表示不真实的情况，但是表意人有法律上值得保护的重大价值。所以应该由表意人这种意思表示予以撤销或者依法予以宣告无效。这种意思表示究竟归于无效还是归于可撤销的问题，在我国《合同法》立法时已经解决，学术界和立法者的基本观点是，这种意思表示应该属于可以撤销。这一观点不但符合法理，而且符合国际上大多数国家的立法，本建议稿当然应该采纳。至于《合同法》第52条规定的"一方以诈欺、胁迫的手段订立合同，损害国家利益"的行为属于法定无效，至今立法上的含义难以明了。关键是这里的国家利益一词，到底是指国家的统治秩序和社会正常活动，还是指国家的财产权利，还是以上两者都包括在内，至今没有合理的解释。如果国家利益只是指统治秩序和社会正常活动，则法律行为的合法性原则已经包括了这一内容；如果国家利益指国家的财产权利，则国家既不是本条含义中的法律关系当事人，又不是第三人，其财产权利如何被损害，在法学上难以理解。国有企业，在市场经济条件下与一般企业不但法律地位平等，而且性质一样；国有企业利益受损害，并不能简单地理解为国家利益受损害。这一法律条文的建立，在立法观念上并无根据。所以本建议稿不予采纳。

在国外以及我国旧民法中有第三人诈欺而发生表意人与相对人之间的关系如何规范的规定。本建议稿没有就诈欺人是表意人的相对人还是第三人之间做出制度上的区分，统一规定了被诈欺和被胁迫的意思表示的撤销权。因为，第三人对表意人诈欺，使得表意人对相对人为意思表示的，表意人的撤销权照样可以对相对人提起。

本条立法建议第2款的规定，包含了更新我国现行立法中有些制度的内容。本规定的基本含义是，表意人对于被诈欺和被胁迫所为的意思表示的撤销权，不得对抗善意第三人的取得权。其基本根据，是保障交易安全原则。在市场经济的条件下，从经济秩序稳定的角度看，第三人依据正当行为取得的权利更有保护的价值。所以，现代民法立法一般均把交易安全当做立法的基本原则，罗马法中的善意取得不但得到普遍的承认，而且在市场经济发达国家里，善意取得的基本理念还根据当代交易安全的需要和法学原理的发展得到了本质的更新，即从罗马法中的主观善意保护演化到更为发达的客观善意保护规则。[①]对当代民法学的重要发展，本建议稿当然应该予以采纳。

在第三人的正当取得依据法律得到保护之后，原权利人即本条所指的表意人的利益损害当然应该有弥补的制度。本建议稿赋予表意人两个方面的请求权来保障其利益：向相对人主张不当得利的请求权，以及向诈欺者和胁迫者主张损害赔偿的请求权。至于表意人在这两个请求权之间如何选择，以及这两个请求权是否能够同时提起的问题，本建议稿认为不必给予表意人明确的限制，以达到保护表意人的目的。

【立法例】

- 《德国民法典》

第123条第1款　因被诈欺或被胁迫而为的意思表示，表意人可以予以撤销。

- 《日本民法典》

第96条第（一）（三）项　（一）因诈欺或胁迫而进行的意思表示，可以撤销。

（三）因诈欺而进行的意思表示的撤销，不得以之对抗善意第三人。

- 我国旧民法

第92条　因被诈欺或被胁迫而为意思表示者，表意人得撤销其意思表示。但诈欺系由第三人所为者，以相对人明知其事实或可得而知之者为

[①] 对此，请参见拙作《物权法的基本范畴及主要制度反思》一文，以及《再论物权行为理论》一文，两篇论文均收入《论物权法》，法律出版社2001年版。

限，始得撤销之。

被诈欺而为之意思表示，其撤销不得以之对抗善意第三人。

第十八条　（被诈欺及被胁迫意思表示撤销权的除斥期间）

被诈欺的意思表示的撤销权，自发现被诈欺之日起经过一年消灭。被胁迫的意思表示，自胁迫行为终止之日起经过一年消灭。上述期间，法律另有规定的除外。

【说明】　本条是关于被诈欺与被胁迫的意思表示的撤销权的除斥期间的规定。本条规定的基本内容，是将这一除斥期间确定为1年。被诈欺的意思表示，因有被他人蒙蔽的事实，故此除斥期间，只能在发现被诈欺的事实之时起算。而被胁迫的意思表示撤销权的除斥期间，应该是在胁迫行为终止后起算。

因表意人所为意思表示有可能导致其他重要利益受重大损害的情况，为保护表意人的利益，特别法上有可能存在延长甚至取消这一除斥期间的规定。如有此规定，则依此规定。

【理由】　被诈欺与被胁迫的意思表示的撤销权，是否也应该受到除斥期间的限制的问题，大陆法系立法一般给予肯定的答案。因为，固然表意人因意思表示不自由有在法律上予以保护的重大价值，但是如果表意人长期不行使其权利，那么这种权利的不行使就会使得后来的交易行为长期处于瑕疵状态，这对于稳定经济生活秩序非常不利。另外，权利长期不行使，也属于权利滥用。所以我国《合同法》第55条即承认了对这种意思表示的撤销权的除斥期间，而且规定这种除斥期间为1年。本条的规定，就是这一规定的沿用。

本建议稿将本条规定的撤销权除斥期间与前面关于错误的意思表示的撤销权除斥期间予以区分，原因是这两种撤销权除斥期间的原因以及起算时间有异。如本条规定，被诈欺的意思表示的撤销权，其除斥期间应该从表意人知悉被诈欺的事实时起算；而被胁迫的意思表示，除斥期间应该从胁迫行为终止时起算。

【立法例】

- 《德国民法典》

第 124 条第 1、2 款　依据本法典第 123 条规定的撤销权，必须在一年内行使。

前款规定的期间，如果意思表示因为被诈欺的，自表意人发现诈欺时起算；如果意思表示因为被胁迫的，自胁迫终止时起算。……

- 我国旧民法

第 93 条　前条之撤销，应于发现诈期或胁迫终止后一年内为之。但自意思表示后，经过十年，不得撤销。

第十九条　（意思表示的形式）

表意人为意思表示的，可以采取一切表意人认为适当的形式。但是法律另有规定的除外。

【说明】　本条是关于意思表示的形式的规定。

本条规定的关于意思表示形式的基本原则，是形式自愿原则，即意思表示的形式由表意人自己根据意思表示的内容选择的原则。这一原则的基本要求，是法律不对意思表示的形式做出强制性的规定，除非法律为某种特殊利益的考量而有特别的规定。

【理由】　根据意思自治的民法基本原则，意思表示内容可以由表意人决定，意思表示的形式当然也应该由表意人根据内容的需要加以确定。除传统的口头形式与书面形式之外，当代实践中普遍使用的电子数据式传达，当然也应该是可以认可的形式。除表意人自己向相对人表达之外，也可以通过代理人甚至传达人来表达。法律不应该强行要求意思表示的形式，除非法律认为有特殊的情节。本建议搞规定本条的目的，是为了消除我国过去法律强行要求意思表示的形式的弊病。

至于法律另有规定的情节，指法律对一些特殊的意思表示所作的要求其必须采取书面形式、必须公证、必须登记等规定。如法律确有这些特殊规定时，当然必须予以遵守。

【立法例】

无

第二十条　（意思表示开始生效的一般原则）

意思表示，自相对人知悉或者应当知悉时起，对表意人具有拘束力。

【说明】　本条是关于意思表示开始生效的一般原则的规定。

所谓意思表示的生效，就是意思表示对表意人开始产生拘束力，使表意人开始承担义务或者享受权利，并为自己的行为负法律上的责任。同样，表意人开始承担义务、享受权利和负法律责任之时，常常也是相对人即意思表示的接受人开始取得权利、承担义务并负法律上的责任之时。从上文的分析可以得知，意思表示的方式很多，因此在立法上确定意思表示开始具有拘束力的时间界限十分必要。本条确定的意思表示生效的一般时间界限，是相对人知悉或者应该知悉这一意思表示之时，即相对人获得或者应该获得这一意思表示之时。

【理由】　意思表示开始生效的时间界限的确定，对于表意人与相对人之间的利益关系调整具有十分重大的意义。如上文所言，在法学发展历史上，曾经有所谓"发信主义"与"到达主义"两种观点的激烈争论，即意思表示到底是从表意人发出意思时生效，还是从该意思到达相对人时起生效的问题。近代立法是基本上采纳到达主义，兼顾发信主义的合理要求。我国《合同法》就是这样做的。本条的立法，就是这一做法的沿用。本条的规定对电子化信息传递条件下的意思表示确定，也应该具有一般准则的意义。

【立法例】

- 《德国民法典》

第130条第1款第1句　表意人非依对话方式所为的意思表示，于意思表示到达相对人时发生效力。

- 《日本民法典》

第97条第1款　对隔地人的意思表示，自通知到达相对人处之时起发生效力。

- 我国旧民法

第94条　对话人为意思表示者，其意思表示，以相对人了解时，发生效力。

第95条第1款第1句　非对话而为意思表示者，其意思表示，以通知达到相对人时，发生效力。

第二十一条　（对话意思表示与非对话意思表示的生效）
以对话方式所为的意思表示，对话完成时对表意人生效。
非对话方式所为的意思表示，自相对人知悉或者应当知悉意思表示时对表意人生效。

【说明】　本条是关于对话与非对话的意思表示的生效时间界限确定标准的规定。

对话的意思表示，即表意人与相对人面对面的意思表示。关于这种意思表示的生效时间界限，根据上条确定的规则，当然是在对话完成的时候。而非对话的意思表示，即表意人与非表意人未能面对面的意思表示。这种意思表示，应该在相对人知悉或者应该知悉意思表示时生效。

【理由】　对话与非对话的意思表示，是传统民法关于意思表示最一般的分类方式。本建议稿关于本条的规定，基本上采纳了传统民法的做法，只是用语方面略有差别。比如，关于对话的意思表示，本建议稿强调的是在"对话完成时"对表意人产生拘束力。传统民法未强调对话的完成，在立法上和实践上有所不足，本建议稿予以改进。至于非对话方式的意思表示，本建议稿强调"知悉或者应该知悉"的时间标准，在实践上应该比传统民法更有可操作性。

【立法例】

（无）

第二十二条　（以新闻媒体或者其他公告的方式所为的意思表示）
以新闻媒体或者其他公告方式所为的意思表示，自媒体或者公告播放该意思表示时，对表意人发生拘束力。

第二十三条　（电子信息传递的意思表示）

以电子信息传递方式为意思表示的，表意人将意思表示发放至相对人指定的特定系统时，受意思表示的拘束。

第二十四条　（收到意思表示的确认回执）

表意人可以在意思表示的同时，向相对人表达要求相对人确认其收到该意思表示的回执，表意人得到该回执时，受其意思表示的拘束。

第二十五条　（意思表示的撤回）

表意人可以撤回其意思表示。在意思表示撤回后，表意人不受其拘束。

意思表示的撤回必须向相对人做出，而且必须在其意思表示到达相对人之前或者同时向相对人表达该撤回的意思。

第二十六条　（表意人自设的意思表示生效期间）

表意人可以在意思表示时，为该意思表示设定生效的期间。超过该期间的，表意人不受该意思表示的拘束。

第三节　人身关系的法律行为

第二十七条　（基本原则）

依法律行为建立、变更和废止人身关系、或者建立与人身有关的法律关系的，不得损害人格尊严和人的生命、健康等基本人权。

第二十八条　（婚约）

依法律行为订立的未来缔结婚姻关系的约定，不得强制执行。婚约不能履行的，第三人任何一方不得主张人身关系的损害赔偿。

因婚约发生的财产赠与行为，当事人可以向对方主张返还。

第二十九条　（结婚与离婚）

婚姻关系的建立与废止，应遵从婚姻当事人的意愿。但是，依法律行为缔结婚姻或者终止婚姻关系的，应遵守特别法关于婚姻的规定。

第三十条　（收养）

建立、变更或废止收养关系的法律行为，除收养人以及被收养人的法定监护人的意思成立之外，在可能的情况下，应当尊重被收养人的意愿。

第三十一条　（人体器官移植与捐赠）

自然人捐赠人体器官的单方行为，以及自然人之间关于人体器官移植的协议，虽然可以依据当事人的意思表示成立并生效，但是该法律行为不得强制执行，并不得以谋取商业利益为目的。

第三十二条　（精子、卵子的捐赠）

自然人之间可依法律行为订立捐赠精子、卵子的协议。该协议不可强制执行，而且只能在国家专门管理机关指定的机构里履行。

第三十三条　（运动员、艺员的转让）

运动员、艺员所属的俱乐部、公司等机构之间关于转让运动员、艺员的协议，不得损害运动员、艺员的人格以及他们的劳动权利。

第四节　法律行为的成立、生效、无效及撤销

第三十五条　（法律行为的成立与生效）

法律行为具备形式要件的，可以合法成立；但是，法律行为只有具备生效的实质要件时才能生效。

第三十六条　（法律行为的一般效力）

法律行为生效的，对当事人有法律上的拘束力，当事人不得擅自撤销、变更和解除。

相对人因此行为产生的权利受法律保护。

第三十七条　（当事人约定形式要件）

当事人约定法律行为必须具备某种形式要件的，法律行为在该项形式要件成就时生效。

第三十八条　（法定形式要件）

法律要求法律行为必须符合某种形式要件的，法律行为在该项形式要件具备时生效。

第三十九条　（法律行为无效的定义）

法律行为无效，即不能发生当事人期待的结果。但是，当事人必须承担因该行为无效而产生的、由法律确定的责任。

第四十条　（撤销导致无效）

法律行为经当事人撤销的，适用无效的法律后果。

第四十一条 （自始无效）

法律行为的无效，是自始无效。

当事人因此无效行为取得的财产权利及利益，应当向权利及利益受损害的相对人或者第三人返还。返还的原则是原物返还。

第四十二条 （返还的限制）

在前条规定的情况下，财产权利被第三人有效取得而返还不能、因法律的规定而返还不能、或者没有必要返还的，行为人应当返还不当得利。

第四十三条 （整体无效与部分有效）

法律行为的无效，是整体无效。但是，除去部分无效的行为而其余可以生效的部分，为有效行为。

第四十四条 （确定无效与行为效力补正）

法律行为的无效，是确定无效。但是，当事人事后可以补正行为的瑕疵，使行为的缺陷得到合理弥补时，行为继续有效。

第四十五条 （第三人利益保护）

法律行为无效或者被撤销的，不妨害第三人正当的权利及利益取得。在此情形，当事人只能向相对人主张不当得利。

第四十六条 （无效法律行为的转换）

某种无效的法律行为具备其他法律行为的要件，并且依法可以生效的，该法律行为可以产生其他法律行为的效力。

第四十七条 （无权处分的效力）

无处分权人处分他人财产，经权利人追认或者无处分权人取得处分权的，处分行为自始有效。如果数个处分行为相抵触，先进行的处分行为有效。

【说明】

本条规定无权处分的效力。无权处分是在区分负担行为和处分行为基础上所产生的概念。负担行为，是指在权利上设定义务的行为，其中的意思表示仅是设定债权债务的意思。负担行为的性质是债权行为，它生效的结果仅是债权债务的变动，并不发生物权变动的效力。负担行为可以是双方行为，如买卖契约的订立出卖人负交付标的物的义务，买受人享有请求对方交付标的物的权利；负担行为也可以是单方行为，如遗赠财产的遗赠行为等。处分行为，是指以发生权利变动为目的的行为。处分行为的性质是物权行为，它生效的结果是发生物权变动，而非债权债务的设定。其中，当事人的意思表示以物权发生变动为内容。处分行为可以是双方行为，比如所有权人将标的物之所有权移转于他人，或设定抵押权，其中的意思表示为物权合意；处分行为也可以是单方行为，如抛弃所有权等。在处分行为中，直接发生物权变动结果的行为称为物权行为，直接发生其他权利变动结果的行为称为准物权行为，如债权让与、债务免除、股东权的转让、放弃等。

两个行为的差异主要有以下几个方面：

第一，这两种行为的意思表示内容不同，负担行为意思表示的内容仅是设定债务，是债权性质的意思表示。处分行为意思表示的内容是移转标的物的所有权，是有关物权变动的意思表示。在作为原因行为的债法买卖中，当事人的意思表示是要承担债法上的义务，而在交付中，当事人的意思表示是要完成物权的创设、变更、移转或终止。故而甲与乙订立买卖合同，只是设立债权债务的意思表示，而将房屋的所有权移转于乙，则是使物权发生变动的意思表示，这种意思表示是独立于设立债权债务的意思表示，且以一定的形式如登记表现出来。债法上的意思表示与物权变动的意思表示在内容上有着目的上的差异。

第二，这两种行为所涉及的权利性质不同。负担行为仅产生债权，即请求权、相对权，不具有对世性；处分行为则移转所有权，即物权，具有对世性和绝对性。而物权欲发生对世性的效果，应具备一定的条件，为此，处分行为必须适用物权公示原则，以公示手段将物权变动的事实对外公开；而负担行为则无须适用公示原则。物权的对世性和物权公示原则，决定着物权行为依据公示的先后顺序而发生物权之间顺位的问题。例如，在房屋上设定数个抵押权，公示在先的抵押权占据优先顺位，行使时具有优先效力。同时，物权之所以适用公示原则，是因为它具有对世性。只有在社会公众知悉物权变动的事实时，才能客观公正的受物权的对抗。而负担行为因不具有对世性，故无顺位之分和行使上的先后之分，也不以公示为债权变动的要件。

第三，两种行为所涉及的债权变动与物权变动的时间不同。负担行为的生效，仅仅意味着债权债务关系的有效成立，并不必然会导致标的物所有权的变动。处分行为的生效和所有权的移转，只能在公示以后发生。一般而言，是债权设立在先，物权变动在后，两者在变动时间上存在明显差异，有时甚至还有仅有负担行为而无处分行为的情形。比如在上例中，甲与乙订立买卖合同后如果丧失了行为能力，没有实际登记并移转房屋的所有权，则仅发生债权变动的结果而无物权变动的结果。

第四，两种行为所涉及的债权变动与物权变动的法律基础不同。负担行为符合债法上合同的生效要件时发生债权变动的结果，即符合具备行为人具有相应的法律行为能力、意思表示真实、符合公序良俗原则这些要件时，债权债务设立，当事人此时享有了债权请求权。而物权变动则以行为人有处分权、物权意思表示和公示为生效要件，符合该要件，发生物权变动的结果。负担行为的生效要件不能作为处分行为的生效要件，处分行为的生效要件也不决定负担行为的效力。比如，甲与乙订立房屋买卖合同的负担行为，不以甲对房屋有所有权为生效要件，而甲处分行为，将房屋所有权移转给乙时，则以甲享有处分权为生效要件。

第五，处分行为适用确定原则，即处分行为的生效，要求处分行为的客体必须确定，否则，将无法确定处分行为的效果所涉及的客体；而负担行为不适用确定原则，其行为的生效不以客体确定要件，即使客体未确定，行为也可生效。

由上述分析可以看出，负担行为和处分行为是两个不同的法律事实，因此，本条所称的处分属于处分行为，仅指使权利发生变动的行为，并不包括设立、变更和消灭债权债务的行为。进而，本条所称的无权处分的性质只应是处分行为，并不是负担行为。它的实质是处分人对标的物无真实物权或者未征得真实权利人同意，其中包含着发生物权变动的意思和移转物权的处分行为。它一般存在于标的物已经存在，无权处分人已转移标的物所有权的情形。其前提是无权处分人具备处分权的外观，即占有动产或已被错误登记为权利人。无权处分包括三种情形：首先，标的物为动产，为无处分权人将标的物的占有经物权合意移转于买受人；其次，标的物为不动产且被错误登记给无处分权人的，无处分权人经登记将其所有权移转于买受人；再次，如果处分的客体是权利而非物，则无权处分是无处分权人将该权利移转于他人。在无处分权人为无权处分时，因为处分人没有处分权，而且他所实施的行为能否被追认或他能否取得处分权不能确定，所以，本条规定：无处分权人实施的处分行为是效力待定的法律行为。该行为的生效需要经过权利人的追认，或者无处分权人取得处分权。权利人追认的性质是不要式单方法律行为。权利人向任何一方当事人表示追认的意思，都可以使处分行为生效。同样，无处分权人于处分后取得处分权的，也可以使处分行为生效。如果无处分权人没有获得权利人的追认，或者没有取得处分权，则处分行为无效。但由于负担行为和处分行为的意思表示内容、权利变动时间、生效要件和法律基础均不相同，所以两者的效力并不相互联结。负担行为有效，并不必然导致处分行为有效；处分行为有效，也不必然意味着负担行为有效；负担行为的无效，并不导致处分行为的无效；处分行为的无效，也不导致负担行为的无效。所以，即使处分行为最终无效，负担行为如果符合其生效要件，仍是有效的。

  与此相关的另一个问题是，在处分行为有效的情况下，相对人可以取得处分财产的权利。但如果无处分权人未获得权利人的追认或未取得处分权而处分行为无效的，相对人能否受到保护。对这一问题，根据区分负担行为与处分行为的法理，在无权处分的情况下，无论标的物是动产还是不动产，无论负担行为和处分行为有效与否，相对人利益及其所代表的交易安全的利益都能受到保护。首先，在负担行为有效而处分行为无效的场合，作为无处分权人的交易相对人实质也是真实权利人的第三人，当他不能取得物权时，虽然处分行为无效，但他还可以依据有效的买卖合同追究无处分权人的违约责任，或者，当他依据公示原则第三人保护效力取得物权但物有瑕疵时，仍可以根据有效的负担行为追究无处分权人的瑕疵担保责任。其次，在负担行为无效而处分行为有效的场合，第三人基于有效的处分行为可从无处分权人处确定地取得标的物所有权，而无需借助于仅适用于动产的善意取得制度，最终使第三人不因其前手交易的瑕疵而承受不利后果。例如，甲与乙之间基于有效契约，甲将标的物所有权转移给乙，嗣后，契约归于无效，但乙在甲行使不当得利请求权并返还不当得利之前，仍享有所有权，将标的物出卖并交付给丙。此时，乙享有所有权，所以这一行为是有权处分，丙当然可以取得该物的所有权，根本不存在无权处分问题。再次，在两个行为均无效的情况下，依据物权行为理论所建立的公示原则及其所产生的权利正确性推定效力和善意保护效力，使第三人可基于物权意思的表现形式——不动产登记和动产占有的交付获得物权而受到保护。

此外，无处分权人有时可能实施了数个处分行为，这些处分行为可能因处分人获得了权利人的同意或取得了处分权都将变为有效而发生冲突。为避免数个处分行为之间的抵触，本条又规定先进行的处分行为有效。

【理由】

本条对无权处分行为根据区分负担行为和处分行为的原理进行处理，在理论和实践上具有以下几方面的意义。

1. 负担行为和处分行为的区分，符合不同的交易性质，有利于明晰法律关系

根据德国法学家萨维尼的学说，由于物权和债权性质不同，即物权为排他性的绝对权，而债权为对人的请求权，两种权利效力方面有显著的差别，物权的效力强于债权的效力，故债权的变动不能实现物权变动的结果。物权变动除意思表示外，必然具备另一个法律事实，即不动产登记和动产占有的交付。在进行此类公示时，当事人之间存在着另一个私法上的意思表示，其目的在于发生物权的设立、移转和废止。而这个意思表示不同于债权法上的意思表示，它以公示为外在表现形式。据此，交付应是一个独立的契约，交付中的意思表示是独立的意思表示，其必须具备外在形式。

因此，在一项以移转标的物所有权为目的的买卖合同中，存在着两种性质不同的行为：一是负担行为，二是处分行为。在确定各自的效力时，区分两种行为的物权行为理论贯彻三个原则：一是分离原则（Trennungsprinzip），即在此类合同中，负担行为和处分行为为两个法律行为，前者

为原因行为，后者为物权行为，各具有独立的意思表示和成立方式；二是抽象原则（abstraktionsprinzip），即两个法律行为均依据其自身要件生效并发生各自的结果，原因行为的无效或撤销并不导致物权行为的无效，物权行为的无效亦不导致原因行为的无效；三是形式主义原则，即以公示的形式体现物权行为中的合意，以公示作为物权行为生效要件之一，并以公示作为对抗第三人和保护交易安全的方式。①

这样，依负担行为和处分行为的区分和物权行为理论，便将无权处分行为和出卖他人之物行为的效力区别开来，符合以设立债权债务为目的行为和处分权利的行为的不同特质，实现了理论上的清晰，体现出严谨的逻辑性。例如，甲将标的物借给乙，乙未征得甲的同意擅自将该物出卖给丙。此时，无处分权人乙与第三人丙事实上实施了两个行为：一是以设立债权债务为目的的负担行为，即两者订立买卖合同的行为；二是以发生物权变动为目的的处分行为，即乙将标的物交付给丙的处分行为。该负担行为与处分行为应按照各自的要件发生效力。订立买卖合同行为属于负担行为，不以当事人有处分权为生效要件，如果双方当事人意思真实，且均具有相应的法律行为能力和不违反公序良俗，则应即时生效。交付标的物的行为性质属于处分行为，因处分人乙无处分权，虽经交付之公示和双方当事人的合意，行为的效力不能确定有效而为效力待定。相反，如果不区分负担行为和处分行为，使买卖合同因当事人无处分权而归于无效或效力待定，则难以实现理论上的清晰，也不符合实际生活状况。因为，从法理上分析，处分行为具有不同于负担行为的交易性质，其生效的第一个要件，即当事人须具有处分权，仅对是否能确实实现买受人取得标的物所有权有影响，而对买卖合同的效力本身并无影响。处分行为的公示要件，只适用于具有对世性和排他性的物权。物权只有在具备公示要件后，方能依公示而产生排他性和对抗第三人的效力，以实现客观公正。与此不同的是，债权为对人权，具有相容性，公示与否与债权的效力无关。因此，不能混淆负担行为和处分行为，否则便违背了物权和债权的基本特性，与法理

---

① 参见孙宪忠：《德国当代物权法》，法律出版社1997年7月第1版，第56页以下。

不合。

2. 区分负担行为和处分行为，将物权行为性质的无权处分和债权行为性质出卖他人之物区分开来，厘清了无权处分的界限，从而使大量并不属于无权处分的行为确定有效，实现了鼓励交易的目的

正如前文所述，无权处分一般存在于标的物已经存在、无权处分人已将标的物的所有权移转的情形。而在标的物尚不存在或标的物虽已存在但并未移转其所有权的情况下，如果无权利人出卖标的物订立合同，行为的性质并非无权处分甚至根本不存在处分行为。它的实质只是出卖他人之物的契约，属于债权行为。作为债权行为，也只能根据它本身的生效要件发生效力。物权行为是否有效不应影响债权行为的效力。例如，在进口商与国内企业订立供货合同的情形，进口商可能根本没有取得标的物的所有权，但其性质为出卖他人之物的契约，属于债权行为，符合债权行为的生效要件就应当发生效力。相反，如果将这些情形均作为无权处分处理，则将处于效力待定的状态，难免丧失交易机会，影响交易的成就。

3. 在区分负担行为和处分行为的基础上，行为人为无权处分时，基于物权行为理论的分离原则和抽象原则，负担行为和处分行为应各自依其要件发生效力，负担行为不因处分行为的无效而无效，处分行为也不因负担行为的无效而无效。这样，可以规范交易秩序，保障交易相对人的利益

从交易基础而言，每个民事主体均以信用为保障进行交易。这种信用，正是其相信交易行为可以生效从而实现自己预期的利益。事实上，这也是社会经济生活的常态，因为，实践中多数的情形是出让人对标的物享有所有权。因此，无论出让人是否实际享有标的物的所有权，买受人均有理由相信他们所订立的买卖合同在符合法律规定的情况下有效。如果由于出让人未取得所有权而未实现买受人的期待利益，则法律应保障此交易相对人，给予其充分救济以实现其期待利益。据此，买卖尚未取得所有权的标的物时，即使因出让人未取得所有权或未征得真实权利人的同意致使处分行为无效的，买卖合同即负担行为如符合生效要件仍将有效。基于此有效的合同，买受人可以追究对方的违约责任，请求赔偿期待利益。同理，在此情形，如果买受人基于公示原则取得物之所有权但物存在瑕疵时，他

仍可依有效之债权契约追究无处分权人的瑕疵担保责任，或者可将有效之债权契约撤销。[①] 这样，交易相对人的预期受到了法律保障，符合社会实际的交易秩序得以维护，交易的基础——信用也受到尊重。相反，如果不区分负担行为和处分行为，在无权处分的情况下，买卖合同因行为人未取得所有权或真实权利人之同意而归于无效，则交易相对人只能追究对方的缔约过失责任，而缔约过失责任的赔偿范围仅是信赖利益，即相信合同可以生效而所支出的必要费用。通常，信赖利益远远少于期待利益，这就使得依交易常态本应得到期待利益的交易相对人承担了本不应承担的损失，信用也受到破坏，交易秩序便难以维持。这显然不符合债权法与物权法的立法意图。

4. 基于区分负担行为和处分行为的无权处分之效力，基于物权行为理论的公示原则，不但有利于规范交易秩序、保护交易相对人，还有利于保护第三人利益和交易安全

从物权行为理论的分离原则出发，必然导出抽象原则。而且，为体现独立的物权意思，必须以一定的形式将该意思表示于外。形式主义原则与抽象原则具有内在的本质的联系，即之所以处分行为不依赖于负担行为的效力，就是因为处分行为有形式上的要求。抽象原则与形式主义原则共同发挥着保护交易安全的作用。这背后所蕴藏的法理是，物权意思体现为物权公示，就不动产而言，其权利体现于登记簿之上。在一般情况下，由国家负责的登记簿之记载均为正确。因此，信赖此外观的第三人应受国家法律的保护。此时，虽然真实权利人蒙受丧失物权的结果，但因真实权利人对此一般有前因，如出借于不值得信赖者等，故而应当承受这种不利的后果。进一步分析，真实权利人的利益代表着静态安全，第三人利益代表着动态交易安全，两者相较，显然后者更值得保护。这种基于抽象原则与形式主义原则而使第三人在无效的负担行为的情况下取得物权的制度更符合法律客观公正的理念。

[①] 参见孙宪忠：《再谈物权行为理论》，载《论物权法》，法律出版社2001年10月第1版，第203页。

在大陆法系各国立法中,还存在着另外一种保护善意第三人的制度,即善意取得制。善意取得制度建立在罗马法的绝对真实观念和"任何人不得转让大于自己权利"的理念之上。而依物权行为理论和公示原则所建立的无权处分中第三人保护机制,则以日耳曼法的团体本位和"以手护手"观念为基础。两者相较,无疑后者更为客观公正。

第一,善意取得制度强调第三人的主观善意,与物权公示原则的基本功能不符。因为,物权变动只应以不动产登记和动产占有交付为基本法律事实,从而产生客观上的排他效力和正确性推定效力。如果将第三人的主观心理状态作为物权变动的考察因素,则使第三人可能对其前手交易的瑕疵负责,以致损害了公示原则的作用。

第二,因不动产物权领域内均已建立了登记制度,且登记具有公开性,则善意取得制度不适用于不动产物权变动,不能充分满足保护第三人利益的需要。虽然在瑞士法中,规定有不动产登记的正确性推定效力,但是,在瑞士法对动产和不动产的善意取得,均认为系继受取得,从而第三人援引该规定而受保护,必须以有效原因为前提,但出卖他人之物的契约,在瑞士法上是无效的。因此,涉及不动产物权的第三人利益之保护仍付之阙如。

第三,因善意取得制度的适用,不区分债权行为和物权行为,而是将两者合一。则采债权意思主义、公示对抗主义和公示要件主义的模式,第三人虽可取得物权,但因契约无效,第三人不能追究无权利人的瑕疵担保责任或将契约撤销而获得救济。

第四,善意本身系主观心理状态,外界难以依据客观标准予以查知,不能适应现代社会的需要。然而,以物权行为理论为基础的物权公示原则,则建立了更高层次的公正,以第三人对不动产登记和动产占有这一客观事实的知与不知为客观判断标准[1],以保护其取得不动产物权和动产物

---

[1] 《德国民法典》第891条第1项规定:"(1)在土地登记簿中为了某人登记一项权利的,应推定此人享有该项权利。"该法第1006条第1项前段规定:"为有利于动产占有人,推定占有人为物的所有权人。"

权。与此同时，采纳物权行为理论的德国法还建立了异议抗辩制度，在保护交易安全的同时，也公正地保护真实权利人的利益。显然，区分负担行为和处分行为可以实现更高层次的公正，更有利于保护交易安全。

然而，我国某些现行法律并未按照区分负担行为和处分行为的法理来解决无权处分问题。如我国《合同法》第51条规定："无处分权的人处分他人财产，经权利人追认或者无处分权的人订立合同后取得处分权的，该合同有效。"结合我国《担保法》第41条的规定，我国现行法采取了一种独特的立法模式——折衷主义，即在承认债权意思主义的同时，要求物权变动必须以不动产登记和动产交付为其生效要件，且同时为合同生效要件。其基本特征是：

第一，除债权意思外，不承认物权意思的独立存在。

第二，不区分处分行为与负担行为，将债权行为性质的出卖无处分之物的契约，与物权行为性质的无权处分不作区分，规定其性质为效力待定的合同。

第三，第三人能否取得动产物权，依善意取得制度来确定。当第三人为善意且符合善意取得制度的要件时，可以从无权利人处取得物权。但对不动产，因无善意取得制度的适用余地，故取得不动产标的物的所有权。

第四，瑕疵担保责任不能适用于无权处分的情况。因为，在合同无效的情况下，当第三人因善意而取得物权时，无追究违约责任和瑕疵担保责任的必要，而第三人为恶意时，则不能追究瑕疵担保责任。

然而，折衷主义的立法模式和以善意取得制度保护交易安全的方式在理论和实践上均存在着重大缺陷，其根本的缺陷在于不区分负担行为和处分行为。

第一，不区分负担行为和处分行为，有悖法理。如前所述，负担行为仅以设立债权债务为目的，处分行为仅以处分权利为目的，这两个行为在基础的权利性质、生效要件、生效结果和生效时间上均存在重大差异。物权移转的原因行为即负担行为，只能依据其自身的要件发生相应的效力，而且其结果也仅是债权债务的设立，与物权移转并无影响。同理，处分行为也只能依据其自身的要件发生效力，如果有效，其结果也仅是物权的移转。然而，在无权处分的情况下，折衷主义将物权变动的要件，即处分人有处分权和公示，当做设立债权的要件，使债权意思决定物权的归属，使设立债权债务行为的效力和移转物权的效力相互联结，相互影响，即无处分权人因无处分权或未得到真实权利人的同意所导致的移转物权行为的无效引出债权设立行为的无效。或者，因设立债权行为的无效导致移转物权行为的无效，在根本上混淆了两种交易、两个行为和两种权利的性质。此外，从比较法考察，在大陆法系各国立法中，只有法国纯粹以债权意思决定物权变动的效力，除此之外，并无相应的立法例可以参考。但是，法国民法体系中是不严格区分债权与物权的，将两者共同视为财产权利。我国民法既然明确区分债权与物权并承认物权具有绝对性、排他性、优先性和追及力等效力，却在无权处分的情形又否定了这种立场，从而产生了理论上的混淆。

第二，不区分负担行为与处分行为，导致混淆出卖他人之物的契约和无权处分，在实践中必将对于交易复杂到一定程度的社会，无可避免地会造成相当的障碍。比如未来物的买卖（房屋预售），或进口商对尚未买进商品的转卖，依《合同法》第51条都将处于"效力未定"的状态。因为在实践中，有些交易的当事人在订约时是否具有处分权、是否能够取得处分权尚不确定。例如，进口商先与国内企业订约后再从国外买受标的物等情形，当事人虽未取得处分权，但不能因此否定已生效之债权契约的效力而消灭大量可能发生的交易。相反，只有区分负担行为和处分行为，区分出卖他人之物的契约和无权处分，使这两种行为各依其要件发生效力，准确界定无权处分的概念及其范围，使那些标的物尚未存在或标的物虽然存在但尚未交付的行为归于负担行为，而使其确定的发生效力，才能有效地保护第三人，使他在相对人没有实际交付标的物的情况下，可以根据有效的合同追究相对人的违约责任。这样，只有在保护第三人的预期利益时，合同法鼓励交易的目的才能真正实现。

第三，不区分负担行为与处分行为，在实践中不利于保护交易相对人利益、第三人利益和交易安全。依我国立法，对无权处分的合同，规定为效力待定。如果处分人取得处分权，则合同有效，作为处分人的相对人和真实权利人的第三人可基于有效的合同取得物权；如果处分人没有取得处分权，则合同无效。显然，合同法只根据合同即负担行为的效力来决定物权变动的结果。依此规定，如果债权契约无效，在不动产物权，因无善意取得制度的适用，第三人不但不能取得物权，还不能依据有效契约追究处分人的违约责任而获得期待利益的救济。在动产物权，即使第三人可因善意取得制度取得物权，但他不能依有效契约追究处分人的瑕疵担保责任，或撤销其与无处分权人的有效契约而获得救济。此时，交易安全因法律制度设置不当而被牺牲。事实上，如果区分负担行为和处分行为，其对交易安全的保护则有以下几方面的优势：一是体现在效力方面，只要其与交易相对人的债权契约符合其生效要件，则该契约即负担行为有效，真正效力待定的是无权处分即处分行为。有无处分权仅是处分行为的生效要件，如果当事人取得处分权，则处分行为亦有效，交易相对人可确定取得物权。二是体现在第三人保护的机制上。依据负担行为和处分行为的区分和物权行为理论，无论负担行为是否有效，即使处分人因没有取得处分权致使处分行为无效，第三人如根据登记簿之记载而取得权利，则可依据公示制度获得保护。如前所述，公示是以国家的信用为基础的，凡是信赖此公示外观并依此取得物权的第三人，均应受法律保护，可以对物权享有保持力。这种依据公示而取得权利的机制，远比善意取得制度对交易安全的保护力度大。因为，善意取得制度本身存在不适用于不动产、善意这一主观心理状态难以判断等缺陷，而在以公示制度为基础的第三人保护机制，却可以较为客观公正的解决这些问题。三是体现在法理上。区分负担行为和处分行为，以物权行为理论为基础的交易安全保护机制，有着科学的理论基础：一方面，分离原则导出抽象原则，抽象原则支持着形式主义原则，而形式主义原则又是物权独立意思的表现。第三人之所以可取得物权，正是建立在物权行为理论这三个原则之上的；另一方面，建立在物权行为理论基础上的依公示效力受保护的机制，不要求以有效的原因行为、处分行为为取得权利的要件。相反，依善意取得制度对第三人保护的机制，则没有清晰的理论支撑，且在法理上要求以有效的原因行为为要件。这样，在理论上分析，依照合同法的规定，善意取得制度也是不能适用的。

基于上述原因，本条规定区分负担行为和处分行为，将无权处分行为作为效力待定的法律行为，而负担行为如符合其自身的生效要件即可发生效力，不受处分行为效力的影响。此外，应当说明的是，无权处分还可能发生于只有处分行为而没有负担行为的情况，对于这个处分行为的效力及后果，应当根据处分行为的生效要件判断其效力并决定其后果。

【立法例】

- 《德国民法典》

第 185 条

（1）经权利人允许，无权利人对标的物进行的处分，亦为有效。

（2）经权利人追认，或者处分人取得标的物，或者权利人成为处分人的继承人而对其遗产负无限责任时，前项处分亦为有效。在后两种情况下，如果对标的物有数个相互抵触的处分时，则先进行的处分为有效。

- 我国旧民法

第 118 条

无权利人就权利标的物所为之处分，经有权利人之承认，始生效力。无权利人就权利标的物为处分后取得其权利者，其处分自始有效。前项情形，若数处分相抵触时，以其最初之处分为有效。

第五节　附条件与附期限

【本节说明】

民事主体实施法律行为总是为实现一定的预期目的。然而，有时可能发生当事人的预期与事物的实际发展状况不相符合的情况，或者当事人为合理分配确定期间内的交易风险而可能对未来发生的权利义务作出提前的约定。在这两种情况下，根据民法私法自治原则，法律应当允许当事人根据实际情况的变化或确定的预期而自由约定权利义务关系。因此，当事人可以约定条件和期限以决定法律行为的生效与无效。赋予民事主体在法律许可范围内自由设立附条件和附期限法律行为的目的主要有以下几个：一是为了调整当事人预期计划与现实情况之间的差异；二是为了在当事人之间或在一定的时间、条件下合理分配交易风险；三是为了引导民事主体实施一定的行为，如对法律行为附加"考上北京大学即出国旅游"的条件，就是为了引导当事人努力学习。由于当事人的预期有确定和不确定之分，所以法律对不确定的预期以附条件的法律行为加以规范，对确定的预期以附期限的法律行为加以规范。同时，考虑到附条件和期限法律行为的当事人，或者因条件的成就及不成就而受有利益或不利益的其他民事主体，有故意、过失损害相对人利益的可能，因此，本节也对这些情形作出相应规定。

第四十八条　（条件的约定及其效果）

当事人对法律行为的效力可以约定附条件。附停止条件的法律行为，自条件成就时生效；附解除条件的法律行为，自条件成就时失效。

当事人还可以约定，条件成就的效果不于条件成就时发生。

【说明】

本条规定当事人对法律行为附条件的约定和效果。条件是指以未来不确定发生的客观情况决定法律行为效力的附款。条件并不是独立的意思表示，而是附加于法律行为的意思表示。如果没有一个法律行为，条件本身也没有效力。条件所约定的内容是未来不确定发生的客观情况。法律允许当事人附加条件以限制法律行为包括债权行为和物权行为的效力。但是，法律也限制当事人附加条件的内容。一般来说，对客观上确定要发生的事件的约定不是条件，违反法律法规规定的强制性约定或违背公序良俗的条件无效，限制对方重要权利的条件无效。如果所附条件无效，是否影响全部法律行为的效力，要根据具体情况确定。条件可以分成两类：一是停止条件，即条件成就使法律行为发生效力，条件不成就使法律行为不能生效；二是解除条件，即条件成就，法律行为失效，条件不成就法律行为仍然有效。所谓条件成就，是指条件约定的事实已经实现。条件不成就是指条件约定的事实确定的不实现。一般来说，条件成就以前，附停止条件的法律行为已经成立但尚未生效，附解除条件的法律行为已经成立并生效。条件成就以后，附停止条件的法律行为自条件成就时生效，附解除条件的法律行为自条件成就时失效，但由于附加条件是当事人的自由，所以本条也允许当事人作出条件成就的效果不于条件成就时发生的约定。这种约定分为两种情形：一是约定法律行为的效力向前溯及，如在附停止条件的法律行为，当事人可以约定条件成就的，法律行为不是自条件成就时生效而是自行为成立时生效；二是约定法律行为的效力在条件成就以后的某个时间发生或消灭。当事人所作的这些约定也是有效的。

【理由】

法律行为是民事主体自由设定权利义务关系的主要方式。因此，本条规定允许当事人根据实际情况的变化对未来不确定发生的事实及其后果作出约定。对约定的后果，一般的原则是自条件成就时法律行为生效或失效；此外，也允许当事人对生效或失效的时间作出约定，以保障当事人的自由意愿并合理分配交易风险。

【立法例】

● 《德国民法典》

第158条

（1）附推迟生效条件的法律行为，其系于条件的效力，于条件成就时发生。

（2）附解除条件的法律行为，于条件成就时失其效力；此时起回复原来的法律状态。

● 《瑞士债务法》

第151条 义务系于不确定之事实到来之契约，视为附条件。其效力之始期，以当事人无相反之目的者为限，为其条件成就之时。

第154条 解除系于一定条件到来之契约，于条件成就时，失其效力。

效力，原则上不溯及。

● 《日本民法典》

第127条

（一）附停止条件的法律行为，自条件成就时起，发生效力。

（二）附解除条件的法律行为，自条件成就时起，丧失效力。

（三）当事人表示了把条件成就的效果溯及于其成就之前的意思时，

从其意思。

- 《法国民法典》

第1181条　附停止条件之债，或者以将来未定的事件为条件，或者以实际上虽已发生但尚未为当事人所知的事件为条件。

在第一种情形，债务非于事件发生后，不得履行之。

在第二种情形，权利自契约订立之日起发生拘束力。

第1183条　解除条件为于条件成就时使债的关系归于消灭，并使事物回复至订立契约以前状态的条件。

解除条件并不停止债务的履行；该条件仅使债权人于条件所预定的事件发生时有返还其所已收受之物的义务。

- 我国旧民法

第99条　附停止条件之法律行为，于条件成就时，发生效力。

附解除条件之法律行为，于条件成就时，失其效力。

依当事人之特约，使条件成就之效果不于条件成就之时发生者，依其特约。

第四十九条　（条件成就的妨害）

当事人为自己的利益不正当地阻止条件成就的，视为条件已成就；不正当地促成条件成就的，视为条件不成就。

【说明】

本条规定因条件成就或不成就而蒙受不利的当事人以不正当行为阻止或促成条件成就的法律后果。在有些情况下，当事人可能因为条件的成就或不成就而蒙受损失，而不正当地阻止应成就条件的成就，或者不正当地促成不能成就条件的成就。这些行为不但侵害了相对人的利益，违背了意思自治原则，还可能违背公序良俗原则。因此，当事人实施这种行为的，应当发生与其意愿相反的结果，而将条件视为成就或不成就。本条规定的适用有以下几个要件：第一，本条所称的当事人不仅包括法律行为的双方当事人，还包括法律行为以外的其他人；第二，这些当事人只能是因条件成就或不成就而蒙受损失的人。如果不是因为条件成就或不成就，而是因为其他原因受有损失的人，则不是本条所指的当事人。如果他不正当地阻止或促成条件成就与不成就，并不发生本条规定的结果；第三，本条所称的当事人在主观上是故意，过失则不能发生本条规定的结果；第四，本条所规定的视为条件成就，与前条所规定的条件成就意义相同，即附停止条件的法律行为自条件成就时生效，附解除条件的法律行为自条件成就时失效。

【理由】

本条规定旨在保护当事人的期待权和防止道德风险。因为在条件成就以前，当事人并没有确定的享有权利，而是处于对利益的期待状态，对条件成就以后的利益只享有期待权。但是，这些期待权也是建立在尊重当事人意愿的基础上，所以应该予以保护。如果一方当事人恶意地阻止或促成条件成就与不成就，不但损害了相对人的利益，还可能以不正当的方式违背公序良俗原则从而发生道德风险。因此，本条作此规定。

【立法例】

- 《德国民法典》

第 162 条

（1）因条件成就而受到不利的当事人，以违反诚实信用原则的行为阻止条件成就时，视为条件已经成就。

（2）因条件成就而受到利益的当事人，以违反诚实信用原则的行为促成条件成就时，视为条件不成就。

- 《日本民法典》

第 130 条　因条件成就而受不利益当事人，故意妨碍条件成就时，相对人可以视为条件已成就。

- 《瑞士债务法》

第 156 条　当事人之一方，违背信义妨害其到来者，视为条件已成就。

- 我国旧民法

第 101 条　因条件成就而受不利益之当事人，如以不正当行为阻止其条件之成就者，视为条件已成就。

因条件成就而受利益之当事人，如以不正当行为促其条件之成就者，视为条件不成就。

第五十条 （侵害附条件利益的赔偿责任）
附条件法律行为的当事人，在条件成否未定前侵害相对人因条件成就可获得的利益的，在条件成就时，应当承担损害赔偿责任。

【说明】

本条规定附条件法律行为的当事人在条件成否未定前，所实施的损害相对人利益的负担行为的赔偿责任。附条件法律行为在条件成否未定前，已经成立但尚未生效。在这一阶段，该法律行为的当事人也享有一定的权利、承担一定的义务。这时的权利性质为期待权。这种期待权所保护的利益实质是当事人的信赖利益。而这时的义务性质为先契约义务。一旦条件成就，法律行为生效，当事人的期待权就转化为契约权利，该契约权利所保护的利益则是基于契约的期待利益。如果一方当事人在条件成就尚未确定前违反先契约义务，侵害相对人的期待利益，应当承担赔偿对方期待利益损害的民事责任。

适用本条规定应当具备以下几个构成要件：

第一，负有本条所规定的损害赔偿责任的主体只能是附条件法律行为的当事人，不能是该法律关系以外的其他人。至于其他人侵害相对人因条件成就可以获得的利益的，受害人可以依据民法其他有关侵权责任的规定追究相应的民事责任。此时的损害赔偿责任与本条所规定的损害赔偿责任并不相同。

第二，附条件法律行为的当事人侵害相对人利益的时间，只能是在条件成就与否尚未确定以前。

第三，在主观方面，该当事人无论是故意还是过失，都可以成立损害赔偿责任。

第四，受损害的客体只能是相对人因条件成就可以获得的利益。

第五，在责任方式方面，受侵害的相对人只能向侵害人请求损害赔偿责任。至于请求返还原物，则是其他请求权的内容，并非本条规定的内容。但是，如果附条件法律行为以外的其他人所承担的侵权责任，不但可以请求返还原物，还可以请求损害赔偿。

第六，在责任范围方面，因为法律行为已经生效，受害方有权请求侵害方赔偿期待利益的损失。

第七，受害方享有并行使本条规定的损害赔偿请求权的时间，只能是在条件成就以后。

【理由】

本条在区分负担行为和处分行为的基础上，仅规定侵害相对人利益的负担行为的法律后果。对附条件法律行为来说，条件成就与否尚未确定以前，虽然不能确定附条件法律行为的当事人是否能获得预期的利益，但他们都基于已经成立的行为，进入了契约生效前的缔约关系。在缔约阶段，当事人对获得该利益享有合理的期待权，也负有促使契约成立、保护相对人利益的义务。如果一方当事人违反该先契约义务侵害对方期待权和契约权利的，应当承担缔约过失责任。据此，本条在责任主体、责任方式和范围等方面对侵害人的损害赔偿责任加以规定。至于受害方向该契约关系以外的其他人所追究的侵权责任，并不属于本条的适用范围。

【立法例】

• 《德国民法典》

第 160 条

（1）附推迟生效条件的权利人，在条件未定期间内，如因另一方当事人的过失致使附条件的权利失效或者受到损害，在条件成就时，可向另一方当事人要求损害赔偿。

（2）对附解除条件的法律行为，因回复原来权利状态而受利益的人，可基于同样的前提条件，提出同样要求。

• 《日本民法典》

第 128 条　附条件法律行为的各当事人，于条件成否未定期间，不得侵害相对人的因条件成就而可由该行为产生的利益。

• 《瑞士债务法》

第 152 条第 1、2 款　条件附义务人，于条件成否未定前，不得为妨害其义务正当履行之行为。

条件附权利人，于其权利有被侵害之虞时，得请求其债权与无条件之债权为同一之保护。

- 我国旧民法

第100条　附条件之法律行为当事人，于条件成否未定前，若有损害相对人因条件成就所应得利益之行为者，负赔偿损害之责任。

第五十一条　（侵害附条件利益的处分行为无效）

附条件法律行为的当事人在条件成否未定前，所实施的侵害相对人因条件成就可获得利益的处分行为无效。

本条规定准用有关从无权利人处取得权利的规定。

【说明】

本条规定附条件法律行为的当事人在条件成否未定前，所实施的损害相对人利益的处分行为的效力。附条件法律行为的当事人对享有处分权的标的物或权利进行的处分，性质是处分行为，而且是有权处分。但是，为了保护相对人的期待权及其利益，不使相对人的合理预期落空，本条限制附条件法律行为当事人的处分权，使侵害相对人因条件成就所应得利益的处分行为无效。同时，为保护交易安全，本条第2款规定，虽然上述处分行为无效，但第三人可依据从无权利人处取得的规定而取得标的物的权利。

【理由】

本条规定在区分负担行为和处分行为的基础上，主要的目的是加强对附条件法律行为当事人的保护。在侵害附条件利益的赔偿责任的条文中，规定的是侵害该利益的负担行为的法律后果，而且，这一负担行为在条件到来时是有效的。但是，本条所规定的是侵害附条件利益的处分行为的效力。因为，在某些情况下，可能在当事人之间仅产生处分行为而没有负担行为，法律应该规定当事人在条件成否未定前实施侵害相对人因条件成就可获得利益的处分行为的效力，而不能留下法律漏洞。这样规定的目的是为保护当事人的期待权，使这种处分行为作为一般规则的例外而无效。同时，为保护交易安全，本条第 2 款又对第 1 款作了例外规定，使根据从权利人处取得权利规定的第三人取得权利而受到保护。

【立法例】

- 《德国民法典》

第 161 条

（1）对附推迟生效条件的标的物进行处分的人，在条件未定期间对此标的物进行的、在条件成就时致使系于条件的后果成为无效或者受损害的任何其他处分，均为无效。在条件未定期间，以强制执行或者假扣押的方法，或者由破产管理人进行的处分，亦同。

（2）对于附解除条件情况下，因条件成就而丧失其权利的人进行的处分，亦同。

（3）于此准用关于有利于其权利出自无权利人的人的规定。

- 《瑞士债务法》

第 152 条第 3 款　因条件成否未定中之处分，而条件到来者，于妨害其效力之范围内为无效。

第五十二条　（期限的约定及效果）

当事人对法律行为的效力可以约定附期限。附生效期限的法律行为，自期限届至时生效；附终止期限的法律行为，自期限届满时失效。

附期限的法律行为，准用关于侵害附条件利益的赔偿责任和处分行为的规定。

【说明】

当事人可以约定法律行为生效或失效的时间，使法律行为附有期限。本条所称的期限是指决定法律行为生效与失效的确定要发生的事实。期限与条件的差别是：期限总是确定要发生的事实，而条件则是客观上不能确定发生的事实。期限包括两种：一是始期，即决定法律行为开始生效的事实。它类似于停止条件，始期届至，法律行为生效。二是终期，即使法律行为失效的事实。它类似于解除条件，期限届满，法律行为丧失效力。当事人对负担行为及处分行为都可以约定期限，但所附期限的事实不能违反法律法规的强制性规定、不能违背公序良俗原则。此外，考虑到附期限法律行为的当事人，可能因故意过失侵害相对人在期限到来时所享有的利益，本条准用关于侵害附条件利益的赔偿责任和处分行为的规定。

【理由】

法律行为是民事主体自由设定权利义务关系的主要方式。因此，本条规定允许当事人根据实际情况的变化对未来确定发生的事实及其后果作出约定，从而满足当事人的自由意愿并合理分配交易风险。

【立法例】

● 《德国民法典》

第 163 条　对法律行为的效力附有始期或者终期的，在附有始期的情况下，准用关于附推迟生效条件的规定，在附有终期的情况下，准用第 158 条，第 160 条，第 161 条关于附解除条件的规定。

● 《法国民法典》

第 1185 条　期限不同于条件，并不停止债的效力，而只延迟债的履行期。

第 1186 条　定期的债，于期限届至前，不得请求履行，但于期限前已为的不得请求返还。

● 《日本民法典》

第 135 条

（一）法律行为附始期时，不得于期限届至前，请求履行该法律行为。

（二）法律行为附终期时，该法律行为的效力，于期限届至时消灭。

● 我国旧民法

第 102 条　附始期之法律行为，于期限届至时，发生效力。

附终期之法律行为，于期限届满时，失其效力。

第一百条之规定，于前二项情形准用之。

第六节　法律行为的解释

【本节说明】

明确规定法律行为制度的传统民法（如《德国民法典》、中国台湾地区"民法"等），没有采用"法律行为的解释"这个概念，而是采用"意思表示的解释"的说法。由于法律行为和意思表示之间的区别微乎其微，《德国民法典》在行文用语上就将两者相互混用。为了保持本章结构和用语上的连贯性，本草案建议稿采用"法律行为的解释"概念，但其含义等同于上述传统民法中的"意思表示的解释"。

在实施法律行为时，当事人必须通过一定表现形式将内心意思向外界表示出来，这种方式可能是口头言语、书面文字等，它们都由语言或者符号所构成。由于当事人认知水平（如受教育程度、文字表达能力）以及从事法律行为相关的技术（如法律知识、交易经验）不尽相同，加上语言或者符号本身具有内涵不确定、意义多样化的特点，往往要导致意思表示的发出者（即表意人）和接受者（即相对人）对于同一表示行为和表现形式产生不同的理解，或者表意人疏漏作出某些必要事项的意思表示，结果造成意思表示不明确或者不完整，引发了大量的纠纷，严重影响了法律行为的运行效果。为了解决这个问题，就必须创设一定的解释规则，由法院或者仲裁机关运用这些规则来明晰当事人的权利义务关系。通过规定明确的解释规则，也可以防止法院或者仲裁机关解释滥用权力作出恣意解释，以保护当事人的合法权益。

大陆法系法律行为解释理论的发展，经历了从所谓的"意思主义"到"表示主义"的阶段。所谓意思主义，就是强调解释的立场以表意人为准，以表意人的意思为解释根据，关注表意人的真实意思。这是一种主观色彩浓厚的解释论。所谓表示主义，是指解释的依据是相对人基于客观理解能力而认知的表意人的表示意思，这是从相对人的角度来理解意思表示，具有客观性。这两种理论均具有一定合理性：意思主义尊重表意人的真实意思，这在源头上为法律行为奠定了正当性基础；表示主义关照相对人的理解力，保护了相对人对于意思表示产生的信赖利益。但是，它们也均有缺陷：意思主义过度强调表意人的利益，不能维护交易安全和保护相对人的信赖利益；表示主义则没有给予表意人适度的照料。因此，单纯地采用意思主义或者表示主义，都不能恰当地解释法律行为，不能平衡当事人之间的利益关系。

本建议稿吸取了上述两种理论的合理性，并加以改造，即根据不同的解释对象，设置了相应的解释规则。具体而言，对于内容不明确、不清晰的法律行为，采取阐明解释规则，即对于无相对人的法律行为，通过探究表意人的真实意思来明确法律行为的内容，这是意思主义的体现；对于有相对人的法律行为，则采用以表示主义为主并兼顾意思主义的方法。对于内容不完整、有漏洞的法律行为，采用补充解释规则，即通过法律任意性规范和推断当事人的意思表示，来填补意思表示的漏洞和维持法律行为的完整性。

我国以往不注重法律行为解释，民事法律以及司法实践中没有形成明确的法律行为解释规则，这种情形直到我国《合同法》的颁布才得以改观，该法在第41条规定了格式合同的解释规则，在第125条规定了合同的一般解释规则。本建议稿吸收了我国《合同法》的规定，并参照国际上成熟的法律行为解释规则，特设定本节规定法律行为解释的一般规则。由于格式条款主要产生于合同这种法律行为之中，为了协调民法内容体系和条文设置，有关格式条款的特殊解释规则，参照适用我国《合同法》的相关规定。

第五十三条　（无相对人的法律行为的解释）

解释无相对人的法律行为，应探究表意人的真实意思，不能拘泥于表示行为。

【说明】

本条是无相对人法律行为的解释规则。无相对人的法律行为，是单方法律行为的一种，是指意思表示无需向特定的相对人作出，或者无需到达相对人即可发生法律效力的法律行为，如动产所有权的抛弃、遗嘱等。在这种法律行为中，表意人占据了主导地位，他的意思表示完全决定了法律行为的性质、内容和效力，相对人的意思表示在此无任何法律意义；而且，这种行为一般是对表意人利益的减损，不涉及相对人的利益或者不会对相对人的现有利益造成损害。因此，解释这种法律行为，应该以表意人的意思表示为对象。

表意人的意思表示构成，大体上可以分为内心意思和表示行为，前者是表意人决定法律行为具体内容以及意欲使该内容发生法律效力的意思，属于主观范畴；后者是表意人通过特定的、可被人们认知和理解的方式，将内心意思表现于外部的行为，它包括语言、文字、符号、举措、行动等形式，属于客观范畴。由于无相对人的法律行为完全体现了表意人的意思表示，那么，从理想的角度来讲，就应当仅仅以表意人的内心意思为解释对象，这样才能保证解释的结果完全符合表意人的目的。但是，表意人的内心意思不通过一定的外观行为表现出来，根本就不具有可认知性，对它进行解释在客观操作上也就是不可能的。故而，在进行解释时，还要通过表示行为的形式，来解释表意人的意思，这种意思又被称为"表示的意思"，以与表意人的内心意思相区别。从这个层面上看，在解释无相对人的法律行为时，解释者应当根据表意人的表示行为进行。

　　但是，这种表示的意思不能仅符合表示行为的内容，更重要的是，还要符合表意人的真实意思，这个真实意思可以突破表示行为，而通过特殊说明、交易习惯等其他更为贴切的方式来获得。比如，下面的为德国教科书经常列举的案例就能说明这个问题：甲嗜酒如同爱书，常把他的酒窖称为图书馆，他的遗嘱载明"以图书馆遗赠某乙"。某乙为甲的酒友，他理解甲的真实意思，认为甲遗赠给乙的，应当是酒窖的藏酒。如果按照遗嘱文字这种表示行为的意义，遗赠的标的物是甲的图书馆或者书房，但是按照甲针对于乙的特殊生活用语，就应解释为酒窖，这样才能符合甲的内心真意。由此，解释无相对人的法律行为，应当超越表示行为所包含的内容和意思，而最大程度地探究表意人的真实意思，这才能符合无相对人法律行为的特点。

【理由】

　　无相对人法律行为的成立以及生效，无需借助相对人的任何力量，无需相对人意思表示的参与，它给相对人带来的只是实际利益，如通过遗嘱，受遗赠人可以取得死者的财产，但不能给相对人带来信赖利益，比如，受遗赠人不能期待死者生前就将自己作为受益人。这样，无相对人法律行为的意思表示构成就简单化了，仅仅考虑表意人的意思表示就可以完成对整个法律行为的解释。无相对人法律行为的这种特点，决定了对它的解释必须严格遵循和尊重表意人的真实意思，不能拘泥于意思表示的形式意义。

必须注意的是，罗马法中的解释学主要以解释遗赠为发展起点，这是一种无偿的死因赠与，受益人不能因此而受到信赖利益的保护，这样，在对遗赠人的意思和遗赠的文句进行解释时，就以前者为优先适用的对象。《德国民法典》第133条继受了罗马法的上述解释规则，并将之扩展适用于所有的意思表示类型，这样，就不能保护相对人对于表意人意思表示的信赖，显然不妥，这受到民法理论学说和实务的批判。基于此，本建议稿抛弃将探究表意人真实意思的解释规则适用于所有类型法律行为的做法，将其范围限定于无相对人的法律行为，有相对人的法律行为不应适用这个解释规则。

【立法例】

• 《德国民法典》

第133条 （意思表示的解释）

解释意思表示，应探求当事人的真实意思，不得拘泥于所用的词句。

• 我国旧民法

第98条 （意思表示之解释）

解释意思表示，应探求当事人之真意，不得拘泥于所用之辞句。

第五十四条 （有相对人的法律行为的解释）

当事人对有相对人的法律行为存在争议时，应当根据表示行为的客观表现、当事人的目的、习惯以及诚实信用原则进行解释。

【说明】

本条是有相对人法律行为的解释规则。有相对人的法律行为是法律行为的典型样态，它可以分为单方法律行为和多方法律行为，前者如债务免除、撤销合同等行为，它于意思表示到达相对人时发生法律效力；后者如买卖、租赁等负担行为，物权移转等处分行为，结婚、协议离婚等人身法上的行为，成立合伙、设立公司等共同行为，它因当事人意思表示一致而发生法律效力。

与无相对人的法律行为相比，有相对人的法律行为最大的特点在于，相对人对于意思表示的法律拘束力起到了非常重要的作用，即在相对人知悉意思表示后，表意人要受其发出的意思表示的约束，而不得擅自撤回该意思表示，这意味着基于表意人的意思表示，相对人具有受法律保护的信赖利益。为了保护这种利益，就不能单从表意人的角度来解释法律行为或者意思表示，还要注重相对人依据自身状况在知悉该意思表示时对于该意思表示的理解。这是一种意思相互交错和当事人相互理解的局面，比无相对人法律行为完全由表意人的意思表示主导的局面要复杂得多。

在这种情况下，就不能采用探究表意人真实意思的真意解释，而要采用比较客观的解释方法。具体而言，本条包含了以下几条解释规则：

第一，依据法律行为客观表现进行解释。

法律行为客观表现是用以表现法律行为客观存在及其内容的载体，即内心意思的外在表示，比如，书面合同文本、口头承诺、点头、举手等包含一定意思的举措，均属于此处所谓的法律行为客观表现。理解法律行为客观表现，不仅要注重其个别性，还必须把握其整体性，即在理解单一的行为外观本身要素基础上，还要注重该行为外观与其他要素的联系，将其放在整体行为外观之中进行理解。

以解释书面合同文本为例，采用本解释方法时，首先要采用文义解释的方法，即从合同所使用的文字语词的含义出发进行解释。对于一般用语，要么按照通常意义进行解释，要么按照当事人约定的特殊意义进行解释；对于专门术语，除非当事人另有约定或者说明，就应按照专业意义进行解释。在语词本身具有多义性的情况下，采用文义解释的方法不能消除歧义的，就必须将语词所描述的事情和所蕴涵的意义，放在其所在的整体环境中进行理解。这就表明，在文义解释不能解决问题时，要采用系统解释方法，即将合同的某个条款或者词句与其他条款进行联系和印证，从整体上把握该条款或者特定词句的含义，从而减少词语内涵和意义的不确定性。对于系统解释的方法，根据英美法判例规则，应特别注意以下几种情形：（1）特殊列举词语或者条款与通常意义上的一般概括词语或者条款相互连接的，后者所包括的事项在性质上应当与前者相同或者类似，而不能作出例外解释。比如，合同约定甲将自己的农场以及鸡、鸭等动物出卖给乙，则"等动物"仅仅包括与鸡、鸭同类的猪、羊等农场动物，不包括甲在家中饲养的宠猫宠狗。(2)合同作出特别约定事项，并且没有连接一般概括词语或者条款，则不能根据这些特定事项进行推演。比如，合同约定甲将自己农场以及鸡、鸭出卖给乙，则就不包括甲农场中的猪、羊等动物。(3)虽然合同存在相互冲突的条款，但法院假定它们各具意义，当事人也不想无谓重复或者自相矛盾，则按照各自范围和作用进行解释。比如，合同约定甲只是将自己农场中的不动产出卖给乙，家具等动产不是买卖标的物；同时，合同又写明，甲将鸡、鸭出卖给乙。在这个合同中，前一约定与后一约定虽然存在冲突，但它们具有各自的适用范围，后者可以视为是前者的例外，应当承认它的法律效力。

第二，依据当事人的目的进行解释。

该条解释规则可以简称为目的解释。法律行为的作出，要受到一定目的的指引，这个目的就是表意人和相对人通过法律行为所意欲实现的意图，解释法律行为，自然也必须遵循该目的。当事人的目的，应当具有一定程度的明确性，属于当事人所共知的或者相对人应当可以知悉的目的，不明确的目的不得成为解释法律行为的依据。

采用当事人的目的解释法律行为，对于解决法律行为处于有效或者无效两可之间的状态尤为有意义。在一般情况下，当事人作出法律行为的目的，就是为了达到积极的、富有效率的法律效果，而不会追求一个没有法律效力的法律行为。因此，在这种情况下，根据目的解释的方法，应使法律行为有效。

第三，依据习惯进行解释。

该条解释规则可以简称为习惯解释。习惯是人们从事某种行为而得出的一般规律，是基于行为反复性所产生的经验总结。法律行为的作出，离不开特定的语言环境、生活环境、交易环境等人文环境，习惯就是构成这种环境的重要因素。在当事人没有特别约定排除习惯的适用时，习惯可以用来解决语词歧义和厘清当事人的意思，这一点为各国法律所共认。

在适用习惯解释时，必须认识到习惯具有地方性、行业性、时间性和自发性的不足之处：（1）习惯具有地方性和行业性，此地的习惯不同于彼地的习惯，不同行业的交易习惯也不相同，这就造成异地的当事人或者不同行业的当事人之间的交易规则极不统一和不确定，而现代的跨地域、跨行业的商业交易又非常普遍，如果当事人没有对适用何种习惯作出明确约定，一旦发生纠纷，就会无所适从。（2）习惯具有时间性，往日的习惯不同于现今的习惯，在运用习惯解释时，是应该适用法律行为作出时的习惯还是适用纠纷发生时的习惯，就成为问题。（3）习惯具有自发性，是随着人们的生活行为或者交易行为而自然生成的，法律和道德规则对其形成不能起到刚性的规范作用，这可能导致习惯违背公平、正义的社会价值目标，形成恶风陋习。

因此，适用习惯解释，就必须弥补习惯的上述欠缺。首先，除非当事人有明确约定，只能适用对于当事人具有普遍适用性的习惯。其次，要依据公平原则来确定适用何时的习惯，在因习惯的时间性导致当事人双方的权利义务关系产生本质变化时，如适用以往的习惯绝对有利于表意人，而适用新习惯绝对有利于相对人，则应放弃适用习惯解释方法。再次，习惯必须符合国家的根本利益和社会公共利益，能得到国家公共秩序的支持；同时，习惯还要符合社会和经济发展的实际需要，符合社会一般道德观念。

第四，依据诚实信用原则进行解释。

在现代民法中，诚实信用原则被誉为"帝王条款"，是一切民事活动和涉及民事权利义务关系的活动均要遵循的基本原则，那么，当事人作出法律行为和有权机关进行法律行为解释的活动，均涉及当事人的民事权利义务关系，自然也要适用诚实信用原则，这一点是毋庸置疑的。

【理由】

对于有相对人的法律行为而言，表意人在表示其意思时，要照顾到相对人的理解力，尽力促成相对人正确理解自己的意思；相对人则要在现实条件和自身能力的制约下，尽可能地去理解由表意人发出的意思。这个意思经由表意人和相对人的合力作用，贯注了表意人的理解和相对人的理解，已经不能单纯地从表意人或者相对人的角度进行理解，这种意思作为解释的对象，又称为"规范性意思（normativen Willen）"。受规范性意思上述特点的制约，在对其进行解释时，就不能采用完全探究表意人真实意思的这种主观性程度很强的解释方法，否则，就会侵害相对人的信赖利益，不能保障交易安全。因此，对有相对人的法律行为的解释，不能采用解释无相对人法律行为的方法。

对于规范性意思而言，确定其真实含义的最好方法，就是表意人和相对人达成共识，然而，法律行为的解释之所以产生，正是因为当事人不能对此达成一致的理解和认识。因此，就必须将眼光放在外在于当事人内心意思的客观形式和标准之上，用法律行为的客观表现、习惯、诚实信用原则等因素来解释法律行为。这种解释也被称为"规范解释（normative Auslegung）"。当然，这样的解释不仅要同时顾及表意人和相对人的利益和风险，还要注重当事人的行为目的。可以说，对于有相对人法律行为的解释，其基础是通过理性相对人的视角理解的"表示的意思"，并附以表意人的意图和目的。

【立法例】

• 《法国民法典》

第1156条 解释契约时，应寻求缔约当事人的共同意思，而不拘泥于文字。

第1157条 如果一个条款可能作两种解释时，宁舍弃使该条款不能产生任何效果的解释，而采取使之可能产生某些效果的解释。

第1158条 文字可能作两种解释时，应采取最适合于契约目的的解释。

第1159条 有歧义的文字依契约订立地的习惯解释之。

第1160条 习惯上的条款，虽未载明于契约，解释时应用以补充之。

第1161条 契约的全部条款得相互解释之，以确定每一条款从整个行为所获得的意义。

• 《德国民法典》

第157条 （合同的解释）

对合同的解释，应遵守诚实信用原则，并考虑交易上的习惯。

- 《瑞士债务法》

第 18 条第 1 款　（契约的解释）

在裁判契约时，应依照契约的形式和内容考虑当事人真实的协议，而不应考虑当事人因错误或者出于故意而使用的掩盖契约性质的不正确说明或表达。

- 《中华人民共和国合同法》

第 125 条第 1 款　当事人对合同条款的理解有争议的，应当按照合同所使用的词句、合同的有关条款、合同的目的、交易习惯以及诚实信用原则，确定该条款的真实意思。

第五十五条　（补充解释）

法律行为内容不完整不影响法律行为基本法律意义的，应当根据相关法律中的任意性规范进行补充；在无任意性规范可得适用时，根据诚实信用原则以及交易习惯来推断当事人的意思。

在进行前款补充解释时，应当尊重当事人的意思自由，不得侵害当事人的利益。

【说明】

本条是关于补充解释的规定。在实践中，因为法律行为内容不完整而导致的纠纷经常出现。比如，租赁合同没有约定租赁物的维修义务，当租赁物在租赁期间被损坏时，根据该合同的约定，不能得出由谁来负担维修责任的确切答案。这种不完整情况，也可以称为法律行为的"漏洞"。为了化解纠纷，就必须采用一定的措施来填补此漏洞，即弥补当事人意思表示的欠缺。填补法律行为的漏洞，势必涉及对当事人意思表示的理解，故它也属于法律行为的解释，被称为"补充解释"（ergänzende Auslegung）。

进行补充解释的前提，是法律行为的漏洞具有可填补性，即该漏洞不会导致法律行为丧失基本的法律意义和价值。如果该漏洞导致法律行为丧失了基本的法律意义，则不能进行补充解释。比如，当事人虽然订立了买卖合同，但其中没有价金确定条款或者标的物所有权移转条款，则该买卖合同就不是具有法律意义的买卖合同，自然也就无进行补充解释的可能性和必要性。又比如，当事人订了雇佣杀人合同，没有约定佣金的具体数额，因该合同违背法律的强行性规则，属于无效的法律行为，尽管存在意思表示的漏洞，也不能适用补充解释。因此，只有在法律行为内容的不完整不危及法律行为整体存在时，即其与法律行为的成立与生效无关时，补充解释才得以实行。

本条第1款规定了两种补充解释的方法：

第一，根据任意性规范填补法律行为漏洞。

按照一般法理，民法规范可以分为强制性规范和任意性规范。强制性规范具有强行的普遍适用性，无论当事人是否意欲遵从这种规范，都要受其规整。比如，我国《合同法》有关以合法形式掩盖非法目的、违背社会公共利益的合同无效的规定，不能为当事人约定排除，即属于强制性规范。强制性规范是任何法律行为都必须遵循的法律规范，它当然地贯穿于法律行为始终，自不待言。任意性规范不具有强行性，只有在为当事人采用或者不被当事人排除时，才能内在化为当事人的意思，在当事人之间产生法律拘束力。比如，我国《合同法》第220条规定"出租人应当履行租赁物的维修义务，但当事人另有约定的除外"，就属此类规范。任意性规范具有推助当事人意思自治的功能，即在当事人明知任意性规范，而且既不约定与此规范相异条款，也不约定与此相同的内容时，说明当事人意欲借助任意性规范来实现自己的意思表示，这样能够达到节约交易成本的效果；当事人不知任意性规范，法律行为中也无涉及该规范的事项的，则推知当事人寄希望于法律，以期通过法律将未尽的事项作出合理规定，这样可以借助任意性规范这种"专家意见"平衡当事人之间的权利义务关系。

第二，通过推断当事人的意思来填补法律行为的漏洞。

在缺乏合适的可用以填补法律行为漏洞的任意性规范时，就要由解释者根据法律行为客观的情形（如磋商过程、相关资料等），衡量当事人的利益，依据诚实信用原则和交易习惯来推断当事人的意思。这种依据客观标准推断出来的意思，应当符合当事人通过法律行为意欲达到的目的，符合公平原则的要求。

由于补充解释的对象超出了承载意思的表示行为，从其他的因素来推断当事人的意思，这就可能产生与当事人的内心意思相悖的结果。为了避免这种不良后果，补充解释的进行应当符合本条第2款的要求：首先，应当尊重当事人的意思。在当事人明确排除某任意性规范适用的可能性时，该规范不能作为补充解释的依据；在推断出来的当事人意思与其后当事人明示的意思不符时，该推断意思不得被采用；解释者在解释时，应当尽可能从当事人的立场出发，遵循当事人从事法律行为的思路和目的。其次，不得侵害当事人的利益。如果某任意性规范的适用，会产生损害当事人的利益或者违背当事人的行为目的后果，就不能作为补充解释的依据；在推断出来的当事人的意思产生明显损害当事人自己的结果时，该意思不得被采用。

【理由】

受当事人表达能力欠缺、交易经验不足、故意为之等各种因素的影响，法律行为的内容可能不完整，以致不能达到当事人预期的内容和后果，这就说明法律行为的内容存在漏洞。这种情况常见于合同之中。比如，当事人在合同中没有约定标的物交付方式、物之瑕疵担保责任等，如何弥补这种漏洞以保护当事人的利益，就形成补充解释的方法，学说上一般将这种方法适用于合同，称之为"契约的补充解释"。然而，合同之外的单方法律行也可能存在漏洞。比如，悬赏广告没有规定因从事指定行为的费用负担，就属此类情况。因此，本条规定将补充解释普遍适用于法律行为。

从学理上讲，前两条规定的解释方法属于阐明解释，即当事人已经实际作出了意思表示，只不过意思表示的内容不明确，就通过解释的方法使意思表示的内容得以确定、明确和准确。例如，当事人在悬赏广告中声明"凡拾得失物并归还者，定重谢"，其中的"重谢"表明了表意人给予酬谢的意思表示，但其内容十分模糊，就需要通过阐明解释予以具体化和明晰化。与此不同的是，补充解释的适用对象是本应具有特定内容但实际没有该内容的法律行为，即缺少当事人的意思表示，这样，就要通过"找出"或者"创设"当事人的意思，来弥补法律行为内容的不完整局面，从而使法律行为的内容得以完整。比如，在悬赏广告没有声明因从事指定行为的费用负担时，就要考虑当事人的实际损益状况、相关法律规定，根据诚实信用原则和交易习惯来推断表意人的意思，从而确定相关费用的负担规则。

补充解释具有重要意义，因为当事人的认识能力存在非至上性的特性，再加上缺乏必要的法律知识和交易经验，往往使法律行为的内容存在漏洞，不能完整地规整当事人之间的权利义务关系。通过补充解释，可以使法律行为的内容完整、明确，减少交易关系的不稳定性。同时，补充解释具有节约交易成本的功能，即通过引入合理而周密的规则弥补法律行为内容的欠缺，避免当事人花费时间、精力就填补漏洞再行展开洽谈。

【立法例】

- 《中华人民共和国合同法》

第124条 本法分则或者其他法律没有明文规定的合同，适用本法总则的规定，并可以参照本法分则或者其他法律最相类似的规定。

- 我国旧民法

第153条第2项 当事人对于必要之点，意思一致。而对于非必要之点，未经表示意思者，推定其契约成立，关于非必要之点，当事人意思不一致时，法院应依其事件之性质定之。

第十二届全国人大代表（代表证号0628） 孙宪忠

[建议题目]

民法典总则编"法律行为"一章的结构和条文建议稿[①]

一、体系以及结构的设计

《民法通则》实施以来，我国民法关于法律行为部分的结构安排进行了比较大的变更，将原来属于法律行为制度的行为能力部分纳入自然人法，将原来和法律行为制度有内在联系的一般代理即直接代理析出法律行为制度，使其结合法定代理、间接代理和广义的商事代理，单独成为代理一章。在这种情况下，我国目前的法律行为制度，内容比大多数国家及我国台湾地区的"立法"稍稍狭窄。但是无论如何，这一部分内容必须在观念以及制度上进行积极的继承、创新和发展。本建议稿建议我国的法律行为制度，应规定如下七节：第一节，一般规则；第二节，意思表示；第三节，人身关系的法律行为；第四节，财产权利设定、变更与废止行为的一般规则；第五节，法律行为的成立、生效、无效及撤销；第六节，附条件与附期限；第七节，法律行为的解释。

在建立这一结构时，我们的基本考虑如下：

（1）充分承认意思自治原则；

（2）兼顾人身行为和财产行为；

（3）承认负担行为与处分行为的体系划分；

---

① 本建议，于2014年全国人民代表大会休会期间提出，就本人会议期间提出的"民法典总则编'法律行为'一章建议稿"提出了修正。

（4）吸纳我国现代社会新的法律行为类型，在结构上采纳潘德克顿法学传统，采纳效力补正理论，也为新的法律行为实践创制规则；

（5）体例上增加法律行为解释，弥补我国法律历来缺乏法律行为解释的缺憾。

二、立法理由

法律行为制度，是民法的核心制度之一。这一制度的基本意义，是确立民事法律关系中权利的享有、义务以及责任的承担的正当性根据。在历史上，民事权利义务关系的建立以及义务不履行时责任的追究的正当性的根据，曾经是神的意志、君主的意志、国家统治者的意志等，但是，这些根据都不符合私法社会也就是民间社会的基本特征以及根据私法的原则建立的法律规则。只有在法律行为理论产生后，人们才找到了符合民事权利本质的民事法律关系得以建立与保障的根据，这就是意思自治原则。意思自治原则与法律行为制度的建立，废除了封建时代人际关系方面的等级身份制、废除了法人的特许主义，从实质上开启了人人享有平等、自由与尊严的社会，极大地促进了社会经济的发展。所以这一理论不仅仅只是一项民事法律制度的创新，而且也是人类法律制度史的重大进步。只有按照当事人自己设定的权利义务关系来确定当事人的法律责任，即只有符合当事人自己意愿的法律关系，才是符合法律所追求的正义性价值的，才值得法律予以保障。

法律行为的概念诞生在人文主义革命之后的近代法学时期，它的核心因素，是为民法上的权利和义务建立不同于封建君主统治权的法律根据。德国理性法学派的法学家古斯塔夫·胡果提出并建立这一概念的基本体系，后来的萨维尼为该立论的发展做出了重大贡献，而以萨维尼的学生温迪谢德为代表的潘德克顿学派将这一理论的研究成果应用于《德国民法典》的编纂之中。[①]从这一传统创立的德意志法系，仅就法律行为的规制而

[①] Hans Hattenbauer, Grundbegriffe des Bürgerlichen Rechts, Verlag C. H. Beck, 1982, Seite 67—74 usw.

言，其影响远远超过了在历史上同样有重大影响的《法国民法典》，因为在后来的各国民法立法基本上都采纳了法律行为理论并建立相应制度。即使是在法典中没有明确采纳这一概念的法国，法院和民法学界也普遍承认这一概念的科学性，并在学理上为丰富这一理论作的内涵作出了贡献。其他后来制定民法典的罗马法系国家，则直接采纳了这一概念。①追随德意志法系严谨、科学性特点的日本法和我国旧民法，直接在民法典中规定了法律行为制度。以苏联民法为代表的旧社会主义民法，一般也直接或者间接地采纳了这一概念并建立相应的制度。英美法系国家在学理上也采纳了这一概念。

我国民法对法律行为理论，自近现代法制改革以来一直采取接受的态度。20世纪30年代制定的我国旧民法建立的法律行为制度在当时实际上已经非常完善，其中对婚姻行为的采纳，对负担行为和处分行为之间区分原则的采纳，成为制度的亮点。新中国成立后的重要民法立法，比如《民法通则》等，一般都承认了法律行为这一概念并建立了相关制度。现行《合同法》以比较多的条文规定了双方法律行为中的债权行为。我国的公司法等法律则规定了一些多方法律行为的制度。近年来最高人民法院司法解释对于负担行为和处分行为之间的区分原则的采纳，也成为人民法院分析和裁判案件的依据。

我国现行法律建立的法律行为制度比较明显的缺陷有以下几点：

首先，我国民法采用的"民事法律行为"的概念，将其和行政法律行为、诉讼法律行为等相并列，忽视法律行为的核心因素即依据当事人的效果意思来确定法律效果，这一点导致我国法律行为的法律制度，不论是其概念还是相关条文，都和传统民法中的法律行为制度发生相当大的差别。法律行为必须以当事人的意思表示为核心，法律行为的效果取决于当事人的效果意思；而行政法律行为以及诉讼法律行为恰恰并不取决于当事人的效果意思。民事法律行为这一概念来源于苏联法学，虽然从表面上看它与

---

① K. Zweigert and H. Kötz, An Introductiong to Comperative Law, translated by Tonz Weir, Second Editon, Volume II, Clarendon Press Oxford, 1987, pp. 16—18.

法律行为这一概念似乎没有什么差别，但是如果认真分析，就可以看出他们的差别其实是很大的。因为，我国过去的立法观念简单地将法律行为当做具有"法律意义"的行为，因此成立了所谓"民事法律行为""行政法律行为"等法律概念。目前我国占主导地位的法理学、宪法学、行政法学等，都采纳这种忽视当事人意思自治原则的法律行为理论。这些理论直接影响了我国民法立法。"民事法律行为"似是而非，原因是苏联法学基本上不承认"意思自治"这一基本原则，甚至在民法立法中基本上否定了这一原则。这就完全抽掉了法律行为理论的灵魂。另外，《民法通则》还使用了"民事行为"这一概念，从表面上看，似乎"民事行为"涵盖着"法律行为""事实行为"与"不法行为"这些部分，但是从立法的内容看，《民法通则》有时又将民事行为与法律行为这两个概念混同使用，对于他们之间的区分，在立法上、司法上和学理解释上均不清楚。

其次，我国法律明确承认的法律行为制度，在体系上很不全面。（1）现行民法重要法律，不论是《民法通则》还是《合同法》，在立法体系方面基本上只承认双方法律行为，对于单方法律行为、多方法律行为，没有明确的文字表示承认，也没有建立相应的规则。①（2）法律只承认财产法中的法律行为，基本上不承认人身关系中的法律行为。比如，从《婚姻法》以及《婚姻登记条例》中规定的婚姻效力，强调的是婚姻登记对于婚姻效力的决定作用，淡化甚至有意贬低婚姻当事人意思表示的决定作用。②对于婚约、婚前契约等，我国民法基本法都没有建立对应规则，这些问题长期以来都交由习惯法处理。显然，在这一领域，新的民法典应该有更大的创造。

再次，民法基本法至今没有明确承认负担行为和处分行为的区分原则。我国法律在法律行为理论以及制度建设方面另一个重大的缺陷，是只承认"泛意思表示"和泛法律行为，而不承认具体的意思表示和具体法律

---

① 《民法通则》第57条要求，法律行为的行为人"非依法律规定或者取得对方的同意，不得擅自变更或者解除"。因此得知，没有单方行为的存在。

② 这一点从《婚姻登记条例》等法律规范性文件中更可以清楚地看出来。

行为，比如物权意思表示和物权行为、债权意思表示和债权行为等。虽然《物权法》部分地承认了区分原则，最高人民法院的司法解释更是明确地采纳了区分原则，但是民法基本法没有反映。在这一点上，立法落后于司法实践的情形严重。

现行《合同法》第 51 条、第 132 条规定，突出地表现出立法者对于民法基本理论认识的缺陷。在民法上，支配权和请求权的区分是民事权利的基本区分，而负担行为和处分行为的区分是法律行为的基本区分。民事权利依据当事人的意思表示也就是法律行为发生变动，但是，依据负担行为只能产生请求权的法律效果，依据处分行为才能发生支配权变动的法律效果。比如一个房地产的交易，买卖合同成立生效，在当事人之间会产生债权的法律约束力。在履行合同时，才发生所有权转移的法律效果。不论发生债权的法律效果，还是发生所有权转移的法律效果，这都是当事人意思自治的体现，是当事人效果意思的推动的结果。所以，现代民法承认了支配权的法律行为（处分行为）和请求权的法律行为（负担行为）的区分，以及因此而产生的物权法律行为和债权法律行为的区分。这种区分并不只是具有理论意义，其实践意义才是根本性的。只有在这种清晰的理论指导下，民法才能建立一种使各种民事权利变动的法律根据有清楚区别的制度。这样，一个交易涉及多种民事权利变动时，法律对确定这些不同的权利变动才能从时间上和法律效力上做出清晰的判断，从而对于处理复杂的交易行为建立科学的根据。为了解决我国一度的民法主导学说不采纳区分原则而给司法实践带来的现实问题，所以我们在借鉴德国民法学术研究的基础上，提出了我国背景下的区分原则。① 目前，这一理论部分地得到了《物权法》的承认，也得到了最高人民法院司法解释的采纳。我国民法总则应该采纳科学法理，总体采纳这一原则。

最后，我国民法中的法律行为制度没有时代特色，没有对于一些社会新问题建立规则。比如，当代现实中出现了许多关于人身、人体、甚至生

---

① 对此，可以参见孙宪忠：《论物权变动的原因与结果的区分原则》，载《论物权法》，法律出版社 2001 年版，第 36 页以下。

命元素的法律行为，如人体器官的捐献、精子卵子的捐献等。这些以当事人自己的意思表示发生的效果，当然具有法律行为的意义。但是这些法律行为如何生效，它们效力的特点等，需要在法律上予以明确。另外，现实生活中能够产生法律效果，但是又无法强制履行的劳务合同，我国民法也应该予以充分反映并加以规范。比如，雇用家庭服务员的合同，虽然合同可以生效，但是却并不可以强制履行。其他比如运动员转会、演职员劳务等合同，也有这样的特点。法律不能忽视这些法律行为，不能对他们无动于衷。

本立法建议在提出上述问题的基础上，试图提出自己的一些改进意见，希望能够产生抛砖引玉的效果。

各国法律对法律行为制度的规定，一般都是将其规定在民法典的总则编，也有一些立法将其散乱地规定在涉及不同权利变动的章节中。《德国民法典》中"法律行为"一章分为六节：第一节，行为能力；第二节，意思表示；第三节，合同；第四节，条件和期限；第五节，代理、代理权；第六节，单方面的同意、许可。① 《日本民法典》中"法律行为"一章分为五节：第一节，总则；第二节，意思表示；第三节，代理；第四节，无效及撤销；第五节，条件及期限。《韩国民法典》法律行为一章，分为五节：第一节，总则；第二节，意思表示；第三节，代理；第四节，无效的撤销；第五节，条件与期限。我国旧民法中"法律行为"一章分为六节：第一节，通则；第二节，行为能力；第三节，意思表示；第四节，条件及期限；第五节，代理；第六节，无效及撤销。

在坚持科学法理、尊重我国国情的基础上，按照市场经济体制原则、人民权利原则、意思自治原则，我们对我国民法总则中的法律行为一章，总体的观点是积极的继承、创新和发展。本建议稿建议我国的法律行为制度，应规定如下七节：第一节，一般规则；第二节，意思表示；第三节，人身关系的法律行为；第四节，财产权利设定、变更与废止行为的一般规

---

① 本建议稿"法律行为"部分所引用的关于德国民法的条文，不论是论述部分，还是立法例部分，均为本章作者孙宪忠自译。本章所引用的德国民法著述，均为本部分作者孙宪忠自译。

则；第五节，法律行为的成立、生效、无效及撤销；第六节，附条件与附期限；第七节，法律行为的解释。

第一节 一 般 规 则

第一条 （定义）

法律行为，即以民事权利义务关系发生、变更和废止为目的的意思表示为要素的人的行为。

第二条 （一般生效条件）

法律行为，具备下列条件时自成立时生效：

（一）行为人具备相应行为能力。

（二）意思表示真实。

（三）符合法律与公共秩序，不损害社会利益与他人利益。

（四）行为目的可能。

第三条 （无行为能力人的行为结果）

无行为能力人的意思表示无效。无行为能力人，由法定代理人代为意思表示，并承受意思表示的结果。

但是，无行为能力人所为的对自己纯粹获得利益的行为，自始有效。

第四条 （限制行为能力人所为的行为）

限制行为能力人所为的与自己的年龄、智力、精神健康状况不相应的法律行为，必须得到其法定代理人的追认。法定代理人不予追认的，无效。

限制行为能力人所为的对自己纯粹获得利益的行为，法律许可限制行为能力人从事的行为，自始有效。

限制行为能力人成为完全行为能力人后，以其自我追认替代法定代理人的追认。

第五条 （相对人的权利）

限制行为能力人所为法律行为的相对人，可以催告该限制行为能力人的代理人在一个月内追认。该限制行为能力人的法定代理人未做表示的，视为拒绝追认。

在前款规定的条件下，限制行为能力人所为法律行为的相对人，也可以在该行为被追认之前撤销该行为。撤销行为应当明确通知，并不得反悔。

第六条　（限制行为能力人法律行为的自始有效）

限制行为能力人以一般公认的方式使得相对人信任其已经具有完全行为能力，或者信任其已经获得法定代理人同意而为的法律行为，自始有效。

第七条　（违背禁止性规范的结果）

法律行为，违背法律的禁止性规范者无效。

法律行为，违背人民法院的判决、或者政府行政机关在其职权范围内作出的禁止性规定的，同样无效。（依据法律和行政法规作出的禁止性规定）

第八条　（违背公序良俗行为的后果）

法律行为，违背公共秩序或者善良风俗者无效。

第二节　意　思　表　示

第九条　（定义及基本原则）

民事主体以一定的方式将其目的在于发生一定民事法律关系变动并使得自己受到拘束的效果意思表达于外部的行为，为意思表示。

意思表示必须真实。

第十条　（真意保留—单方虚伪意思表示）

表意人内心有不发生某种效果的真意，但保留其真意而为的另一意思表示，为有效的意思表示。但相对人明知该意思表示不是真意的，该意思表示无效。

第十一条　（通谋—双方或者多方当事人的虚伪表示）

表意人与相对人通谋所为的虚假意思表示无效。但是该项无效不得对抗善意第三人。

第十二条　（隐藏的意思表示）

表意人予以隐藏的意思表示，以一般的意思表示的规范予以处理。

第十三条　（戏谑的意思表示）

表意人并无严肃的意思表示的意思，而且在意思表示时预期到该项表示不会被严肃采认的，该意思表示无效。

第十四条　（错误）

表意人在意思表示时对意思表示的内容有错误的表达，或者表意人如知道该意思表示的内容的意义便不会表示这种意思的，表意人可以撤销该意思表示。

对商事交易主体的误认，以及对上市交易客体的误认，如涉及表意人重大利益者，以前款规定处理。

表意人撤销其错误的意思表示的，就其过错承担责任。但法律另有规定的除外。

第十五条　（传达错误）

意思表示因传达人或者传达机关的原因发生错误的，以前条关于错误的规定处理。

第十六条　（撤销的除斥期间）

意思表示错误的撤销权，自意思表示后，经过一年而消灭。

第十七条　（诈欺与胁迫）

因被诈欺或者被胁迫而为的意思表示，表意人可以撤销。

因被诈欺和被胁迫的意思表示的撤销，不得对抗善意第三人。在不得对抗善意第三人时，表意人可以向相对人主张不当得利，或者向诈欺与胁迫者请求损害赔偿。

第十八条　（被诈欺及被胁迫意思表示撤销权的除斥期间）

被诈欺的意思表示的撤销权，自发现被诈欺之日起经过一年消灭。被胁迫的意思表示，自胁迫行为终止之日起经过一年消灭。上述期间，法律另有规定的除外。

第十九条　（意思表示的形式）

表意人为意思表示的，可以采取一切表意人认为适当的形式。但是法律另有规定的除外。

第二十条　（意思表示开始生效的一般原则）

意思表示，自相对人知悉或者应当知悉时起，对表意人具有拘束力。

第二十一条　（对话意思表示与非对话意思表示的生效）

以对话方式所为的意思表示，对话完成时对表意人生效。

非对话方式所为的意思表示，自相对人知悉或者应当知悉意思表示时对表意人生效。

第二十二条　（以新闻媒体或者其他公告的方式所为的意思表示）

以新闻媒体或者其他公告方式所为的意思表示，自媒体或者公告播放该意思表示时，对表意人发生拘束力。

第二十三条　（电子信息传递的意思表示）

以电子信息传递方式为意思表示的，表意人将意思表示发放至相对人指定的特定系统时，受意思表示的拘束。

第二十四条　（收到意思表示的确认回执）

表意人可以在意思表示的同时，向相对人表达要求相对人确认其收到该意思表示的回执，表意人得到该回执时，受其意思表示的拘束。

第二十五条　（默示）

以默示方式为意思表示的，必须符合交易习惯和法律的规定。

第二十六　（意思表示的撤回）

表意人可以撤回其意思表示。在意思表示撤回后，表意人不受其拘束。

意思表示的撤回必须向相对人做出，而且必须在其意思表示到达相对人之前或者同时向相对人表达该撤回的意思。

第二十七条 （意思表示失效的一般条件）

表意人向特定相对人为意思表示而被相对人拒绝的，表意人不再受该意思表示拘束。

表意人向不特定相对人为意思表示的，表意人可以在意思表示的目的实现后，以公告的方式宣告其意思表示失效。

第二十八条 （表意人自设的意思表示生效期间）

表意人可以在意思表示时，为该意思表示设定生效的期间。超过该期间的，表意人不受该意思表示的拘束。

第三节 人身关系的法律行为

第二十九条 （基本原则）

依法律行为建立、变更和废止人身关系，或者建立与人身有关的法律关系的，不得损害人格尊严和人的生命、健康等基本人权。

第三十条 （婚约）

依法律行为订立的未来缔结婚姻关系的约定，不得强制执行。婚约不能履行的，当事人任何一方不得主张人身关系的损害赔偿。

因婚约发生的财产赠与行为，当事人可以向对方主张返还。

第三十一条 （结婚与离婚）

婚姻关系的建立与废止，应遵从婚姻当事人的意愿。但是，依法律行为缔结婚姻或者终止婚姻关系的，应遵守特别法关于婚姻的规定。

第三十二条 （收养）

建立、变更或废止收养关系的法律行为，除收养人以及被收养人的法定监护人的意思成立之外，在可能的情况下，应当尊重被收养人的意愿。

第三十三条 （输血、人体器官移植与捐赠）

自然人输血、捐赠人体器官的单方行为，以及自然人之间关于人体器官移植的协议,虽然可以依据当事人的意思表示成立并生效,但是该法律行为不得强制执行,并不得以谋取商业利益为目的。

第三十四条　(精子、卵子的捐赠)

自然人之间可依法律行为订立捐赠精子、卵子的协议。该协议不可强制执行,而且只能在国家专门管理机关指定的机构里履行。

第三十五条　(运动员、艺员的转让)

运动员、艺员所属的俱乐部、公司等机构之间关于转让运动员、艺员的协议,不得损害运动员、艺员的人格以及他们的劳动权利。

第三十六条　(不可强制执行行为的责任)

在人身关系法律行为中,相对人、第三人因行为人的行为不可强制执行而受到损害的,可以要求行为人承担赔偿的责任。

第四节　财产权利设定、变更与废止行为的一般规则

第三十七条　(单方行为处分)

当事人以单方行为处分其财产权利的,处分行为自当事人意思表示完成后,或者自当事人指定的条件成就后生效。

第三十八条　(双方当事人之间的负担行为)

当事人双方设定、变更与废止请求权的法律行为,自双方当事人意思表示一致时生效。

第三十九条　(双方当事人之间的处分行为)

当事人双方设定、移转、变更与废止支配权的法律行为,自双方当事人就此支配权的变动达成意思表示一致、而且处分的标的物成就、处分人享有处分权利以及为此处分必要的公示条件完成时生效。

第四十条　(区分原则)

当事人之间为了达到支配权设定、移转、废止等目的而发生请求权的法律关系的,该项支配权的变动不能成就的事实,不影响请求权自身的法

律效力。

上述支配权的变动合法成就之后,而上述请求权建立的法律关系被认定无效或者被撤销的,相对人、第三人因支配权的变动而取得的权利不受妨害。但法律另有规定的除外。

在本条第二款第一句的情形,支配权的原权利人受损失的,可以向相对人主张不当得利。

第五节 法律行为的成立、生效、无效以及撤销

第四十一条 (法律行为的成立与生效)

法律行为具备形式要件的,可以合法成立;但是,法律行为只有具备生效的实质要件时才能生效。

因当事人的过错使得法律行为成立后不能生效的,当事人对相对人或者第三人合法期待的权利损失应该给予赔偿。(包括法律行为未被追认的情况)

第四十二条 (法律行为的一般效力)

法律行为生效的,对当事人有法律上的拘束力,当事人不得擅自撤销、变更和解除。

相对人因此行为产生的权利受法律保护。

第四十三条 (当事人约定形式要件)

当事人约定法律行为必须具备某种形式要件的,法律行为在该项形式要件成就时生效。

第四十四条 (法定形式要件)

法律要求法律行为必须符合某种形式要件的,法律行为在该项形式要件具备时生效。

第四十五条 (法律行为无效的定义)

法律行为无效,即不能发生当事人期待的结果。但是,当事人必须承担因该行为无效而产生的、由法律确定的责任。

当事人因法律行为无效应当承担的刑事责任、行政责任及其他责任,

不能替代其对相对人、第三人应当承担的民事责任。

第四十六条　（撤销导致无效）

法律行为经当事人撤销的，适用无效的法律后果。

第四十七条　（自始无效）

法律行为的无效，是自始无效。

当事人因此无效行为取得的财产权利及利益，应当向权利及利益受损害的相对人或者第三人返还。返还的原则是原物返还。

第四十八条　（返还的限制）

在前条规定的情况下，财产权利被第三人有效取得而返还不能、因法律的规定而返还不能、或者没有必要返还的，行为人应当返还不当得利。

第四十九条　（整体无效与部分有效）

法律行为的无效，是整体无效。但是，除去部分无效的行为而其余可以生效的部分，为有效行为。

第五十条　（确定无效与行为效力补正）

法律行为的无效，是确定无效。但是，当事人事后可以补正行为的瑕疵，使行为的缺陷得到合理弥补时，行为继续有效。

第五十一条　（第三人利益保护）

法律行为无效或者被撤销的，不妨害第三人正当的权利及利益取得。在此情形，当事人只能向相对人主张不当得利。

第五十二条　（无效法律行为的转换）

某种无效的法律行为具备其他法律行为的要件，并且依照法律的规定其他行为可以生效的，该法律行为可以产生其他法律行为的效力。

第六节　附条件与附期限

第五十三条　（条件的约定及其效果）

当事人对法律行为的效力可以约定附条件。附停止条件的法律行为，自条件成就时生效；附解除条件的法律行为，自条件成就时失效。

当事人还可以约定，条件成就的效果不于条件成就时发生。

第五十四条　（条件成就的妨害）

当事人为自己的利益不正当地阻止条件成就的，视为条件已成就；不正当地促成条件成就的，视为条件不成就。

第五十五条　（侵害附条件利益的赔偿责任）

附条件法律行为的当事人，在条件成否未定前侵害相对人因条件成就可获得的利益的，在条件成就时，应当承担损害赔偿责任。

第五十六条　（侵害附条件利益的处分行为无效）

附条件法律行为的当事人在条件成否未定前，所实施的侵害相对人因条件成就可获得利益的处分行为无效。

第五十七条　（期限的约定及效果）

当事人对法律行为的效力可以约定附期限。附生效期限的法律行为，自期限届至时生效；附终止期限的法律行为，自期限届满时失效。

附期限的法律行为，准用关于侵害附条件利益的赔偿责任和处分行为的规定。

第七节　法律行为的解释

第五十八条　（无相对人的法律行为的解释）

解释无相对人的法律行为，应探究表意人的真实意思，不能拘泥于表示行为。

第五十九条　（有相对人的法律行为的解释）

当事人对有相对人的法律行为存在争议时，应当根据表示行为的客观表现、当事人的目的、习惯以及诚实信用原则进行解释。

第六十条　（补充解释）

法律行为内容不完整不影响法律行为基本法律意义的，应当根据相关法律中的任意性规范进行补充；在无任意性规范可得适用时，根据诚实信用原则以及交易习惯来推断当事人的意思。

在进行前款补充解释时，应当尊重当事人的意思自由，不得侵害当事人的利益。

第十二届全国人大代表（代表证号0628）　孙宪忠

● 2015 年

[议案题目]
中国民法典中民法总则的编制体例的议案[①]

一、案由

中国共产党第十八届中央委员会第四次全体会议（以下简称十八届四中全会）决议提出"编纂民法典"的重大任务，我们一定要努力奋斗，完成这个任务。民法典在我国法律体系中的地位仅次于宪法，对市场经济体制的发展和人民群众权利保护的实践意义甚至超过宪法，所以也是关系到国计民生的根本大法。它的编制完成，是我国社会发展，文明发展达到世界先进水平的标志。但是，因为民法典应当包括的内容十分巨大，从体系上看，它的内容不仅覆盖现有的合同法、物权法、侵权责任法、婚姻法、继承法等民法固有法律，而且还要辐射到公司法、票据法等商事法律和知识产权法，以及现在被称为经济法的一些法律，涉外民事法律关系方面的法律等。中国民法典编纂的现有法律基础是：（1）我国民法立法应当具备的内容大体都已经制定了法律法规；（2）这些法律法规在改革开放的不同阶段制定，内容不符合当前形势要求者很多。基于这一现实，我国民法典的编纂，并不能走大规模地制定法律的道路，而应当以修订现有法律、整合现有法律资源、最后将这些法律编纂成为民法典，作为可以选择的道路。

我国民法典编纂的具体任务有三点：（1）修订《民法通则》为民法总

[①] 该议案被列为 2015 年度全国人民代表大会代表议案第 70 号。对于该项议案，全国人民代表大会法律委员会作出的决定是："孙宪忠等代表提出的第 70 号议案，提出民法总则基本的制度框架及立法指导思想。对于议案提出的建议，法律委员会、法制工作委员会将在民法典编纂工作中认真研究。制定民法总则已列入全国人民代表大会常务委员会 2016 年立法工作计划。"

则;(2)整合现行有效的民法、商法、知识产权法以及部分经济法规的立法群体,消除其内在的制度矛盾,弥补其制度缺陷;(3)将各种民事法律按照科学的体系化规则编纂为一个民法典。编纂民法典的步骤,也可以以此而展开划分为三步。近期,首先可以开展的工作,是修订《民法通则》为《民法总则》;中期到长期,是整合现有民商法、知识产权法的群体;最后,做法律的最终整理和编纂,完成民法典的大业。

根据这个设想,目前编纂民法典的主要任务,就是将《民法通则》修订为民法总则。关于民法总则的编制体系,现提出本议案。

二、案据

目前我国立法关于民法总则的规则,以及法学界对其提出的设想,存在比较明显的缺陷。其中最明显的缺陷,表现在法思想和法技术两个方面。在法思想方面,现有的《民法通则》和各个学者建议稿,都没有在法律行为理论等制度建设中充分承认和采纳民事主体的意思自治原则;在法技术方面则问题更多,比如在法人制度建设方面,没有考虑上市公司甚至跨国公司这样的公司法人制度建设问题,没有考虑包括政府在内的公共权力机构从事民事活动所需要的民事主体资格,也就是公法法人的制度建设问题;在权利客体方面,没有考虑防止公用物转化为私有物,尤其是转化为地方政府的私有物的法律制度建设问题;在权利制度方面,没有建立关于民事权利的取得与消灭、享有与行使、保护与限制的重要规则。这些制度缺失,是很不应该的。为完成民法总则的编制任务,在此提出比较系统的制度设计方案。

三、方案

本方案的确定,以十八届三中全会、四中全会提出的依法治国以及国家治理现代化、科学化要求,科学立法的要求等作为基本的指导思想。因为时间急促,我们先提出中国民法总则基本的制度框架,细节的制度将在以后补充。

1. 将我国现有的《民法通则》修改为民法总则

首先应当做的事情是从体系化的角度，将已经制定为法律的《合同法》《物权法》《侵权责任法》《涉外民事关系法律适用法》以及知识产权法群体从通则之中摘除，但是必须在未来的民法总则体系中建立民事权利的一般规则，以体现民法总则确定的民事权利的一般规则对于具体权利的指导关系，保障民法体系内部的和谐统一。

2. 民法总则部分应该保留的第一部分是关于民法基本原则和总则一般规则的规定

现有《民法通则》第一章的条文基本上都可以得到保留，但是也有做出重大修正的必要。比如，将"公民"改为"自然人"，以适应规范中国领土内大量外国居民的民事行为的需要。

在这一部分体系中，应当创制一些制度。最明显的需要，是创制关于民法适用的一般规则。其内容类似于瑞士民法第一条的规定。在这一条文中，应当解决除一般法律适用之外的特别法律适用的问题，比如宪法、行政部门规章、最高人民法院和最高人民检察院的司法解释、法律习惯和法学原理的适用问题等规则，满足实践的需要。

3. 民法总则的主体制度必须进行重大改造

（1）在自然人的法律制度部分，目前《民法通则》的制度大体可以得到保留。但是婚姻家庭关系的一般规则、监护制度方面应该补充建立老年人、特殊群体保护的特别规则。另外，应该扩展民法上的亲属范围，将目前的法律确定的旁系血亲二等亲的范围限制完全取消，解决我国社会独生子女制度带来的亲属问题。

（2）"个体工商户、农村承包经营户"部分的规则，应当进行较大的改造。首先，这一部分立法的条目应该改变，以体现民营经济的巨大发展。因此立法者应该进行实际的调研，清晰地掌握我国民营经济的整体结构。其次，对城镇个体工商户这种家庭或者家族式的经营，应该引导他们走上现代股权—所有权的法权结构。再次，对于农村承包制度，也应该进行实际调研，反映农村十八届三中全会以来因为"长期不变"政策带来的变化，反映农村的行业合作社的发展，反映农民权利股权化的变化。

（3）将《民法通则》规定合伙制度从个人的规则中摘除出来，另外建立合伙的制度。因为合伙并不仅仅只发生在个人之间。

（4）在法人制度部分要有重大改造。① 在法人制度的整体结构方面，必须体现私法法人或者民法法人和公法法人的区分，体现公益法人和营利法人的区分，体现社团法人和财团法人的区分。② 在私法法人的制度建设上必须体现现代公司治理结构的要求，反映我国公有制企业要求的同时，反映上市公司甚至跨国公司的要求和混合所有制企业的要求。③ 必须承认公法法人制度建设的科学性和可行性，建立公共权力机构、公立事业单位、公立社会团体法人参与民事活动的基本主体资格和责任主体方面的制度建设问题。④ 删除"联营制度"。

4. 重建"权利客体"即"物"的法律制度

权利客体的制度是《民法通则》所缺乏的。权利客体虽然是标的物，但是它们的现实状态反过来对于民事权利发挥着强大的反作用。比如，不动产的所有权和动产的所有权政治意义、经济意义都有很大的差别，甚至在权利制度本身都有很大差别。因此这一部分制度是不可或缺的。

在权利客体制度建设上，必须认识到人的行为不是客体，因为任何人的行为都只能因为他自己的意思而发生法律效果，而不能因为他人、即使是法律关系上的相对人的意思而发生法律效果。这个哲学问题，在近现代以来早就解决了。因此应该认识到债务人的行为不是债权人的客体，而是他自己意思自治的结果。

在物的制度建设方面，应当采纳民法传统中关于公有物和私有物相区分的原理。公有物，比如大气、阳光、水流、海洋等，应当依法保持其为公共利益、必须开放性地供大众使用的特点，必须在法律上禁止任何人包括政府将其当做私物。建立这样的制度，以保障人民群众对于公有物的基本权利。

建立无形财产必须特定化的规则，以满足知识产权保护的要求。

关于物的基本分类，应当采纳传统民法不动产和动产相互区分的原理，在此基础上，将对于民事权利发挥决定性作用的物的类型划分的制度都建立起来。

5. 按照意思自治原则的要求对"法律行为"制度进行重大改造

在承认《民法通则》关于行为人、意思表示真实原则的基础上，对该法"法律行为"部分的修改原则是补强而不是重建。在法律行为这个核心制度建设方面，我们应当首先放弃"民事法律行为"这个似是而非的提法，采纳"法律行为"概念，并按照意思自治原则，对这个制度进行彻底地补强。

首先，应当承认人身行为和财产行为的区分，承认负担行为和处分行为的区分，承认单方行为和双方行为、团体行为的区分。

其次，在当事人意思表示及其法律效果方面，尽量细化规则，承认一般法律行为和特殊法律行为的区分。在此，建立法律行为完全无效和部分无效相区分的规则，建立瑕疵补正、转换的规则。

再次，对于行政管理和当事人意思自治原则之间的关系，建立更为符合市场经济和人民权利要求的裁判规则。在这一方面，可以采纳人民法院关于将当事人违背行政规则的行为区分为管理性和效力性两种不同结果的做法。

最后，建立开放性的兜底条款，尽量扩张民众意思自治的空间，保护民众创造性行为。

6. 建立权利、义务、责任的一般规则的制度

这一部分制度是我们现行立法和各个学者方案都忽略了的重要制度，我国民法总则应当建立这一方面的制度，因为这些制度，不仅仅将建立起各种权利，包括民法基本权利和商事权利、知识产权等民事权利大体系之间最基本的内在逻辑联系，而且因此而确立民法总则和民法其他部分之间相互联系的基本逻辑、为民法典的编纂建立逻辑基础，并且还要对民事主体行使权利、履行义务、承担责任等建立积极的引导。这一部分的内容非常重要，大体包括如下方面：

（1）各种民事权利之间的逻辑体系。这一体系通过民事权利的基本分类来建立。通过这一规则，使民法典中规定的民事权利和商事法律、知识产权法律、一些经济法律规定的民事权利之间形成内在和谐的整体，以比实现民法和商法、知识产权法、一般经济法律之间的法律效力连接和制度的和谐统一。

（2）民事权利取得、变更以及消灭的一般规则。

（3）民事权利行使的一般规则。比如不得滥用权利、行使权利必须尊重公序良俗原则等。

（4）权利保护的基本制度。比如自助、行使诉权的基本规则等。

（5）权利限制的基本规则。比如依据公共利益需要限制甚至剥夺民事权利的规则等。

7. 代理制度

基本的出发点是把商事代理和民事代理统一起来规定。

8. 时效制度

取得时效和消灭时效都要确立。虽然说在现代法律实践中取得时效的应用价值不大，但不能完全废止。

四、立法的指导思想

第一，这一次民法总则的制定，必须反映改革开放和市场经济、人民权利的基本精神。民法总则必须要坚持社会主义基本原则。

第二，强调立法的科学性、体系性。民法的科学性，表现为它的条文必须具有行为规范或者裁判规范这一特点之上。立法应尽量避免政治口号，必须坚持科学立法原则。民法上的基本科学性规则就是其规范性，即法律条文必须符合行为规范或者裁判规范的要求。如果不能编制成为行为规范和裁判规范，就不要采用。

第三，民法总则的内容虽然有一些抽象规则，但是必须联系实际。立法的规则必须来源于现实，反映现实生活。一些不符合我国现实的制度应该及时放弃。

第四，一方面强调语言的平直，另一方面强调概念的清晰明确、规范的合理、制度的完整和立法逻辑的清晰。

第五，坚持制度创新和理论创新。

第十二届全国人大代表（代表证号 0628）　　孙宪忠

[报告题目]
中国民法典编纂中的几个问题

中国共产党第十八届中央委员会第四次全体会议作出的关于编纂民法典的决定,是完善我国市场经济与人民基本权利保障的法律体系的重大举措。

民法典的编纂,指的是将基本的民法规范按照立法的逻辑编制在一起、使其成为一个和谐统一的法律整体的立法工作。编纂法律一般情况下都不是从无到有地创制新法,而是侧重于对于现行法律的体系整合,借以消除其内在的矛盾并弥补制度缺陷。但是,民法典的编纂历来是世界各国立法活动中的重大事件,因为民法反映以及规范社会生活的深度和广度为诸法之最,所以民法典的编纂属于国家法治建设的基本工程,它在贯彻依法治国的宪法原则中发挥着核心的作用。从世界上很多国家和地区的经验看,民法典编纂贯彻了立法者推进社会进步的法思想,完成了一国之内民事活动基本规范的统一和司法裁判规范的统一,这实际上是国家基础性法制的统一。这种体系化的效应为社会的经济与社会发展创造了优越的条件,很多国家和地区都是在民法典编纂之后走上了繁荣富强的道路。因此,民法典编纂在大陆法系国家都是作为一项重大的国家治理工程来进行的。当然,民法典的编纂还有着比较强的法律科学的因素,不论是法律概念、法律规范还是法律制度的产生和编成,都要遵守法律科学的基本逻辑。目前我国民法典编纂工作正在顺利推进,全国人民代表大会作出的关于编纂民法典分为两步走的工作方案,切合我国目前民法体系法律制度建设的实际状况,而且也符合民法典编纂的基本规律。《中华人民共和国民法总则(草案)》(以下简称《民法总则草案》)已经于2016年6月27日提交全国人民代表大会常务委员会审议，而且也已经在 7 月 5 日向社会公布征求各界的意见。我国社会对于民法总则草案的评价是十分正面的，我们完全有理由相信本次民法典的编纂工作定会圆满成功。

民法典的编纂是一项宏大的法制工程，既涉及很多法学思想理论问题，也涉及很多法制实践问题，还涉及法典编纂特有的技术规则问题。考虑到这些工作的复杂性和艰巨性，我们还要为它做出更多的理论准备工作。我自己虽然能力有限，但是非常高兴能把自己学习和研究民法典编纂问题的几点体会给领导和同志们做一个汇报，请大家指正。

一、民法的基本内容及其在我国法律体系中的地位

（一）民法的基本内容

我国《民法通则》第 2 条规定，民法调整平等主体之间的财产关系和人身关系。平等主体，主要是指我国民法上的自然人和法人。主体的平等是民法最基本的特征。平等的含义是主体之间谁也不享有支配对方的地位。与此相对应的，是行政法等公法所调整的社会管理关系，在社会管理关系中，管理者和被管理者之间的地位是不平等的。民法所调整的平等主体之间的社会空间，法学上称之为民法社会，传统民法称之为民间社会或私权社会。民法社会的基本特点就是主体一律平等，谁也不能凌驾于他人之上。基于地位平等的要求，民事主体应该按照自愿协商的原则设定他们之间的权利和义务。民法上的主体享有权利和承担义务，多是因为他们自己的行为，比如当事人订立合同、处分财产、成立婚姻、订立遗嘱等；只有在这些行为符合其内心的真实意愿时，依据这些行为发生的权利和义务在法律上才是正当的，才能够得到法律的承认和保护。当然，民法上还有一部分权利和义务的发生可能是因为国家的强制，这种强制可能是因为公共利益的需要，也可能是因为主体损害了他人权利而应该承担的赔偿义务。2016 年 6 月 27 日，第十二届全国人民代表大会委员长会议提交常委会第二十一次会议审议的《民法总则草案》之中，明确提出了平等原则、自愿原则、诚实信用原则、遵守公序良俗原则等更为细致的原则，这些原

则都是民法以及民法社会的基本特征的反映，它们是对民事主体进行民事活动予以引导的最基本的民法规范。

民事主体的主要类型是自然人和法人。自然人就是每一个社会的人，他们生于自然灭于自然。民法也就是根据这种生于自然灭于自然的事实，确定自然人权利义务的取得和消灭，而且也是以此来确定自然人承担的法律责任。法人指的是依据法律成立的组织体，其中多数的法人是由成员发起成立的，也有一部分是在专项资金的基础上成立的。前者比如公司、协会、学会、俱乐部等，后者最常见的是基金会、宗教场所等。当代社会，法人不仅仅只是民法上的主体，而且也承担了组织社会经济建设、科学研究、教育以及文化传承等众多的公共事项的发展和维护的职能。在法学上很早就出现了所谓法人治国的观点，指国家发展的各项事务都必须通过法人来完成，法人制度成为民法当然的立法重点。民法规定法人的法人制度，重点在于确定法人如何得以组织和成立、法人如何形成自己的意思、法人如何承担自己的责任这些基本的制度。法人是独立的民事主体，他按照自己的组织形式形成自己的独立意思表示；在法人内部建立法人的治理结构，其中有基本的权力大会，行使基本事务的共同决定权、有日常决策与执行机构、有监督机构等；法人以其独立的财产承担法律责任。在法人由成员组织建立时，法人的法律责任和成员的法律责任相互区分开，成员并不对法人的行为承担责任，这就是法人的有限责任原则。但是，法人如果事务结束而进行清算时，其剩余财产一般情况下还是要分配给法人成员。传统民法一般首先是根据法人设立的法律根据，将法人区分为公法法人和私法法人，这一区分的主要原因是公法法人指的是依据宪法或者行政法设立的国家机关、公有事业单位、公共事业团体等，它们的财产一般来源于财政拨款，因此其法律责任尤其是破产时的责任清偿还必须遵守公法上的规定。公法法人只有在参加民事活动时才被称为法人，而在承担国家事务时并不展现作为法人的特点。法人的常见类型是传统民法中的私法法人，现在一般称之为民法法人或者民商法法人，他们是民事活动的主要参加者。民法法人有一些是根据民法成立的，也有很多是根据民法的特别法成立的，比如公司就是根据公司法成立的。民法法人以其组织规则，被区分为社团法人即由成员组建的法人，和由捐赠财产设立的财团法人；社团法人又被区分为为谋取自身利益的自益法人和从事社会公益的公益法人。我国《民法通则》确立的法人种类有国家机关法人、事业单位法人、社会团体法人、企业法人这几种。2016年6月27日的《民法总则草案》，将我国的法人制度区分为经营性法人和非经营性法人两大类。

现代民法的制度编成，也就是民法各项具体制度的先后连接，都是按照民事法律关系的理论展开的。民事法律关系理论，就是把民法涉及范围内的全部问题，归纳为主体、客体、权利和义务、法律责任这几个方面，并以此为逻辑建立民法制度群体的理论。民事法律关系强调，民法制度的科学性基础在于民事主体、权利客体、权利和义务的内容都必须明确肯定的原则，这就是法律关系的具体性原则。民法上的主体、客体、权利义务都不能是抽象的，因为国家的治理者也就是立法者就是通过"具体人—具体行为—具体权利义务—具体责任"的逻辑，将改造和推进社会进步的法思想或者将建设社会的目标贯彻落实在社会的每一个人、每一个行为之中，从而使得立法者的目标能够具体地扎扎实实地得以实现。正如新中国成立之后通过制定《婚姻法》从而废除了中国几千年男尊女卑的传统，彻底实现了这一领域的社会进步那样，婚姻制度把男女平等的思想落实在每一对夫妻和每一个家庭之内，利用民事法律关系的具体性或者特定性的科学原理推动了社会进步。此外，具体性原则在司法裁判方面发挥决定性作用。只有在主体、客体和权利义务都明确肯定的情况下，法院及其他裁判机构才能够明确肯定地作出裁判。所以这个原则对于法院的是非裁判是必不可少的。

民事法律关系的核心内容是民事权利。传统民法把民事权利划分为很多类型，我国《民法通则》将其区分为人身权和财产权两大类型。民法上的财产权，包括物权、知识产权、债权、投资权这些民法已经正面规定的权利类型，还包括一些在法律上没有正面规定但是从侵权法的角度可以反映出来的民事权益，比如商业信誉、商业联系、商业资格和能力等无形财产，这些权益可以通过不正当竞争法等法律得以保护。民法调整财产权利的法律规范，不仅仅规范民事主体在不涉及他人的情况下享有和行使这些权利的具体行为，而且也规范民事主体将这些权利转让给他人、或者以自己的利益建立担保的各种具体行为，而且也还要规范民事主体在财产权利受到损害时行使保护性具体行为。

民法上的人身权，又包括人格权和身份权两类。所谓人格权，指的是自然人依据其自然人格并维护这一人格所享有的权利。人格权的基础是自然人享有平等的人格尊严，这一原则其实是由宪法来加以规定的，而且在立法和法律实践上也应该主要是从宪法的角度来做出尊重人格尊严的宣告，而且一般也是从宪法的角度来做出解释。①但是在单一的自然人的人格受到侵害时，民法也从侵权责任法的角度，来保护自然人的人格权，并对自然人失去的利益予以补偿。身份关系，主要是指自然人在婚姻家庭之中发生的法律关系，比如夫妻相互之间的身份关系、父母子女之间的身份关系等，自然人因为身份关系享有法定的权利，承担法定的义务。

民法对社会现实生活发生作用的着力点，是它的法律规范，也就是包括具体的权利义务的规则。不论是一般的民事主体，还是执法机关、司法机关，一旦适用了这些规范，就会产生明确的权利和义务，甚至直接产生法律责任。这是法律规范和道德说教或者政治宣传的最大区别。民法对社会发挥调整作用的具体方式是它的行为规范和裁判规范两大类。②所谓行为规范，指的是以其立法目的，用来引导民事主体如何设定其权利义务关系的法律规范。比如合同法中规定的订立合同的方式、合同的一般类型以及这些合同的一般条款等等，都是为了引导民事主体来更好地订立合同的规范。这种规范的特点是民事主体在适用时可以自己有所选择，不必一一照搬。所以行为规范对民事主体没有强制性，但是如果遵守了这些规范，他们的权利就很容易得到法律的承认和保护。民事主体所谓裁判规范，指的是立法目的是为了给法官或者其他裁决机构判断是非责任的规范。比如我国《物权法》第15条规定的，就是确定交易中债权发生的条件必须和物

---

① 参见〔日〕星野英一：《民法劝学》，张立艳译，于敏校，北京大学出版社2006年版，第17页。
② 参见郑玉波：《民法总则》（修订11版），黄宗乐修订，台北三民书局2008年版，第11页。

权变动的条件相互区分的规则，这一类规则并不是为了引导交易当事人，而是为了让法官或者其他裁判者能够清晰地区分开债权变动和物权变动的时间界限。裁判规范对于民事主体而言，是具有强制性的。从民事权利的角度看，因为财产权利事关交易，所以涉及财产权利的法律规范兼备行为规范和裁判规范的内容；而人身权因为其专有的特点，基本不涉及交易，所以基本上仅仅只有裁判规范的内容。大体而言，《合同法》中的规范以行为规范为主，《物权法》《侵权责任法》中的规范以裁判规范为主，《婚姻法》和《继承法》之中兼有行为规范和裁判规范。

民法为保护每一个民事主体的民事权利，以立法赋予其请求权，作为民事主体行使权利、并维护自己权利的制度基础。民事主体享有的请求权，既可以向那些依法或者依据约定承担义务的民事主体提出，也可以向行政机构提出，也可以向专门裁决是非的法院、仲裁机构等提出。民事主体依法行使主张自己权利或者维护自己权利的请求权，是法治社会的固有权利，是以宪法为代表的公共权力体系对民事权利的保障。基于权利的本质，宪法机构对民事主体的请求权提供充分的保障，但是，对其是否行使其请求权以及如何行使这种权利，法律尽量听凭个人的主动精神。现代社会民事权利的内容丰富而且庞大，民事主体行使请求权虽然主要依据其自己的意愿，但是有些涉及群体利益的请求权的主张，也会得到公益机构的协助。

（二）民法是建设性社会的基本法

民法调整的财产关系和人身关系，涉及社会上每一个自然人、每一个法人；而且这些财产关系和人身关系，涉及每一个自然人从生到死、每一个法人从产生到终止的基本生活。民法作为制定法，它不是习惯的归纳，它并不仅仅只是全面的照相式反映社会的百科全书，因为法律制定过程中立法者的积极选择，能够发挥引导社会、主动干预社会作用的原因，它也因此成为一国法律体系之中引导和规范社会行为幅度最宽、肌理最深的法律。我国宪法规定我国实行市场经济体制，而市场经济的基本法律是民法或者说是以民法为核心的民商法，因此，民法在我国具有仅次于宪法的基本法的地位。当然我们应该看到，是否实行市场经济体制，民法的基本原则和制度内容有很大的差别。如果不建立市场经济体制，那么民法基本内容会极度萎缩，大体上只是与个人或者婚姻家庭的事务相关，社会大量的经济活动不会纳入民法调整的范围。但是，在市场经济体制下，社会资源必须按照市场规则流通，因此社会主要的经济活动都要纳入到民法的调整范围。除传统民法的基本内容之外，反映市场规则的内容在民法体系内会不断发展，以满足新时代条件下市场体制方方面面的需要。

长期以来我国社会流行的观点认为，依法治国原则的贯彻基本上与民法无关，它只是个宪法问题、行政法问题。这个看法并不准确。因为依法治国的核心，也应该包括依据完善的法律制度促进和保障社会经济建设、促进和保障人民的物质利益和精神利益全面发展这些内容，这是建设性国家基本使命。在这些方面，民法法规的作用是其他任何法律都无法替代的。比如我国《物权法》确立的充分承认和保护民众所有权的制度，就在调动和保障人民创造财富的积极性方面发挥了关键的作用。而人民创造财富的进取心，就是我国发展的基本动力。古人就有"有恒产者有恒心"的古训[1]，世界著名法史学家布莱克斯通在总结历史上的经济繁荣发展时说道："从来没有一种法律制度像所有权这样能够焕发起人们创造的激情！"[2]我国国力以及民众财富极大发展的事实，证明了我国依据民法建立的承认和保障民众所有权制度的正当性和有效性。此外，民法建立的知识产权制度在充分承认和保护科技创新方面发挥的作用、《合同法》在确保市场流通方面发挥的作用、《侵权责任法》在保护人格权、财产权以及相关利益方面发挥的核心作用、《婚姻法》在促进和保障家庭和睦方面发挥的作用等方面，都是其他任何法律都无法替代的。这些作用其实都在贯彻依法治国原则。而且民法上的法律制度在落实依法治国原则方面的作用更加扎实具体，也更加长远。

（三）改革开放促进了我国民法的极大发展

改革开放以来，尤其是1992年宪法确定我国建立市场经济体制之后，

---

[1] 参见《孟子·梁惠王》《孟子·滕文公》。
[2] 转引自〔德〕罗伯特·霍恩、海因·克茨、汉斯·G.莱塞：《德国民商法导论》，楚建译，中国大百科全书出版社1996年版，第189页。

为满足经济发展和人民权利保护的需要，我国立法机关制定了大量的民事法律法规。其中处于核心地位的是《民法通则》(1986年4月12日制定、1987年1月1日施行)、《合同法》(1999年3月15日制定，1999年10月1日实施)、《物权法》(2007年3月16日制定，2007年10月1日实施)、《侵权责任法》(2009年12月26日制定，2010年7月1日实施)、《婚姻法》(1980年制定，1981年1月1日实施，2001年4月28日修订)、《继承法》(1985年4月10日制定，1985年10月1日实施)。除以上这些法律之外，属于广义民法的，还有知识产权系列立法，包括关于《专利法》《商标法》《著作权法》等立法；以及商事法，包括《公司法》《票据法》《保险法》《证券法》等。除了这些涉及范围比较广的一般法之外，我国立法机关还制定了一些调整范围比较窄的特别法，比如《担保法》《招标投标法》《拍卖法》《消费者权益保护法》《信托法》《收养法》等。可是说改革开放三十多年以来，我国的民商法体系从一片空白发展到齐全的门类，从零散的个体发展为内在联系的整体，从粗放的规则发展到立法质量越来越高的规范群体，我国立法机关为了满足市场经济体制的发展和人民群众权利保护的需要，在制定和完善民法体系方面付出了极大努力，做出了重大贡献，对此我们应该给予充分肯定。

二、民法典编纂是民法体系化科学化的智慧结晶

(一) 民法规范内在逻辑的发现

民法调整的范围广大，内容非常丰富，相应的法律规范数量自古以来就十分庞大。当今世界几个著名的民法典都有两千多个条文，这些条文如何编纂成为和谐统一的整体，而不是"一麻袋土豆"那样散乱无章地堆放在一起，这就需要解决民法规范的体系化科学化问题。事实上法学家们自古以来一直在探索着民法规范之间既相互区分又互相联系的逻辑，并试图将其建成一个体系。在罗马法时代，法学家们从习惯法中将基本问题归纳

为人、物、权利这三个最基本的因素。①依据这三个基本因素的逻辑,公元2世纪罗马法学家盖尤斯等人,把数量巨大的民法规则整理为一体,编制成4卷98篇(章)的《法学阶梯》。公元6世纪罗马皇帝查士丁尼颁布诏书认可《法学阶梯》为有效法律。②《法学阶梯》各卷的内容依据"人、物、权利的取得方法、侵权"的逻辑顺序展开,成为当时学习法律和适用法律非常方便的依据。

在民法规范体系整理和逻辑探索方面,相对于《法学阶梯》而后来居上的学术成果是"学说汇纂"或者"学说大全"体系,因为该名词的拉丁语为"pandectae"(来源于希腊语 digest,意为"提要"),所以这一学术体系也称为"潘德克顿体系"。学说汇纂最初只是五个法学家的学术观点摘要,也曾经得到罗马皇帝查士丁尼立法诏书的认可,作为罗马法的渊源之一。在14世纪后,崇尚学问的德国法学界继受这种比较重视学理的民法知识体系,17世纪时,德国法学家编制的《当代学说汇编》(usus modernues pandectarum,或称"实用学说汇纂")之中,现代民法的概念体系已经基本归纳完成。19世纪以民法典编纂作为研究对象而形成的法学(Pandetistik)学派,以萨维尼为代表,称"法典编纂学派",形成了专门研究民法典编制科学的法学,这就是后世所说的"潘德克顿法学"。潘德克顿法学的主要贡献,在于确立了以支配权和请求权、物权和债权的法律性质相互区分民法概念体系,而且建立法律关系学说作为基本线索的民法编制逻辑。③法律关系理论给我们提供了一种最为简便易懂的民法分析和裁判方法,它不但是当代世界民法立法普遍采纳的逻辑,而且也是学习法律、法院司法裁判的逻辑。

(二)民法法典化运动

民法规范的体系化科学化的集大成者,是欧洲17世纪开始的"民法

---

① Hans Hattenhauer, Grundbegriffe des Buergerliches Rechts, Verlag C. H. Beck, 1984. Seite 1.

② 请参阅〔罗马〕查士丁尼:《法学总论——法学阶梯》,张企泰译,商务印书馆1989年版的"出版说明"等。

③ 对此可以参阅的文献有:Wieacker, Privatrechtsgeschichte der Neuzeit, 2. Auf. 1967, S 430 ff。Konrad Zweigert/ Hein Koetz, Allegemeines des Rechtsvergleiches。

法典化运动"①。17世纪之前世界上并无国家编纂的民法典,但是从17世纪开始,欧洲大陆国家都开始编纂民法典,其中做得比较早的有普鲁士、巴伐利亚、奥地利、荷兰、意大利等国,但是最著名的民法典是《法国民法典》《德国民法典》《瑞士民法典》,它们被称为"世界三大民法典"。此后民法法典化运动开始向世界扩展,日本明治维新后编纂了《日本民法典》②,我国也在清末编制完成了《民律草案》③,又在30年代编纂完成了《民法典》。二次世界大战之后,很多国家获得独立,也都在这一段时间里完成了自己的民法典编纂。美国和加拿大虽然不属于大陆法系,但是他们也有一些属于大陆法系的州、省也编制了民法典。

民法法典化运动的浪潮之所以能够席卷世界,虽然各国具体的原因不一致,但是大体上有些原因是共同的。大体总结一下,民法法典化体现了如下法权思想:

第一,集中立法充分承认和保障民事权利,实现民事主体平等、意思自治、自己责任等原则,方便民事主体行使权利和主张权利。在民法法典化运动之前,民法的世界是比较黑暗的。在神权至上、君权神授的法权思想统治下,封建统治者依靠神权,享有对于民事权利的绝对支配权,立法的神秘化,司法的任意,使得人民的权利被压抑到极致。这一段历史时期被称为黑暗时期(Dark Time)。这种情况在人文主义革命和启蒙思想运动作用下才有了本质的改变。这一时期处于上升时期的资产阶级革命家,提出了按照理性法学的思想、消除神权至上和君权绝对的法权观念、废除封建的等级身份制、依靠系统的立法来贯彻自由、平等和意思自治原则的系统理论。④在这些理论的主导下,在接受罗马法成文法技术的基础上,民法法典化运动应运而生。从制定早一点的《法国民法典》中,我们发现大量

---

① 孙宪忠主编:《民法总论》(第二版),社会科学文献出版社2010年版,第36—40页。
② 参见〔日〕北川善太郎:《日本民法体系》,李毅多、仇京春译,科学出版社1995年版,第101页以下。
③ 参见杨鸿烈:《中国法律发达史》(下卷),商务印书馆1930年版,第898页。
④ Hans Hattenhauer, Grundbegriffe des Buergerliches Rechts, Verlag C. H. Beck, 1984. Seite 58–59.

目的在于限制公共权利、保障民事权利的条文，比如该法第4条规定的"法官不得拒绝审判原则"、第1134条规定的"当事人缔约相当于立法原则"等。这些条文对于后来的民法典发展起到了极大的鼓舞作用。在民法法典化运动中，各国立法者还有意识地要把各种民事权利都规定在一个法典之中，通过这种方法，方便民众携带法典并运用法典。

第二，通过民法典编纂，展现民族国家从宗教神权手中获得系统的社会治理主权，并实现立法者依据基础法制更新来推动社会进步的雄心壮志。民法法典化，出现在欧洲国家各个民族国家从罗马教皇手中获得世俗国家主权时期，这两件事情存在着内在的联系。大家都知道拿破仑在成为法兰西皇帝的加冕典礼上从教皇手中夺过皇冠、自己给自己加冕的情节。与此相关的，众多书籍都记载了拿破仑《法国民法典》制定过程中的积极作为，在法国参议院审议《法国民法典》的102次会议中，他亲自在至少57次会议上作为主席，力推该法的制定。① 通过民法典编纂展现立法者对于本国的主权，这一点也成为后来殖民地国家独立之后普遍的做法。另外，民法典的编纂，其实并不是对社会生活规则的简单归纳，实际上也是立法者贯彻改造社会系统思想的具体行动。不论是法国、德国，民法典编纂时都遇到了保守力量的阻挠。其中，《日本民法典》制定时期出现了"民法出、忠孝亡"这句名言②，比较典型地展现了新旧思想的斗争。

第三，统一民事法律资源。民法法典化运动之前，欧洲社会的法律渊源严重不统一。著名学者梅汝璈先生指出，自罗马帝国瓦解和罗马法失效之后，日耳曼各民族各部落均挟其地方的习惯法以为治，而全欧法律种类之多，以千百计。那时只法国一国的民法便有数百种之多。伏尔泰（Voltaire）曾讥笑说：旅行法国者改换法律次数之多，犹如其换马匹一样。③这

---

① 参见〔德〕茨威格特、克茨：《比较法总论》，潘汉典等译，贵州人民出版社1992年版，第157页；梅汝璈：《拿破仑法典及其影响》，载《清华法学》2004年第5期。因为拿破仑对于该法典贡献巨大，因此《法国民法典》曾经两度被法国议会命名为《拿破仑民法典》。

② 参见〔日〕北川善太郎：《日本民法体系》，李毅多、仇京春译，科学出版社1995年版，第102页。

③ 参见梅汝璈：《拿破仑法典及其影响》，载《清华法学》2004年第5期。

种情形在德国也是一样,因为现在的德国境内当时有 360 个享有主权的邦国,他们施行完全不同的民法规则和体系。①法律上的支离破碎,不但与统一的国家意识形成矛盾,而更为糟糕的是它妨害着工业、商业和交通的发展。也就是因为这样,不论是法国还是德国,一旦有了强有力的国家领袖,就开始编纂民法典统一民法,理顺经济发展的法律秩序,为工商业的发展铺平道路。果然,在这些国家制定统一民法之后,这些国家的工商业都得到了巨大的发展。

第四,依据成文法,限制立法者任意立法,限制法官任意司法。在民法法典化之前,人们普遍适用的法律是习惯法。习惯法虽然具有民众容易理解的优点,但是却存在着因时而异、因地而异、无法得出统一裁判结果的弊端,这也就是我们所说的同案不同判的缺陷。而且因为法律的解释权在立法者和法官手中,采用习惯法容易造成立法者的任意和裁判者的任意。受罗马法中成文法规则的启发,理性法学家们提出的"法律必须是写下来的理性"这一句名言②,指出了必须把法律用成文法的方式写下来,也就是要把立法者、司法者对于法律的认识固定在书面形式里,以限制他们任意操作。③这其实就是民法法典化的主张。人们把这一点称为民法典的"形式理性"思想。④形式理性思想强调法律尤其是涉及民事权利的立法必须具备完善的形式,要尽可能地从立法上实现立法者对于公平正义的追求。这一思想虽然改造了法律的形式,但是也改造了法权的本质。这种形式理性在立法上的积极效应,就是既防止了立法的重复,也防止了立法的碎片化,使得后来的越来越大的民法立法都能够和谐地保持体系内部的和谐统一,没有出现枝节化碎片化的问题。这一优势是没有实现法典化的国家都不具备的。形式理性原则对于法官的限制作用更加强烈,它不但保障

---

① 参见〔德〕海尔穆特·库勒尔:《〈德国民法典〉的过去与现在》,孙宪忠译,载《民商法论丛》第 2 卷,法律出版社 1995 年版。

② Wieacker, Privatrechtsgeschichte der Neuzeit, 2 Auflage, 1967, §§15 ff.

③ 参见〔德〕海因茨·休布纳:《德国民法中编纂法典的基本问题和当前的趋势》,谢怀栻译,载于高等学校教学参考书《外国民法资料选编》,法律出版社 1983 年版,第 72 页。

④ 参见〔美〕艾伦·沃森:《民法法系的演变及形成》,李静冰、姚新华译,中国法制出版社 2005 年版。

了一国之内法制效果的统一，而且也保障了裁判效果的稳定性，对国家整体的秩序稳定发挥了巨大作用。

通过民法典编纂的历史分析我们可以看到，在法典编纂之前，不论是法国、德国还是我们紧邻的日本，他们都是政治上的封建体制国家，经济上的落后国家。但是在民法典编纂之后，这些国家都实现了对于封建体制的改造，走上了富国强兵的道路。虽然这些国家富国强兵之后的做法有很多是错误的，但是民法典编纂对国家整体建设事业的积极作用还是应该得到充分肯定的。

（三）民法法典化的一般规则

世界上的民法法典，除斯堪的纳维亚国家有其特点之外，其他的要么采取了《法国民法典》的立法模式，要么采取了《德国民法典》的立法模式。对我国民法的发展影响比较大的也是这两个法典。从这两个典型民法典我们可以看到民法法典化的一般规则。

《法国民法典》在编纂时有意识地采纳了《法学阶梯》的立法模式，它的主文共有三编，第一编是人法，第二编是物法，第三编为"取得财产的各种方法"。[1]这一编纂体例给人们展现了一幅"一手交钱一手交货"的图画，一个人在市场上买东西，现成的人、现成的物、订立合同同时拿走货物。《法国民法典》采用这种模式的理由非常明确，就是为了让"外行中的聪明人"也能够读得懂这些民法规则。[2]但是，如果在立法上刻意追求普通民众读得懂，那就必然会导致法律制度的含混不清，进而造成司法操作上的困难。所以这种立法体例即使是在法国法学家中也受到很多批评。[3]比如，为了刻意追求民众看得懂的结果，该法的立法者认为，普通民众参加的交易就是"一手交钱一手交货"，合同成立的同时所有权转移给买受

---

[1] 请参阅：《拿破仑法典（法国民法典）》，李浩培等译，商务印书馆1997年版的"译者序"第3页。不过，2004年法国议会又颁布了"担保法"作为其民法典的第四编。

[2] Konrad Zweigert/Hein Koetz, Allgemeines des Rechtsvergleiches, 该书的汉译本即〔德〕茨威格特、克茨：《比较法总论》，潘汉典等译，贵州人民出版社1992年版。所引用的文字见第157页。不过汉译本用语和德文原文略有差异，因为汉译本是从英文本转译的。

[3] 参见〔德〕茨威格特、克茨：《比较法总论》，潘汉典等译，贵州人民出版社1992年版，第157页。

人,所以它没有规定债权和物权这些基本制度。该法立法时,按照契约也是立法这个革命性的思想,把"契约应该履行"这个古老的法律原则理解为契约绝对会履行,因此建立了交易标的物及其所有权随同合同成立而即时转移给买方的裁判规则。①这个规则,就是"同一主义"的立法模式。但是,在交易中容易产生裁判问题的并不是这种一手交钱一手交货的买卖,而是那些标的物以及所有权还没有产生的远期合同。而远期合同存在着没有按照合同约定履行甚至没有履行的客观情况,此时标的物和所有权无法按照约定交给买方甚至完全无法交给买方,这样关于合同效力、所有权归属等案件分析和裁判必须要解决的问题,按照法国民法就会出现严重困难。当然,后来法国民法在其法典之外制定了很多特别法来修正这些规则,而且实践操作方面也主要是依据这些特别法,所以立法也基本上满足了现实的需要。

《德国民法典》的编纂采用的是《学说汇纂》立法模式,不过是17世纪经过理性法学整理过的《学说汇纂》。该法内容分为五编:总则、债务关系、物权、亲属、继承。德国法关于交易的法律规制方面同样接受了"契约应该履行"这个原则,但是,它准确地看到了契约应该履行不等于契约绝对会履行这个简单的事实,而且从这个事实中得出了契约成立时就应该生效、即产生债权约束力的法律效果、只有在契约实际得以履行才发生标的物及其所有权移转给买受人的法律效果这个结论。因此在德国民法中,涉及交易的民事权利必须区分为债权和物权,而且这两种涉及交易的基本权利产生效果的法律根据也必须做出区分。这就是"区分原则"的立法模式,这个基本的原理是17世纪理性法学派确立的。②用德国民法理论来分析交易的现实时,我们觉得既简明又合理。尤其是在远期合同的情况下,第三人加入交易和合同当事人之一再订立合同,此时非常容易产生争议。这种情形,只有使用区分原则才能够作出公平的裁判。所以,虽然这

---

① 对此请参阅《法国民法典》第1583条。
② 参见〔德〕茨威格特、克茨:《比较法总论》,潘汉典等译,贵州人民出版社1992年版,第269页。

种理论曾经被人批评不那么亲民,但是它的实践优势是卓越。因此,我国早在清末变法时就已经认识到了,在那个时候我国民法就继受了德国民法的基本理论。① 目前我国的民法体系也可以清楚地看到德国民法五编结构模式的影响。

在区分原则的作用下,德国民法确立了交易中的民事权利必须区分为债权和物权、并为这两种权利建立不同法律根据的立法体例。也就是因为这样,《德国民法典》之中出现了独立的债权编和物权编,因为民法上关于这两种权利生效的根据完全不同。但是这两种权利有共同的主体问题、共同的法律行为问题等,因此立法者按照"提取公因式"的方法,把这些共同问题的规则提炼出来,编制为民法的总则编。此外以婚姻为核心的亲属法,既包括人身关系因素也包括财产关系因素,虽然不涉及交易,但是婚姻的本质也是当事人自己意思表示的结果,婚姻中的主体问题、法律行为问题等也是典型的民法问题,因此将其也放置在总则之下独立成编。最后,继承问题也是古老的民法问题,继承的发生在现代社会要更多地考虑当事人自己的意思表示,因此将其放置在总则之下作为独立一编。因为这些原因,《德国民法典》形成了总则编、债权编、物权编、亲属编、继承编的五编结构。

简要总结,民法典的编纂,首先当然要考虑立法的指导思想的选择,同时也要考虑到一些必要的技术因素。这些技术因素大体有如下内容:(1) 民法以民法典的规定作为基本法或者一般法,无法纳入民法典的民法规范可以制定成为民法特别法。(2) 民法典包括总则编和分则编,是总分相结合的结构。民法典有总则,这是德国模式的特征。(3) 民法典的编纂以法律关系理论为基本逻辑,以主体—客体—权利—责任为序依次展开。

---

① 中国当时的修订法律大臣在比较法国民法和德国民法的奏疏中说:"原本后出最精确之法理,学术之精进由于学说者半,由于经验者半,推之法律,亦何莫不然?以故各国法律愈后出者最为世人瞩目,意取规随,自殊剽袭,良以为学问乃世界所公,除非一国所独也。"前引杨鸿烈书,第906页。又:谢振民编著:《中华民国立法史》(下册),中国政法大学出版社2000年版,第745页。这一段文字说明,我国当初采取德国民法的基本理论是有意识选择的结果。

(4) 民法的概念符合明确、准确、统一、同一的要求，这是保障一国之内民法裁判效力统一的基础条件。概念之间区分同一概念和差异概念，同一概念体现上位概念和下位概念，上位概念对下位概念有涵盖性，法律对上位概念建立的规则可以适用于下位概念。(5) 民法规范以具体的权利义务为核心，规范的适用可以给当事人设定实在的民事权利和义务。法律规范体现为行为规范和裁判规范两大类。(6) 一般性条款和特殊规则的结合。一般性条款指的是可以适用于某一类事项的共同规则。民法规范事务庞大，不能给每一种事务都建立具体规则，因此在立法上建立一般性条款以解决共同性问题。一般性条款无法包容的，再制定特殊性规则。以此方法，节约立法成本。①这些技术性规则虽然曾经受到不亲民、限制法官主动性等批评，但是各国编纂民法典时，还都采纳了这些规则。

(四) 判例法模式的简要评述

和大陆法系制定法的模式相并列，英美法系采取判例法模式。判例法体系的特点是法律并非由专门的立法机关通过专门的程序制定，而是由法官裁判的判例自然形成。在我国一直有采取判例法模式的呼声，根据是法律的制定费时费力，难于成就；而判例法因为法官可以创造法律，法律的产生比较容易。但是这种观点并不为我国法学界绝大多数人认可。实际上这种观点也缺乏对于判例法体系认真的分析。因为判例法体系的基本原则并不是法官造法，而是遵循先例。任何一个英美法系的法官在遇到新事物的裁判时首先要穷其所知，寻找先例，援引先例确立的原则做出裁判。如果能够在这些原则之上发展新的规则，而且新发展的规则能够被后来的援引，才能够形成判例法。判例如果不被援引则不会演变成判例法。② 所以判例形成判例法总是要经过很长的时间。另外，因为判例法有强烈的国别

---

① 这些技术性因素的归纳，可以参阅〔美〕艾伦·沃森：《民法法系的演变及形成》李静冰、姚新华译，中国法制出版社 2005 年版；德 19 世纪的法源学，可以参阅〔德〕海尔穆特·库勒尔：《〈德国民法典〉的过去与现在》，孙宪忠译，载《民商法论丛》第 2 卷，法律出版社 1995 年版。

② 参见〔法〕亨利·莱维·布律尔：《法律社会学》，许钧译，上海人民出版社 1981 年版，第 65 页以下。

社会背景,英国早期形成的判例法体系后来也只是在它原来的殖民地地区得到了应用,他国没有主动引进的例子。中国在建立现代法制之初就已经清楚地认识到这种模式无法采纳。

三、我国民法典编纂的几个现实问题

(一) 新中国民法典编纂的简况

新中国成立后中央政府明确宣布,包括《中华民国民法》在内的国民政府"六法"均被废除,国家也开始建设自己的法律体系。在没有提出制定民法之前,国家立法机关在1950年制定第一部《婚姻法》,改造了中国数千年的婚姻家庭制度。民法典的编纂工作,至今已经进行了五次。第一次是在1954年,全国人民代表大会常务委员会组织民法起草,至1956年12月完成"民法草案",包括总则、所有权、债、继承四编,共525条。第二次是在1962年,国家立法机关开始起草民法典,1964年7月完成"民法草案(试拟稿)"。这一次的"草案"采取了"三编制"体例:第一编"总则"、第二编"财产所有"、第三编"财产的流转"。这种模式采取了罗马法的"法学阶梯"体例。这两次民法立法活动均因政治运动而终止。1977年我国开始改革开放,民法的地位和作用重新受到重视。1979年11月全国人民代表大会常务委员会的法制委员会设立民法起草小组,开始新中国第三次民法典起草,1982年5月完成"民法草案",共8编、43章、465条。其基本体例参照了苏联和东欧国家的模式。但是因为经济体制改革刚刚开始,社会生活处在变动之中,体系完整的民法典无法反映改革的需要,于是立法者改变立法方式,暂停整体的民法典起草,而是先分别制定了一些民事单行法。①这一次立法活动持续数年,主要成果是1986年颁布的《民法通则》,另外还有《经济合同法》《婚姻法》《继承法》等重要的民事法律。第四次民法典编制实际上酝酿多年,自1992年宪法确立市场经济体制之后,1998年全国人民代表大会常务委员会编制的立法纲

---

① 请参阅1986年全国人民代表大会常务委员会副委员长王汉斌的《〈民法通则〉的立法说明》。

要提出了在 2010 年制定完成民法典的规划,并在 2002 年编制完成了《中华人民共和国民法典（草案）》,在当年 10 月召开的全国人民代表大会常委会上进行了审议。因为这个法律草案不成熟,这一次编制工作没有继续。第五次民法典的立法活动即现在正在进行的编纂工作。2014 年 10 月,中国共产党第十八届中央委员会第四次全体会议通过《中共中央关于全面推进依法治国若干重大问题的决定》,明确提出"加强市场法律制度建设,编纂民法典"。2015 年 3 月,我国立法机关已经成立了专门组织,不但制订了编纂的规划,而且已经进行了杰出的工作。目前的立法规划是"两步走",先修订 1986 年制定的《民法通则》为"民法总则",然后整合民法其他部分为民法典。2016 年 6 月民法总则草案已经进行了第一次审议,而民法典的各分则编的整合工作也已经展开。

（二）编纂民法典的现实必要性

中央作出的编纂民法典的决定,体现了我国法制发展尤其是民法制度发展的现实必要性。我国民法典的编纂和历史上一些著名民法典的制定背景有很大的差别。《法国民法典》《德国民法典》《日本民法典》等都是在这些国家面临政治制度、经济制度的重大转型、人民权利还受到封建压迫的情况下制定出来的。而且在这一时期,这些国家统一民法资源、促进法律制度改型的压力也非常大。我们现在编纂民法典的背景是政治制度以及经济制度已经稳定,人民生活基本上已经安居乐业,而且我国现行民法制度大体上已经健全,没有转型的问题。在这种情形下,我国社会有一种不必制定或者编纂民法典的观点。对此我们不能表示同意,我国编纂民法典确实是十分必要的,这并不仅仅只是民法典作为民法文化的象征的问题,更重要的原因是:

（1）现行民法体系中的基本法《民法通则》的基本内容被其他法律替代,无法在民法群体法律和法规中发挥基础、统率和引导的作用,需要重新制定民法总则。《民法通则》并不是大陆法系的"民法总则",而是当时中国民法包括整个民商事法律的基本法。但是由于该法制定比较早,随着改革实践和后来立法的发展,它的主体制度的内容被《公司法》等法律替代,财产法的内容被《物权法》、知识产权群体立法、《合同法》等法律替代，人身权以及法律责任的制度部分被《侵权责任法》等法律替代，涉外民事立法部分被《涉外民事关系法律适用法》替代，另外该法中联营等规定早已失去制度价值。现在该法 156 个条文仍然有效的只有 10 个左右，这就是该法被"掏空"的问题。① 虽然该法对于促进和保障改革开放居功至伟②，但是现在其基本内容已经过时，不得不予以重新制定。从上文分析可以看出民法总则在现行法律体系中的核心地位和基础作用，而我国现行民法体系中可以说还没有总则性质的立法。

（2）调整市场经济活动的主要立法出现制度矛盾和漏洞，需要从体系上整合。除《民法通则》还保留着禁止土地进入市场机制的过时规则之外，甚至市场经济体制建立后制定的法律也因为法理认识的差异而出现矛盾的规则。比如 1999 年颁布的《合同法》第 132 条规定，买卖合同成立时必须有标的物，而且出卖人必须有所有权或者相应处分权。因为市场体制下的交易行为大多与买卖有关，所以第 132 条的规则具有核心价值与典型意义。但是正如上文分析的那样，这个规则体现了"一手交货一手交钱"法律分析，不符合市场条件下大量的交易都是在合同订立之后才组织生产、到合同履行时出卖人才取得标的物和标的物的所有权的情形。这样的规则实际上已经被 2007 年颁布的《物权法》纠正。③虽然如此，关于交易的核心规则在这两个现行重要法律中还是矛盾的。因为现行民法各个法律制定时间和背景的差别，难免造成现行民法体系内部的不协调，不能适应市场经济和社会生活对法律调整更高的要求。④至于民法立法上漏洞，比如债权的一般规则涉及无因管理、不当得利的制度，在现行民法体系中还没有任何规定（这一问题已经被 2016 年 6 月的民法总则草案解决）。以上这些问题，都需要通过民法典的体系整合来加以解决。此外，《婚姻法》

---

① 对此，可以参阅全国人大法律委员会 2013 年第 83 号议案、2014 年第 9 号议案等。
② 关于《民法通则》对于我国改革开放以及人民权利保护所作出的贡献，请参阅孙宪忠：《用民法通则的理性光芒指导民法典的编纂》，载《光明日报》2016 年 4 月 12 日。
③ 《合同法》这一类不符合法理的规则也被我国最高法院的司法解释否定。对此请参见最高人民法院 2012 年颁布的《关于审理买卖合同纠纷案件适用法律问题的解释》第 3 条等规定。
④ 参见梁慧星：《中国民法典草案建议稿附理由》，法律出版社 2013 年版，第 4—8 页。

《继承法》这些涉及人民重大利益的法律制定比《民法通则》还要早一些，它们和民法整体的协调也存在着问题。

（3）涉及民事权利的立法，上位法与下位法之间的关系不协调，需要体系整合予以改进。目前我国涉及民事权利的立法，包括全国人大及其常委会制定的法律和国务院制定的条例共有200多个。这些法律法规中的民商法立法直接规定了民事权利的种类和内容，以及权利取得和消灭的基本方式。但是还有很多立法属于行政法规，比如涉及自然资源权利、生态保护、城市规划和建筑管理的法规等，它们有些规定了民事权利的取得和消灭的方式方法，还有一些仅仅规定民事权利的行使或者保护方式，或者仅仅规定民事权利的限制甚至剥夺。这一部分规定很多是强制性规则，是民事主体行使权利时必须要遵守的。在法治国家原则下，民事主体行使权利应该有一定之规，应该遵守行政管理法规。但是我们也要看到，这些涉及民事权利的管理性法规有一些是改革开放初期甚至改革开放之前制定的；一些法律法规制定的出发点是为了强化社会管理，而不是民事权利的承认和保护。民法典的编纂虽然不能改变它们，但是可以对他们发挥"上位法规则"的效用，对它们的实际效用予以框范甚至限制，以此达到充分承认和保护民事权利的目的。

（4）发挥法典化的系统化效应，防止立法碎片化和枝节化，防止司法解释和基本立法的漂移。民法典编纂之后，它可以作为民法的一般法，带动民法特别法，形成一般法和特别法构成的体系，体现制定法的形式理性，防止立法的碎片化枝节化，同时防止大量的司法解释对基本立法的漂移。应该看到，我国民法立法中的碎片化和枝节化的问题一直是存在着的。在《民法通则》的立法说明中，立法机关提出了"宜粗不宜细、宜短不宜长、成熟一个制定一个"的立法策略[1]，这一策略在改革开放初期也许是有些不得已，但是却产生了很多非体系的、片段式的立法，不但合同法制定了3个，而且制定了脱离民法体系思考的担保法、收养法、城市房

---

[1] 请参阅1986年全国人民代表大会常务委员会副委员长王汉斌的《〈民法通则〉的立法说明》。

地产管理法等。此外，在一些有必要制定的法律中，出现了只顾自己的体系完整而不顾及其他立法的情形。比如侵权责任法是有必要制定的，但是该法规定的道路侵权问题和道路交通安全法重合；环境保护责任与环境保护法重合；医疗卫生侵权责任与医疗卫生法重合等。而人大代表提出的立法议案、一些学者提出的立法建议所表现出的立法碎片化倾向则更加严重。这些立法议案和倡议看到了现实的问题，但是缺乏对解决这些问题的现有法律体系分析，所提的一些枝节性的问题基本上可以通过修改法律解决，不一定非要重新制定法律不可。至于司法解释的碎片化和枝节化，而且越来越漂移出国家制定立法的问题，大家也已经讨论多年。李适时主任在 2016 年 6 月 27 日所作的民法总则草案的立法说明中，提出了立法应该"讲法理、讲体系"的原则。这一点十分重要也十分必要，编纂民法典就是这一原则的体现，而且也是解决这些问题的最佳方案。

总体而言，民法典编纂是现实法律制度发展的必要，是一项必须完成的任务。

（三）民法典编纂的体系化选择

民法典虽然体系庞大，但是可以写入的内容必须经过认真选择；对于能够选入的内容，应该有更加确切的体系化考虑。

（1）应该坚持公法与私法相互区分的原则，民法典可以写入的内容只能限制在私法范围之内。

民法典的编纂首要遵守的原则，是服从法律体系科学对于民法的定位。民法虽然是市场经济体制的基本法，是一般民众权利的基本法，但是它应该遵从宪法。而且民法典的内容应该只从私法和民事权利的角度加以选择，对于应该由公法和公共权力解决的问题，民法典基本上不做规定。虽然关于公法和私法的区分存在争议，但是，多数人的观点认为，从法律科学的基础角度，也就是从社会法权关系运作的角度看，区别公法和私法是有充分道理的。我国立法机关的立法规划长期以来已经使用了这些概念。民法典的内容选择，首先要尊重宪法，凡是宪法层面的内容（比如人权问题等），民法典中原则上不做规定。同时民法对于依法行使宪法直接赋予职权的行政权立法、司法权立法等问题，基本上也不宜规定。对于既涉及公共权力也涉及民事权利的问题，民法只能从平等主体的角度、从民事权利的角度解决民法层面的问题。

（2）应该坚持普通法和特别法相区分的原则，民法典只发挥普通法（或者称之为一般法）的作用，应当许可民法典之外存在大量的特别法。

民法调整的社会关系非常广泛，因此其法律规范非常庞大。但是现代民法立法已经解决了这个问题，那就是由民法典作为一般法解决普适性的民事活动中出现的问题，由特别法来解决特殊主体、特殊权利、特殊行为或者特殊责任方面的问题，由此形成一般法和特别法组成的民法体系，并保持民法大体系的和谐统一。

一般法和特别法的关系问题在民法上早已存在。在民法法典化运动时期，关于商法是否应该纳入民法典体例的问题，在各个民法典编纂国家曾经产生分歧。传统民法，以适用于一切民事主体的法律为民法一般法或者民法基本法，民法之外，仅仅适用于商事主体的法律为商法，商法虽然在广义上也是民事法律，但是因为其特征明显，因商事习惯形成的商法一直不在民法制定法范围之内，这就是"民商分立"传统体例，但是即便如此，也都认可商法作为民法的特别法，商法规范不足者，可以适用民法。理性法学时代，曾经产生过将商法规范纳入民法典之中的立法观点，这种观点也曾经被一些欧洲国家的立法采纳。这样在民法发展历史上又形成了"民商合一"传统。①但是现代社会商事法制度越来越复杂，即使民法典中包括了商事一般规则，此外还是要再制定公司法、票据法、商事保险法、破产法等商事法律。因此，依据一般法和特别法的关系处理民法立法和商法立法的观点，成为普遍的认知。我国民法典编纂，也应该采取这一做法。

在民法体系中确立一般法和特别法的体系区分，在我国当前已经显得十分必要。因为在传统民法典之外我国民法特别法发展很快，已经成为一

---

① 迄今采取民商合一观点的立法也主要是《瑞士民法典》《苏俄民法典》《意大利民法典》等。参见梁慧星：《民法总论》（第三版），法律出版社2007年版，第11页。

个巨大的立法群体。简要地说，民法特别法这个大群体包括三个小群体：（1）商事法群体；（2）知识产权法群体；（3）以土地权利立法为基础、涉及自然资源（包括矿藏、森林、草原、水流、海域等）、环境保护等方面的行政法规群体。除商事法群体立法无法纳入民法典之外，知识产权的立法群体虽然也是典型的民事权利立法，也无法纳入民法典之中。涉及土地权利所有权、使用权、承包经营权的土地管理法、矿藏法、森林法、草原法等，与环境生态的利用与保护有关而且也涉及民事权利的诸多立法，虽然在我国称之为"单行法规"或者"经济法规"，但是从民事权利立法的角度看，它们其实也是民法的特别法。因为特别法群体已经非常庞大，使得 17 世纪那种编制一个无所不包的民法典的观念，已经成为绝对不可能实现的目标。但是我们可以利用一般法和特别法的逻辑来处理这些法律之间的法律适用关系。

民法一般法或者普通法和特别法之间，关于法律适用的基本规则是特别法优先、特别法未规定者适用普通法。这个原则体现了民法对于特别法的尊重，但是特别法的规定不能违背民法的基本原则。因为我国民法特别法不仅现有内容已经十分庞大复杂，而且以后还要继续发展，为保持民法体系的和谐，应该考虑在"民法总则"之中建立一般法和特别法之间的适用关系规则。

（3）应该坚持国内法和国际法的区分，民法典的效力范围应该限制为我国域内。

民法是国内法，不是国际法，它基本上不能规定国际民事活动规则。在国际法领域必须遵守立法主权平等的原则，因此，民法典只能在本国领土之内发生效力。在我国公民和法人广泛参加国际民事活动的情况下，在外国公民和法人也已经广泛参加我国域内的民事活动的情况下，在立法上确立民法典的域内效力原则是必要的。在国际交往过程中，尤其是在"一带一路"倡议贯彻过程中，我国参与制定或者签署了很多国际法性质的民事规则，这些规则对于民法而言具有优先效力。

民法与国际私法的关系问题，基本上也属于一般法和特别法之间的关系问题。国际私法专门解决涉外民事争议的法律适用问题,民法虽然可以作为国际私法的准据法,但是它不能替代国际私法。作为国内私法基本法的民法,虽然可以规定一些国际私法的规则,但是国际私法的规则并不仅仅只是规定在民法之中,甚至主要不规定在民法典之中。因此民法典的立法主要还是要规范域内法上的民法问题,国际法上的民法问题将由国际法、国际私法予以规范。

(4)应该坚持实体法和程序法相区分的原则,民法典的内容应该限制在实体法的范畴内。民法典立法内容不必涉及或者基本上不涉及民法程序法的范畴,这一体系划分原则众所周知。至于民法典因为规定民事权利的取得与消灭因此也应该规定证据规则的观点,我们认为也不值得采纳。因为民法规定民事权利的取得与消灭的法律根据,是分析这些法律根据对于民事权利产生的效果;至于这些法律根据是否客观真实的证据法问题,还是应该交给程序法去处理,因为证据是否成立的问题应该交给裁判者来认定。

总之,民法的内容是庞大的,但是民法典的内容是有限制的,不是任意而宽泛的。

(四)我国民法典的体系整合

李适时主任在2016年6月27日关于民法总则草案的说明中指出,我国民法典将由总则编和以合同编、物权编、侵权责任编、婚姻家庭编以及继承编这些分编组成。这一规划基本合理可行。(1)总则和分则相区分的结构,把民法的一般规则纳入总则之中,以此贯彻立法者对于民法立法基本的指导思想。(2)这一规划符合法律关系科学原理。主体、客体、权利、行为、责任的逻辑一一展开,制度清晰明了。(3)符合物权和债权相区分的基本原理,便于对交易生活予以引导,便于对交易案件予以准确分析和裁判。(4)侵权责任法独立成编,符合强化保护财产权利和人身权利的大趋势要求。(5)婚姻法在独立于民法体系之外六十多年后重回民法体系之中,而且将其改名为婚姻家庭编,不但彰显婚姻家庭的民法本质,而且更加体现立法对于婚姻家庭的特别重视,更加有利于实现婚姻家庭的和睦。(6) 继承法从民法体系化的角度独立成编，彰显了对于当事人私权的重视，有利于保持财产支配秩序的稳定和发展。总体而言，我国民法典的这一体系还是保持了持续百年多的潘德克顿立法的传统，而且该模式是世界上广受好评的模式。

我国民法典的编纂，并不是将现有民法立法简单地予以归并，而是要建立一个和谐统一的内在体系，这就是我们所说的体系整合的问题。应该看到，我国立法机关多年以来一直在从事着民事法律体系整合的工作，比如《担保法》的基本内容已经被整合入《物权法》之中。《收养法》整合入婚姻家庭一编之内现在也已经没有争议。但是从上文分析可以看到，编纂民法典的任务仍然是艰巨的。需要解决的比较大的难点问题有：(1) 如何在民法总则之中坚持意思自治原则，尤其是在法律行为规则中体现这个原则的问题；(2) 如何在民法总则的民事权利一章，建立可以对于民法各个特别法具有统率和基础作用的民事权利的一般规则问题；(3) 如何协调现行合同法和物权法的矛盾，使得这两个对于市场经济体制运行有关键作用的法律规则和谐统一的问题；(4) 如何协调民法总则中的人身权制度与债权请求权制度、侵权责任制度之间的差异，使得它们能够和谐一致地发挥作用的问题；(5) 如何进一步体现当代社会婚姻家庭关系特点，建立新形势下的和睦家庭关系的问题等；(6) 如何使得立法更加符合我国民事活动的现实国情，更加符合民众对于立法的期待的问题；(7) 如何进一步提高立法科学性与规范性，使得立法语言更加精确、明确、统一的问题等。

（五）几个社会认识问题的简要回答

(1) 在民法体系化指导思想基础上编纂的民法典，会不会因为其体系封闭而无法反映社会进步的问题。认为民法学说体系封闭而保守，难以容纳新知识新规则的质疑一直存在，但是不论是依据民法科学还是从实践分析看，这是一种误解。支持现代民法典体系的法理，已经实现了科学性、严谨性和开放性的融合一致。实际上民法的知识体系和制度，都在随着社会的发展而进步。社会的新发展新规则，一部分通过修改法律得到了反映，一部分通过民法典之外的特别法得到了反映。比如关于保护劳动的制度就是在劳动法中加以规定的，保护消费者的制度就是在消费者保护法中规定的。

（2）民法典是否会限制社会自由问题。因为民法典意味着涉及民众的法律规则会越来越细密、清晰而且完备，一些人担心这一立法趋势会限制社会的自由。其实这一担心也是不必要的，因为民法规则对于社会大众而言主要发挥行为规范的引导作用，而不是强制作用。民众可以按照法律的引导作为，这样其行为的结果容易受到法律的承认和保护。在法治社会里任何人的行为自由都包括对法律制度基本原则的遵守，民事行为也是需要一定之规的。

（3）民法典是否会限制法官的自由裁量权的问题。民法法典化运动的初衷之一，就是要实现裁判规则的统一，通过这种方法来限制司法任意，解决同案不同判的问题。这一指导思想在我国当前仍然具有重要价值。法官的自由裁量权指的是在法律对于裁判案件所遇到的情节没有清晰明确规定情形下的裁量权，所以法律的明晰化趋势和法官的自由裁量权并无矛盾。

（4）民法典追求的形式正义，是否会妨害社会实质正义的问题。其实，法律从古以来就是为公平正义而设定的，但是法律上的公平与正义从来也都是具有一般标准的，尤其是在制定法、法典化的前提下，公平正义必须形式化。民法作为基本法，它确立的形式正义是一般标准和普遍标准，对于特殊群体所需要的实质正义，可以依据特别法予以满足。比如，劳动者保护、消费者保护、未成年人保护、残疾人保护等实质正义的需求，都是这样予以解决的。

四、结语

我国当前进行的民法典编纂工作，是以立法的方式对于改革开放过程中依据民法推进我国社会进步的经验总结，也是进一步贯彻落实依法治国原则的切实措施。正如任何制定法都要体现立法者改造社会、推进社会进步的法思想一样，民法典的编纂也是中国共产党和中国人民建设法治社会、追求现代法制文明的具体行动。民法典的编纂意义重大，任务艰巨，但是从历史分析的角度看，现在我们已经到了完成这个历史任务的最佳时期。在党中央的领导下，在立法机关、我国社会和我国法学界的共同努力下，我国一定能够按照规划期限完成民法典编纂的世纪伟业。

谢谢。

第十二届全国人大代表（代表证号0628）　孙宪忠

• 2016 年

[议案题目]
关于中华人民共和国民法总则的议案

一、案由

中国共产党第十八届中央委员会第四次全体会议关于"全面推进依法治国的决议"之中,作出"编纂民法典"的重大决定。中共中央办公厅和国务院办公厅作出的落实这一决定的指示中,明确由全国人民代表大会常务委员会法制工作委员会担负编纂起草民法典任务的总责,最高人民法院、最高人民检察院、国务院法制办、中国社会科学院、中国法学会五个单位参加编纂起草工作。2015 年 3 月,全国人大常委会法工委召开会议,明确民法典编纂的工作分为两步走:第一步编制民法总则,第二步整合其他民商法律为民法典。目前民法总则正在制定之中,本议案就是中国社会科学院课题组作为民法典编纂工作的参加单位所提交的民法总则的立法建议稿。

目前,民法总则编制工作正在紧锣密鼓地进行。但是,我们认为该法的制定不可以仓促行事,不能只追求快速颁布的目标,对涉及国家基本法律制度建设的立法必须注重立法质量。我国法律制度建设现在已经不再是无法可依的状态,提高立法的现实可操作性、思想性、体系性、科学性才是我们的首要目标。

二、案据

依据中央全面推进依法治国方略确定的精神,我们在编纂中国民法总则建议稿中贯彻了如下指导思想:

第一,全面贯彻改革开放、促进市场经济发展和保护人民权利的基本精神,坚持社会主义法律的基本原则。比如,我们在法人制度部分,写入了公法法人的条文,在"权利客体"部分,写入了"公用物"和"经营物"相区分的条文,以满足我国公共权力机构进入民事活动的需要,另外这些内容,对于下一步改革中建立规范公共权力机构的财产权利制度,是十分必要的。在自然人制度,我们特别强化了关于人格权的保护。

第二,既强调立法的国情因素,也强调立法的现代化。比如,我们强调在民法总则中必须规定"权利客体"一章,并且在其中写了现实问题突出的环境与生态条款、动物保护条款、智力劳动条款等,以适应我国解决生态保护、动物保护、创新国家等当前涉及国计民生重大问题的需要。

第三,强调立法的科学性、体系性,加强我国立法的可操作性。强调法律条文的编制采取行为规范或者裁判规范的格式,基本上不写入抽象空洞的政治口号。比如,我们依据市场交易的实际和科学法理,比其他任何法律建议稿都扩大了"法律行为"一章的内容,一方面真正体现民事生活中民事主体意思自治的原则,另一方面也为引导和裁判民事活动提供法律依据。

第四,以我国改革开放、市场经济体制建设和人民权利保护的实际需要为出发点,扩大了法人制度,增加了权利客体制度、权利义务和责任的一般规则制度,对代理制度进行了较大的改造,同时也放弃了《民法通则》中比如"联营"等不符合我国现实的制度的规定。

第五,坚持制度创新和理论创新,体现实事求是、解放思想的精神,写上了"涉及人身的法律行为"这一具有重大人文思想价值的条款,也写上了"区分原则"等对于司法裁判具有一般意义的制度规则。尤其值得注意的是,我们写入的"权利、义务和责任的一般规则"这一章,体现了我们对于当前我国庞大的民法规则体系(包括传统民法的固有体系、现代商法体系、知识产权法体系、以土地为核心的自然资源权利体系)的各种立法之中,必须建立的法律联系逻辑的认识和发现,它的创制,对于民法总则立法思想和技术进步意义显著。

第六,强调概念的清晰明确、规范的合理、制度的完整和立法逻辑的清晰，也强调语言的平直和简洁，实现立法技术和语言的重要更新。

三、论证

本建议稿的基本内容和特征简要介绍如下：

第一章，一般规定。该章主要规定立法根据、基本原则、法律适用等内容。最明显的需要，是创制关于民法适用的一般规则。其内容类似于《瑞士民法》第1条的规定，以满足实践的需要。

第二章，自然人。在自然人的法律制度部分，保留了《民法通则》中实际可行的制度。但是也在监护制度方面提出了关于保护老年人、特殊群体的特别规则建议。关于"个体工商户、农村承包经营户"部分的规则进行了较大改造。

第三章，法人和非法人团体。在法人制度的整体结构方面，体现私法法人或者民法法人和公法法人的区分，体现公益法人和盈利法人的区分，体现社团法人和财团法人的区分。同时，在这些制度设计中，体现能够容纳现代公司治理结构的要求，既反映我国公有制企业的要求，也反映民营企业的要求，还反映混合所有制企业的要求。我们写上了公法法人条款，为公共权力机构、公立事业单位、公立社会团体法人参与民事活动提供了依据。

第四章，权利客体。权利客体的制度是《民法通则》所缺乏的。权利客体虽然是标的物，但是它们的现实状态反过来对于民事权利发挥着强大的反作用。比如，不动产的所有权和动产的所有权的政治意义、经济意义都有很大的差别，甚至在权利制度本身都有很大差别。因此这一部分制度是不可或缺的。基于这一部分内容在当前出现的立法文本中仍然被忽略的现实，为了强调这一部分的重要立法价值，我们另外编写了详细的立法议案，促进问题的解决。

第五章，法律行为。在法律行为这个核心制度建设方面，我们首先放弃"民事法律行为"这个似是而非的提法，而采纳"法律行为"概念，并按照意思自治原则，对这个制度进行了彻底的补强。首先，我们承认了人身行为和财产行为的区分，承认了负担行为和处分行为的区分，承认单方行为和双方行为、决议行为的区分。其次，在当事人意思表达及其法律效果方面，我们尽量地细化了规则，承认一般法律行为和特殊法律行为的区分。在此，建立法律行为完全无效和部分无效相区分的规则，建立瑕疵补正、转换的规则。再次，对于行政管理和当事人意思自治原则之间的关系，提出了符合市场经济和人民权利要求的裁判规则。在这一方面，采纳了人民法院关于将当事人违背行政规则的行为区分为管理性和效力性两种不同结果的做法。最后，建立开放性的兜底条款，尽量扩张民众意思自治的空间，保护民众创造性行为。

第六章，权利、义务、责任的一般规则（从体系上来说应该作为第六章，但是考虑到这个问题的特殊性，我们在建议稿中将这一章放在了后面）。上文已经谈到，这一部分体现了我们对于民法涉及的庞大的体系逻辑的创新性认识，它对于在民法典固有体系、现代商事法体系、知识产权法体系、以土地为核心的自然资源权利立法体系之间建立逻辑联系、以满足依据民法规则指引和规范这些特殊的民事活动，意义十分重大。这一部分规则是现行立法和各个建议稿方案都没有的，也是当前立法机关忽略了的重要制度。这一部分的内容大体包括如下方面：（1）民事权利取得、变更以及消灭的一般规则。（2）民事权利行使的一般规则。比如不得滥用权利、行使权利必须尊重公序良俗原则等。（3）权利保护的基本制度。比如自助、行使诉权的基本规则等。（4）权利限制的基本规则。比如依据公共利益需要限制甚至剥夺民事权利的规则等。

第七章，代理。基本的出发点是把商事代理和民事代理统一起来规定。第八章，时效。第九章，期日、期间。最后是"附则"，这些内容可以不必介绍。

第十二届全国人大代表（代表证号 0628） 孙宪忠

附：中国社会科学院课题组"民法总则"建议稿全文

中华人民共和国民法典
《民法总则》建议稿①

第一章　一般规定

　　第一节　立法目的与调整对象

　　第二节　基本原则

　　第三节　法律适用

第二章　自然人

　　第一节　民事权利能力

　　第二节　民事行为能力

　　第三节　人格权

　　第四节　监护

　　第五节　宣告失踪和宣告死亡

　　第六节　住所

　　第七节　个体工商户、农村承包经营户

第三章　法人

　　第一节　一般规定

　　第二节　社团法人

　　第三节　财团法人

　　第四节　非法人团体

第四章　民事客体

第五章　法律行为

　　第一节　一般规则

---

①　中国社会科学院课题组作为民法典编纂工作的参加单位于2016年2月所提交的民法总则的立法建议稿。负责人：孙宪忠，中国社会科学院法学所研究员、法学教授。

第二节　意思表示

第三节　人身关系的法律行为

第四节　财产权利设定、变更与废止行为的一般规则

第五节　法律行为的成立、生效、无效以及撤销

第六节　附条件与附期限

第七节　法律行为的解释

第六章　代理

第一节　一般规定

第二节　委托代理

第三节　代理关系的终止

第七章　诉讼时效

第一节　一般规定

第二节　诉讼时效的期间与起算

第三节　诉讼时效的中止、延期届满和中断

第四节　诉讼时效完成后的法律效果

第八章　期间与期日

第九章　民事权利、义务和责任的一般规则

第一节　民事权利的一般规则

第二节　民事权利的保护

第三节　民事责任

第十章　附则

第一章　一　般　规　定

第一节　立法目的与调整对象

第一条　【立法目的】

为了保障民事主体的合法权益，妥当调整民事法律关系，促进社会、经济与人的全面发展，根据宪法及我国的实际情况，制定本法。

第二条 【调整对象】

本法调整平等的自然人、法人和非法人团体之间的人身关系和财产关系。

第二节 基本原则

第三条 【合法权益受保护原则】

民事主体的合法权益受法律保护,任何组织和个人不得侵犯。

非基于社会公益目的并通过合法程序,不得对民事权利予以限制。

第四条 【平等原则】

民事主体在民事活动中的法律地位平等。

第五条 【意思自治原则】

民事主体依自己的意思设立、变更、终止民事权利义务关系,任何组织和个人不得非法干预。

第六条 【诚实信用原则】

民事主体应依诚实信用的方式行使权利及履行义务。

第七条 【信赖保护原则】

对方已以有损自己利益的方式合理信赖当事人一方的陈述或行为的,当事人一方不得实施与其先前陈述或行为不一致的行为。

第八条 【公序良俗原则】

民事主体在民事活动中不得违反公共秩序和善良风俗。

第三节 法律适用

第九条 【法源】

民事,适用本法和其他法律的具体规定;法律无具体规定的,适用习惯法;无习惯法的,适用法官依民法基本原则确立的规则。

在前款情形,法官应当参照公认的学说和先例。

第十条 【法院不得拒绝裁判】

人民法院不得以本法及其他民事法律规范没有规定为由，拒绝民事案件的受理或裁判。

第十一条 【时间效力】

本法的效力不溯及既往。

本法实施之前的民事活动，当时的法律对其没有规定的，适用本法。

第十二条 【空间效力】

在中华人民共和国领域内的民事活动，适用本法，但法律另有规定的除外。

第十三条 【对人效力】

在中华人民共和国领域内的中国人、外国人、无国籍人，适用本法关于自然人的规定，但法律另有规定的除外。

第十四条 【一般法与特别法的关系】

同一法律关系，本法与其他特别民事法律规范均有规定的，优先适用特别规定。

第二章 自 然 人

第一节 民事权利能力

第十五条 【民事权利能力的定义】

自然人从出生时起到死亡时止，具有民事权利能力，依法享有民事权利，承担民事义务。

自然人的民事权利能力是自然人享受民事权利、承担民事义务的资格。

第十六条 【民事权利能力平等原则】

自然人的民事权利能力一律平等。

自然人出生和死亡的时间，以户籍登记的时间为准。有其他证据足以推翻户籍登记时间的，以相关证据表明的时间为准。

第十七条　【胎儿利益保护】

涉及胎儿利益保护，胎儿出生时为活体的，其出生前即视为具有民事权利能力。

第二节　民事行为能力

第十八条　【民事行为能力的定义】

自然人的民事行为能力是自然人独立实施法律行为、行使民事权利和履行民事义务的资格。

第十九条　【完全民事行为能力】

十八周岁以上的自然人是完全民事行为能力人，具有完全民事行为能力，可以独立实施民事法律行为。

十六周岁以上不满十八周岁的自然人，以自己的劳动收入为主要生活来源的，视为完全民事行为能力人。

第二十条　【限制民事行为能力】

六周岁以上的未成年人是限制民事行为能力人，可以独立实施纯获利益的民事法律行为或者与其年龄、智力相适应的民事法律行为；其他民事法律行为由其法定代理人代理或者征得其法定代理人同意后实施，法律另有规定的除外。

第二十一条　【无民事行为能力】

不满六周岁的未成年人是无民事行为能力人，其法定代理人代理实施民事法律行为。

第二十二条　【成年人的民事行为】

不能辨认自己行为的成年人是无民事行为能力人，由其法定代理人代理实施民事法律行为，法律另有规定的除外。

第二十三条 【成年精神障碍者的民事行为】

不能完全辨认自己行为的成年人是限制民事行为能力人，可以独立实施纯获利益的民事法律行为或者与其智力、精神健康状况相适应的民事法律行为；其他民事法律行为由其法定代理人代理，或者征得其法定代理人同意后实施，法律另有规定的除外。

第三节 人 格 权

第二十四条 【一般人格权】

自然人的自由、独立、安全和人格尊严受法律保护。

自然人的人格权不得转让和继承，非依法律规定，不得予以限制。

第二十五条 【人格权的救济】

侵害人格权的，侵权人应当承担停止侵害、赔礼道歉、消除影响、恢复名誉、赔偿财产损失、精神损害赔偿等民事责任。

第二十六条 【生命权】

自然人享有生命权。

第二十七条 【健康权】

自然人享有维护其生理和心理机能健康的权利。

第二十八条 【身体权】

自然人的身体的完整性受法律保护。

第二十九条 【姓名权】

自然人享有姓名权，有权决定、使用和依照规定改变自己的姓名。

第三十条 【肖像权】

自然人享有肖像权。

前款所称肖像，是指通过绘画、照相、雕塑、录像、电影等造型艺术方式所反映的公民的面部形象及足以呈现个人外部形象的其他身体部分或身体部分的组合。

第三十一条 【名誉权】

自然人享有名誉权。

第三十二条 【人身自由权】

自然人享有人身自由权。人身自由权包括身体活动自由与精神决定自由。

第三十三条 【隐私权】

自然人享有隐私权。

第三十四条 【个人信息权】

自然人享有个人信息权。

个人信息，是指公民的姓名、民族、出生日期、身份证号码、户籍、住址、职业、个人生物识别信息、学历、财务情况等能够直接或以合理方式间接识别公民主体身份的信息。

第三十五条 【对死者姓名、肖像和名誉的保护】

死者的姓名、肖像、名誉、隐私、遗体、遗骨等人格利益受侵害时，死者的近亲属有权提出保护请求。

第四节 监 护

第三十六条 【未成年人的监护人】

未成年人的父母是未成年人的监护人。

未成年人的父母已经死亡、没有监护能力或者中止、丧失监护资格的，由下列人员中有监护能力的人担任监护人：

（一）祖父母、外祖父母；

（二）成年兄、姐；

（三）关系密切的其他亲属、朋友愿意承担监护责任，经未成年人住所地的居民委员会、村民委员会或者民政部门同意的。

没有前款规定的监护人的，由未成年人住所地的居民委员会、村民委员会或者民政部门设立的未成年人救助保护机构担任监护人。

第三十七条　【成年精神障碍者的监护人】

无民事行为能力或者限制民事行为能力的成年人，由下列人员中有监护能力的人担任监护人：

（一）配偶；

（二）父母；

（三）成年子女；

（四）其他近亲属；

（五）关系密切的其他亲属、朋友愿意承担监护责任，经被监护人住所地的居民委员会、村民委员会或者民政部门同意的。

第三十八条　【协议监护】

监护人可以协议确定。协议确定监护人的，应当听取限制民事行为能力的被监护人的意见。

第三十九条　【选任监护人争议解决】

对担任监护人有争议的，由监护监督人在被监护人的近亲属中选任监护人。对于选任不服的，由人民法院根据最有利于被监护人的原则指定。

居民委员会、村民委员会、民政部门或者人民法院指定监护人，应当听取限制民事行为能力的被监护人的意见。

监护人被指定后，不得擅自变更。擅自变更的，被指定的监护人的监护责任不予免除。

第四十条　【其他监护人】

没有本法第三十六条、第三十七条规定的监护人的，由被监护人住所地的居民委员会、村民委员会、法律规定的有关组织或者民政部门担任监护人。

第四十一条　【成年人监护】

具有完全民事行为能力的成年人，可以在近亲属或者其他与自己关系密切、愿意承担监护责任的个人、组织中事先协商确定自己的监护人。监护人在该成年人丧失或者部分丧失民事行为能力时，依法承担监护责任。

第四十二条　【监护权】

监护人依法行使监护的权利，受法律保护。

第四十三条　【监护人的监护职责】

监护人应当履行下列监护职责：

（一）保护被监护人的人身；

（二）对被监护人进行管理和教育；

（三）照顾被监护人的生活；

（四）管理和保护被监护人的财产；

（五）为被监护人接受医疗、护理提供必要的条件；

（六）代理被监护人实施民事法律行为。

监护人不履行监护职责，或者滥用监护权，损害被监护人利益的，应当承担法律责任。

监护人由于管理不善给被监护人造成财产损失的，应当承担赔偿责任，但能够证明已尽善良管理人注意的除外。

第四十四条　【委托监护】

监护人可以将监护职责部分或者全部委托给他人。因被监护人的侵权行为需要承担民事责任的，由监护人承担；受托人有过错的，承担相应责任。

第四十五条　【共同监护】

监护人为数人时，各监护人可以依照约定共同履行监护职责，也可以依照约定分别履行监护职责。没有约定或者约定不明确的，视为共同履行监护职责。

第四十六条　【监护的撤销】

监护人有下列情形之一的，人民法院根据有关人员或者单位的申请，撤销监护人的资格，并根据最有利于被监护人的原则依法为其指定新的监护人：

（一）实施严重损害被监护人身心健康行为的；

（二）怠于履行监护职责，或者无法履行监护职责并且拒绝将监护职责部分或者全部委托给他人，导致被监护人处于危困状态的；

（三）有其他严重侵害被监护人合法权益的行为的。

前款规定的有关人员或者单位包括：其他有监护资格的人员，被监护人住所地的居民委员会、村民委员会，学校、医疗卫生机构、妇女联合会、残疾人联合会、民政部门等。

前款规定的人员和组织未及时向人民法院提出申请的，民政部门应当向人民法院提出申请。

第四十七条　【撤销时的临时监护】

人民法院撤销监护人的资格之前，可以视情况先行中止其履行监护职责，由被监护人住所地的居民委员会、村民委员会、法律规定的有关组织或者民政部门担任临时监护人。

第四十八条　【监护终止】

有下列情形之一的，除本法另有规定外，监护关系终止：

（一）被监护人成为完全民事行为能力人；

（二）被监护人死亡；

（三）监护人死亡或者丧失监护能力；

（四）监护人与被监护人之间特定的身份关系消灭；

（五）其他应当终止监护的情形。

监护关系终止后，被监护人仍然需要监护的，应当另行为其设置监护人。

第四十九条　【财产清算】

监护权中止、丧失以及监护关系终止时，应当对被监护人的财产进行清算。

第五十条　【临时保护人】

监护权中止、丧失或者监护关系终止，新监护人尚未确定时，被监护人的近亲属可以协商确定临时保护人，以保护被监护人的利益。

第五节　宣告失踪和宣告死亡

第五十一条　【宣告失踪的条件】

自然人下落不明满二年的，利害关系人可以向人民法院申请宣告其为失踪人。但下落不明的自然人有法定代理人或者财产管理人的除外。

第五十二条　【宣告失踪的期间的计算】

自然人下落不明的时间，从其最后离开住所或居所而下落不明的次日开始计算；战争期间下落不明的，其下落不明时间从战争结束之日起开始计算；在意外事故中下落不明的，其下落不明时间从意外事故发生之日开始计算。

第五十三条　【失踪人的利害关系人】

失踪人的利害关系人，是指失踪人的具有完全民事行为能力的配偶、父母、子女、兄弟姐妹、祖父母、外祖父母、孙子女、外孙子女，以及其他与失踪人有民事权利义务关系的人。

申请宣告失踪不受前款所列人员的顺序的限制。

第五十四条　【被宣告失踪人的财产代管】

失踪人的财产由其配偶、父母、成年子女或者关系密切的其他亲属、朋友代管。代管有争议、没有以上规定的人或者以上规定的人无能力代管的，由人民法院指定的人代管。

第五十五条　【宣告失踪的法律效果】

人民法院判决宣告失踪，失踪人担任监护人的，人民法院应当宣告中止其监护资格，并在中止期间为被监护人确定监护人。失踪人重新出现的，应当恢复其监护资格。

第五十六条　【财产代管人】

财产代管人应当妥善管理失踪人的财产，维护其财产权益。

失踪人所欠税款、债务和应付的其他费用，由财产代管人从失踪人的财产中支付。

财产代管人因故意或者重大过失造成失踪人财产损失的,应当承担赔偿责任。

第五十七条　【财产代管人的变更】

财产代管人不履行代管职责、侵害失踪人财产权益或者丧失代管能力的,失踪人的利害关系人可以向人民法院申请变更财产代管人。

财产代管人有正当理由的,可以向人民法院申请另行确定财产代管人。

第五十八条　【恶意使他人被宣告失踪的法律效果】

利害关系人明知本人并未失踪,基于恶意致使本人被宣告失踪的,应当对本人因此遭受的损失承担赔偿责任。

第五十九条　【被宣告失踪的人重新出现】

被宣告失踪的人重新出现,经本人或者利害关系人申请,人民法院应当撤销失踪宣告。

被宣告失踪的人重新出现,有权要求财产代管人及时向其移交有关财产并报告财产代管情况。

第六十条　【宣告死亡的条件】

自然人有下列情形之一的,其近亲属以及其他利害关系人可以向人民法院申请宣告其死亡:

(一) 下落不明满四年;

(二) 因意外事故下落不明,从事故发生之日起满二年;

(三) 因意外事故下落不明,经有关机关证明该自然人不可能生存。

第六十一条　【宣告死亡与宣告失踪的关系】

宣告失踪不是宣告死亡的必经程序。

自然人下落不明符合申请宣告死亡的条件的,利害关系人可以不申请宣告失踪而直接申请宣告死亡。利害关系人中有人申请宣告失踪,有人申请宣告死亡的,人民法院应当宣告死亡。

第六十二条　【宣告死亡日期】

被宣告死亡的人，宣告死亡的判决作出之日视为其死亡的日期。

第六十三条　【宣告死亡的效果】

宣告死亡发生与自然死亡相同的法律效果。

第六十四条　【被宣告死亡人实施的法律行为】

自然人被宣告死亡的，不影响其在被宣告死亡后实施的民事法律行为的效力。

第六十五条　【再出现人】

被宣告死亡的人重新出现或者确知其尚生存的，经本人或者利害关系人申请，人民法院应当撤销死亡宣告。

撤销死亡宣告的判决的效力，溯及至宣告死亡之时。

第六十六条　【撤销死亡宣告时婚姻关系的法律效力】

被宣告死亡的人与配偶的婚姻关系，自死亡宣告之日起消灭。死亡宣告被撤销时，其配偶未再婚的，夫妻关系自撤销死亡宣告之日起自行恢复；配偶再婚的，夫妻关系不自行恢复。

第六十七条　【撤销死亡宣告时收养关系的法律效力】

在被宣告死亡期间，被宣告死亡的人的子女被他人依法收养的，在死亡宣告被撤销后，不得仅以未经本人同意而主张解除收养关系。

第六十八条　【死亡宣告撤销的财产效果】

被撤销死亡宣告的人有权请求返还财产。依照本法继承编取得他的财产的人，应当返还财产的尚存利益。但合法取得财产的善意第三人可以不予返还。

前款规定的返还财产请求权的诉讼时效期间为一年，自被撤销死亡宣告的人知道死亡宣告时起计算。

第六十九条　【死亡宣告撤销前善意行为的保护】

被宣告死亡的人的利害关系人在死亡宣告被撤销之前实施的善意行

为，其效力不受死亡宣告撤销的影响。

第七十条　【恶意宣告他人死亡的法律责任】

利害关系人隐瞒真实情况致使他人被宣告死亡而取得其财产的，除应当返还原物外，还应当对因此造成的损失承担赔偿责任。

第六节　住　　所

第七十一条　【住所的确定】

自然人以其户籍所在地的居住地为住所。经常居住地与住所不一致的，或者户籍所在地不明以及不能确定其户籍所在地的，经常居住地视为住所。

自然人离开住所最后连续居住一年以上的地方，为经常居住地。但住院治病的除外。

自然人由其户籍所在地迁出后至迁入另一地之前，无经常居住地的，仍以原户籍所在地为住所。

第七十二条　【居所视为住所】

自然人户籍所在地不明，且无法确定其经常居住地的，与产生纠纷的民事法律关系有最密切联系的居所视为住所。

第七节　个体工商户、农村承包经营户

第七十三条　【个体工商户的概念界定及其权利】

自然人在法律允许的范围内，依法经核准登记，从事工商业经营的，为个体工商户。

个体工商户可以个人经营，也可以家庭经营。

个体工商户可以起名称和字号。

第七十四条　【农村承包经营户的定义】

农村集体经济组织的成员，在法律允许的范围内，按照承包合同及法律规定从事农业生产经营活动的，为农村承包经营户。

第七十五条 【农村承包经营户的代表】

组成农村承包经营户的自然人可以协商确定其中一人为户主。父、母或其他某一已成年的家庭成员可以作为户主。

户主在为了农村承包经营户的共同利益的民事交易中,是农村承包经营户的代表。户主为了户的共同利益设立、实施民事交易,由此产生整个农村承包经营户的权利义务。

户主可以委托另一已成年的家庭成员作为农村承包经营户的代表人参加农村土地承包经营权流转民事关系及其他民事关系。

第七十六条 【农村承包经营户的财产关系】

农村承包经营户享有承包、使用、收益及流转土地承包经营权的权利。

组成农村承包经营户的自然人共有属于家庭的土地承包经营权等财产权益,不得歧视妇女的土地承包经营权益。

第七十七条 【农村承包经营户、个体工商户的债务承担】

农村承包经营户、个体工商户的债务,个人经营的,以个人财产承担;家庭经营的,以家庭财产承担。

农村承包经营户、个体工商户的债务,以家庭共有财产承担时,应当保留家庭成员的生活必需品、必要生活费用和必要的生产工具。

第三章 法　　人

第一节　一　般　规　定

第七十八条 【法人的定义】

法人是具有民事权利能力和民事行为能力,依法独立享有民事权利和承担民事义务的组织。

非依法律规定,法人不得成立。

第七十九条 【公法人和私法人】

法人包括国库、国家机关、事业单位、人民团体等国家依法设立的以管理公共事务为目的的公法人和公司、企业、财团法人、寺庙等依法设立的以从事民事活动为目的的私法人。

公法人不得从事经营活动，在其目的范围内依法从事有关民事活动的，适用本法规定。

第八十条　【社团法人和财团法人】

以成员为基础成立的社团法人依法或依其章程的规定，可由成员大会变更组织机构设置和章程。

以财产为基础成立财团法人的，应当制定捐助章程，通过遗嘱捐助设立财团法人的除外。捐助章程或遗嘱关于财团法人组织机构设置、管理方法有缺陷的，主管机关、检察机关或利害关系人可以申请人民法院予以变更。

第八十一条　【法人的权利能力】

依法成立的法人具有完全的权利能力，依法享有民事权利、承担民事义务，但专属于自然人的权利义务除外。

依法不需要办理法人登记的机关、事业单位、人民团体等公法人，从成立之日起取得权利能力；依法需要办理登记的，自登记完成之日起取得权利能力。

第八十二条　【法人的行为能力】

根据法律或章程设立必要的组织机构后，法人取得行为能力。

设立中的法人可以以法人的名义从事必要的民事活动，法人成立后由法人承担相应的法律责任；法人未能设立的，准用合伙的相关法律规定。

第八十三条　【法人的设立】

法人应当具备以下条件：

（一）依法定程序设立；

（二）有自己的名称、组织机构和场所；

（三）有自己的章程或者组织规章，但机关法人除外；

（四）有必要的财产或者经费；

（五）法律规定的其他条件。

第八十四条 【法人的住所】

法人以其登记的住所为住所，未登记的以其主要办事机构所在地为住所。

第八十五条 【法定代表人】

依照法律或者法人章程规定，代表法人行使职权的主要负责人，是法人的法定代表人。

法定代表人以及其他具有代表权的人以法人名义实施的民事活动，其后果由法人承担。

第八十六条 【法人的民事责任】

法人以其全部财产独立承担民事责任。

根据宪法、法律设立并担负公共职能的公法人，承担民事责任的，法律另有规定的，依照其规定。

第八十七条 【超越法人目的的法律行为】

法人的法律行为不因超越章程或者组织规章规定的目的范围而无效，但法律明文规定该行为无效的除外。

第八十八条 【执行职务行为的致害责任】

法人的法定代表人以及其他具有代表权的人因执行职务致人损害的，应当由法人承担民事责任。

法人承担民事责任后，有权根据法律规定或者法人章程或者组织规章的规定，向有过错的法定代表人以及其他具有代表权的人追偿。

第八十九条 【法人的名称权】

法人享有名称权，有权依法使用、转让自己的名称。

第九十条 【法人的名誉权】

法人享有名誉权。

第九十一条 【外国法人】

在外国设立的法人,为外国法人。

第二节 社团法人

第九十二条 【社团法人的定义】

社团法人是以自然人、法人或其他组织为成员,依法成立的法人组织。

第九十三条 【社团法人的设立】

营利性社团法人的设立、变更和终止,应当依法办理登记;法律规定应当办理批准手续的,依照其规定。

非营利社团法人,非经登记,不得成立。法律另有规定的,从其规定。

第九十四条 【社团法人的成员大会】

成员大会为社团法人的最高权力机关,决定社团法人的章程、理事的任免、理事会或理事职务行为的监督及其他重大事项。

成员大会须每年召开一次,另在章程规定的情形及社团的利益要求时亦应召开。

成员大会由理事会或理事召集。

第九十五条 【社团法人的理事会或理事】

理事会是社团法人的执行机关,理事长为社团法人的法定代表人。不设理事会的,应有理事一人且作为负责人。

理事会或理事按照社团章程授予的权限处理社团事务。

第九十六条 【社团法人的监督机构和监督】

社团法人依照法律和章程规定设立监事会或监事。

需要主管机关许可设立的社团法人,其业务由主管机关监督。法律另有规定的,从其规定。

第三节　财团法人

第九十七条　【财团法人的定义】

财团法人是指利用自然人、法人和其他组织捐赠的财产,以从事公益事业为目的的法人组织。

第九十八条　【财团法人的设立】

财团法人的设立,应当依照法律、法规进行登记。法律另有规定的,从其规定。

第九十九条　【财团法人的捐赠章程】

财团法人应根据捐赠章程组织和管理。

章程可以由捐赠人或设立人制定。捐赠人或设立人未制定章程时,由主管机关或其授权的组织制定。

遗嘱捐赠的,应当指定遗嘱执行人。未指定遗嘱执行人的,由主管机关或其授权的组织指定。

第一百条　【财团法人的管理】

财团法人设理事会。理事长为财团法人法定代表人。

理事会应当根据捐赠章程所确定的目的管理财团法人事务。

第一百零一条　【财团法人的监督机构】

财团法人可以根据捐赠章程设立监事或监事会。

主管机关可以依法选派监事。

第一百零二条　【财团法人的募捐、接受捐赠】

财团法人组织募捐、接受捐赠,应当符合章程规定的宗旨和公益活动的业务范围。

公募财团法人组织募捐,应当向社会公布募得资金后拟开展的公益活动和资金的详细使用计划。

第一百零三条　【捐赠财产的使用】

财团法人应当根据章程规定的宗旨和公益活动的业务范围使用其财产；捐赠协议明确了具体使用方式的捐赠，根据捐赠协议的约定使用。

发生违反捐赠章程行为的，捐赠人、主管机关或者设立人等利害关系人可以请求人民法院宣告无效。

第一百零四条　【捐赠人的权利】

捐赠人有权查询捐赠财产的使用、管理情况，并提出意见和建议。对于捐赠人的查询，财团法人应当及时、如实答复。

第一百零五条　【主管机关的监督、管理】

主管机关可以对财团法人依法进行监督和管理。

发生不能实现财团法人目的的情形时，主管机关可以根据捐赠人的意思，变更其目的及其必要的组织，或者解散财团法人。

第一百零六条　【财团法人终止后财产的归属】

财团法人终止时，其财产归属于捐赠章程、募捐方案、捐赠协议指定的人或组织。捐赠章程、募捐方案、捐赠协议没有指定的，其财产可以由主管机关划归宗旨相同或者相似的财团法人，并向社会公告。

第四节　非法人团体

第一百零七条　【非法人团体的定义】

非法人团体是指虽不具有法人资格但依法能够以自己的名义享有权利承担义务的营利性或非营利性组织。

非法人团体包括个人独资企业、民事合伙、合伙企业、非法人的乡镇企业、非法人的中外合作经营企业、外资企业、法人的分支机构以及非法人社团、非法人财团等。

第一百零八条　【非法人社团或财团的设立要件】

非法人社团或财团的设立需要具备如下条件：

（一）有自己的名称、组织机构和场所；

（二）有自己的章程；

（三）有自己的财产或者经费。

第一百零九条　【非法人社团或财团的民事权利能力】

非法人社团或财团具有部分民事权利能力，其人格权受法律保护。

第一百一十条　【非法人社团或财团的诉讼能力】

非法人社团或财团可以自己的名义起诉和应诉。

第一百一十一条　【非法人社团或财团的财产】

非营利性非法人社团或非法人财团可以享有自己的财产。非营利性非法人社团的成员不享有份额，退出时也不得请求分割。

营利性非法人社团享有的自己的财产，其成员可以享有份额，在退出时可以请求分割，但章程另有约定的除外。

第一百一十二条　【非营利性非法人社团或非法人财团的责任】

基于以团体名义作出的、有权代理的法律行为产生的债务，非营利性非法人社团或财团应以自己的财产承担责任。非法人社团的成员对社团的债务不承担责任。

第一百一十三条　【营利性非法人社团的责任】

营利性非法人社团应当先以自己的财产承担民事责任，其财产不足以承担责任的，其成员承担无限连带责任。

第一百一十四条　【非法人团体的行为人的连带责任】

行为人对其以非法人团体的名义作出的法律行为产生的债务，承担连带责任；数人行为的，作为连带债务人承担责任。

第一百一十五条　【非法人社团的机关责任】

基于董事会成员或其他依章程或组织规章聘任之代理人的侵权行为产生的债务，非营利性非法人团体可根据本法第一百一十二条承担责任。

第一百一十六条　【非法人团体的准用规定】

关于非营利性非法人社团，在不违背团体性质的情况下，准用本法关于社团法人的规定。

关于营利性非法人社团，可根据团体的具体情况，准用本法有关社团法人或有关合伙的规定。

关于非法人财团，准用本法关于财团法人的规定。

其他法律对特定非法人团体有特别规定的，依其规定。

第四章 民事客体

第一百一十七条 【权利客体】

民事权利的客体包括：物、人格利益、智力成果、无形财产等。

民事权利也可以成为民事权利的客体。

自然人的血液、骨髓、组织、器官等，以不违背公共秩序与善良风俗为限，可以成为民事权利的客体。

第一百一十八条 【物的定义】

本法所称的物，是指能够为人力所控制并具有价值的有体物。

能够为人力控制并具有价值的特定空间、自然力，视为物。人力控制之下的电能，天然气，性质和范围依法明确的，也是有体物。

第一百一十九条 【智力成果、无形财产】

精神产品等智力劳动的成果，以其性质和范围是否明确肯定为界，可以作为民事权利的客体。

商业信誉等无形财产，可以作为民事权利的客体。

智力成果、无形财产，占有、使用、收益以及处分的，在特别法规定之外，可以适用本法的规定。

第一百二十条 【动物】

动物不是物。动物受特别法的保护。

对于动物，在法律没有特别规定时，适用本法关于物的相关规定。对动物，尤其是野生动物的占有以及处分，不得违反自然资源法和动物保护法的相关规定；在行使权利时，不允许以违背人道原则的态度残酷地对待动物。

第一百二十一条 【不动产】

不动产，是指依自然性质或者法律的规定不可移动的物，包括土地、土地定着物、与土地尚未脱离的土地生成物、因自然或人力添附于土地并且不能分离的其他物。

第一百二十二条 【动产】

动产，是指不动产以外的其他物。

货币，为特别动产。人民币为法定支付手段，在整个国家领土范围内必须按照票面价值接受。

物权以外的其他财产权利为不记名权利时，视为动产。

第一百二十三条 【重要成分】

对物的整体性质和效能发挥决定作用的组成部分，为物的重要组成部分。

重要组成部分，不得脱离物的整体而独立成为权利的标的。

第一百二十四条 【主物、从物】

独立发挥效用的物，为主物。

非主物的组成部分而确定性地辅助主物实现其经济目的、并为这一特性而与主物发生联系的物，为从物；但在交易习惯不认为是从物的除外。

对物的处分，及于从物。但有特别约定的，不在此限。

第一百二十五条 【临时性附着物】

为一物效用的发挥而临时性附着于该物的物，非该物的从物。

依所有权之外的其他权利占有某物，为行使此项权利而添加在该物上的物，不是该物的从物，而是该权利的从物。

第一百二十六条 【不动产上的临时性附着物】

对他人不动产享有权利、为行使该项权利而附着于该不动产的物，为该不动产的临时性附着物。

第一百二十七条　【融通物、不融通物】

公有物、公用物和禁止物，为不融通物。

不融通物之外的物，为融通物。

第一百二十八条　【代替物、不代替物】

可以同品种、同数量相互代替的物，为代替物。

不能以同品种、同数量相互代替的物，为不可代替物。

第一百二十九条　【特定物、不特定物】

依当事人的意思具体指定的物，为特定物。

当事人仅以种类、品种、数量予以限定的物，为不特定物。

第一百三十条　【消费物、不消费物】

一经使用即改变原有形态、性质的物，为消费物。货币为消费物。

可以反复使用而不改变原有形态、性质的物，为不消费物。

第一百三十一条　【可分物、不可分物】

经分割不改变其性质、不减损其价值的物，为可分物。

一经分割即改变其性质、减损其价值的物，为不可分物。

第一百三十二条　【单一物、结合物、集合物】

形态独立成为一体的物，为单一物。

数个物结合而成的物，为结合物。

由多数单一物或结合物集合而成的物，为集合物。

第一百三十三条　【孳息】

天然孳息，是指物依自然而产生的出产物、收获物。

法定孳息，是指物依法律关系而产生的收益，包括利息、租金等。

第一百三十四条　【孳息的归属】

天然孳息与原物分离时，归于有权收受该孳息的权利人。

法定孳息，由享有取得权利的人按照法定方式、约定方式或者交易习惯取得。

第一百三十五条 【公用物】

公用物，是指为了实现国家治理、社会管理、公共服务等公益目的而设定的物。公用物不得用于营利目的。公用物的占有、使用、收益和处分，依公法的规定。

第一百三十六条 【经营物】

经营物，是指以营利为目的投资于经营的物。经营物的占有、使用、收益和处分，依民法。

第五章 法 律 行 为

第一节 一 般 规 则

第一百三十七条 【法律行为的定义】

法律行为，即以发生民事权利义务关系发生、变更和废止为目的的意思表示为要素的人的行为。

第一百三十八条 【法律行为的一般生效条件】

法律行为，具备下列条件时自成立时生效：

（一）行为人具备相应行为能力；

（二）意思表示真实；

（三）符合法律与公共秩序，不损害社会利益与他人利益；

（四）行为目的可能。

第一百三十九条 【无行为能力人的行为结果】

无行为能力人的意思表示无效。无行为能力人，由法定代理人代为意思表示，并承受意思表示的结果。

无行为能力人所为的对自己纯粹获得利益的行为，自始有效。

第一百四十条 【限制行为能力人所为的行为】

限制行为能力人所为的与自己的年龄、智力、精神健康状况不相应的法律行为，必须得到其法定代理人的追认。法定代理人不予追认的，无效。

限制行为能力人所为的对自己纯粹获得利益的行为，法律许可限制行为能力人从事的行为，自始有效。

限制行为能力人成为完全行为能力人后，以其自我追认替代法定代理人的追认。

第一百四十一条　【相对人的权利】

限制行为能力人所为法律行为的相对人，可以催告该限制行为能力人的代理人在一个月内追认。该限制行为能力人的法定代理人未做表示的，视为拒绝追认。

在前款规定的条件下，限制行为能力人所为法律行为的相对人，也可以在该行为被追认之前撤销该行为。撤销行为应该明确通知，并不得反悔。

第一百四十二条　【限制行为能力人法律行为的自始有效】

限制行为能力人以一般公认的方式使得相对人信任其已经具有完全行为能力，或者信任其已经获得法定代理人同意而为的法律行为，自始有效。

第一百四十三条　【违背禁止性规范的结果】

法律行为，违背法律的禁止性规范者无效。

法律行为，违背人民法院的判决或者政府行政机关在其职权范围内做出的禁止性规定的，同样无效。

第一百四十四条　【违背公序良俗行为的后果】

法律行为，违背公共秩序或者善良风俗者无效。

第二节　意 思 表 示

第一百四十五条　【意思表示的定义及基本原则】

民事主体以一定的方式将其目的在于发生一定民事法律关系变动并使得自己受到拘束的效果意思表达于外部的行为，为意思表示。

意思表示必须真实。

第一百四十六条 【真意保留——单方虚伪意思表示】

表意人内心有不发生某种效果的真意,但保留其真意而为的另一意思表示,为有效的意思表示。但相对人明知该意思表示不是真的,该意思表示无效。

第一百四十七条 【通谋——双方或者多方当事人的虚伪表示】

表意人与相对人通谋所为的虚假意思表示无效。但是该项无效不得对抗善意第三人。

第一百四十八条 【隐藏的意思表示】

表意人隐藏的意思表示,以一般的意思表示的规范予以处理。

第一百四十九条 【戏谑的意思表示】

表意人并无严肃的意思表示的意思,而且在意思表示时预期到该项表示不会被严肃采认的,该意思表示无效。

第一百五十条 【错误】

表意人在意思表示时对其内容有错误的表达,或者表意人如知道该意思表示内容的意义便不会表示这种意思的,表意人可以撤销该意思表示。

对商事交易主体的误认,以及对上市交易客体的误认,如涉及表意人重大利益者,以前款规定处理。

表意人撤销其错误的意思表示的,就其过错承担责任。但法律另有规定的除外。

第一百五十一条 【传达错误】

意思表示因传达人或者传达机关的原因发生错误的,以前条关于错误的规定处理。

第一百五十二条 【撤销的除斥期间】

意思表示错误的撤销权,自意思表示后,经过一年而消灭。

第一百五十三条 【诈欺与胁迫】

因被诈欺或者被胁迫而为的意思表示,表意人可以撤销。

因被诈欺和被胁迫而为的意思表示的撤销，不得对抗善意第三人。在不得对抗善意第三人时，表意人可以向相对人主张不当得利，或者向诈欺与胁迫者请求损害赔偿。

第一百五十四条　【被诈欺及被胁迫意思表示撤销权的除斥期间】

被诈欺的意思表示的撤销权，自发现被诈欺之日起经过一年消灭。被胁迫的意思表示，自胁迫行为终止之日起经过一年消灭。上述期间，法律另有规定的除外。

第一百五十五条　【意思表示的形式】

表意人为意思表示的，可以采取一切表意人认为适当的形式。但是法律另有规定的除外。

第一百五十六条　【意思表示开始生效的一般原则】

意思表示，自相对人知悉或者应当知悉时起，对表意人具有拘束力。

第一百五十七条　【对话意思表示与非对话意思表示的生效】

以对话方式所为的意思表示，对话完成时对表意人生效。

非对话方式所为的意思表示，自相对人知悉或者应该知悉意思表示时对表意人生效。

第一百五十八条　【以新闻媒体或者其他公告的方式所为的意思表示】

以新闻媒体或者其他公告方式所为的意思表示，自媒体或者公告播放该意思表示时，对表意人发生拘束力。

第一百五十九条　【电子信息传递的意思表示】

以电子信息传递方式为意思表示的，表意人将意思表示发放至相对人指定的特定系统时，受意思表示的拘束。

第一百六十条　【收到意思表示的确认回执】

表意人可以在意思表示的同时，向相对人表达要求相对人确认其收到该意思表示的回执，表意人得到该回执时，受其意思表示的拘束。

第一百六十一条 【默示】

以默示方式为意思表示的，必须符合交易习惯和法律的规定。

第一百六十二条 【意思表示的撤回】

表意人可以撤回其意思表示。在意思表示撤回后，表意人不受其拘束。

意思表示的撤回必须向相对人做出，而且必须在其意思表示到达相对人之前或者同时向相对人表达该撤回的意思。

第一百六十三条 【意思表示失效的一般条件】

表意人向特定相对人为意思表示而被相对人拒绝的，表意人不再受该意思表示拘束。

表意人向不特定相对人为意思表示的，表意人可以在意思表示的目的实现后，以公告的方式宣告其意思表示失效。

第一百六十四条 【表意人自设的意思表示生效期间】

表意人可以在意思表示时，为该意思表示设定生效的期间。超过该期间的，表意人不受该意思表示的拘束。

第三节　人身关系的法律行为

第一百六十五条 【基本原则】

依法律行为建立、变更和废止人身关系或者建立与人身有关的法律关系的，不得损害人格尊严和人的生命、健康、隐私等基本人权。

第一百六十六条 【婚约】

依法律行为订立的未来缔结婚姻关系的约定，不得强制执行。婚约不能履行的，当事人任何一方不得主张人身关系的损害赔偿。

因婚约发生的财产赠与行为，当事人可以向对方主张返还。

第一百六十七条 【结婚与离婚】

婚姻关系的建立与废止，应遵从婚姻当事人的意愿。但是，依法律行为缔结婚姻或者终止婚姻关系的，应遵守特别法关于婚姻的规定。

第一百六十八条 【收养】

建立、变更或废止收养关系的法律行为,除收养人以及被收养人的法定监护人的意思成立之外,在可能的情况下,应该尊重被收养人的意愿。

第一百六十九条 【输血、人体器官移植与捐赠】

自然人输血、捐赠人体器官的单方行为,以及自然人之间关于人体器官移植的协议,虽然可以依据当事人的意思表示成立并生效,但是该法律行为不得强制执行,并不得以谋取商业利益为目的。

第一百七十条 【精子、卵子的捐赠】

自然人之间可依法律行为订立捐赠精子、卵子的协议。该协议不可强制执行,而且只能在国家专门管理机关指定的机构里履行。

第一百七十一条 【运动员、艺员的转会】

运动员、艺员所属的俱乐部、公司等机构之间关于转让运动员、艺员的协议,不得损害运动员、艺员的人格以及他们的劳动权利。

第一百七十二条 【不可强制执行行为的责任】

在人身关系法律行为中,相对人、第三人因行为人的行为不可强制执行而受到损害的,可以要求行为人承担赔偿的责任。

第四节 财产权利设定、变更与废止行为的一般规则

第一百七十三条 【单方行为处分】

当事人以单方行为处分其财产权利的,处分行为自当事人意思表示完成后,或者自当事人指定的条件成就后生效。

第一百七十四条 【双方当事人之间的负担行为】

当事人双方设定、变更与废止请求权的法律行为,自双方当事人意思表示一致时生效。

第一百七十五条 【双方当事人之间的处分行为】

当事人双方设定、移转、变更与废止支配权的法律行为,自双方当事

人就此支配权的变动达成意思表示一致、而且处分的标的物成就、处分人享有处分权利以及为此处分必要的公示条件完成时生效。

第一百七十六条　【区分原则】

当事人之间为了达到支配权设定、移转、废止等目的而发生请求权的法律关系的,该项支配权的变动不能成就的事实,不影响请求权自身的法律效力。

上述支配权的变动合法成就之后,而上述请求权建立的法律关系被认定无效或者被撤销的,相对人、第三人因支配权的变动而取得的权利不受妨害。但法律另有规定的除外。

在本条第二款第一句的情形,支配权的原权利人受损失的,可以向相对人主张不当得利。

第五节　法律行为的成立、生效、无效以及撤销

第一百七十七条　【法律行为的成立与生效】

法律行为具备形式要件的,可以合法成立;但是,法律行为只有生效的实质要件时才能生效。

因当事人的过错使得法律行为成立后不能生效的,当事人对相对人或者第三人合法期待的权利损失应该给予赔偿。

第一百七十八条　【法律行为的一般效力】

法律行为生效的,对当事人有法律上的拘束力,当事人不得擅自撤销、变更和解除。

相对人因此行为产生的权利受法律保护。

第一百七十九条　【当事人约定形式要件】

当事人约定法律行为必须具备某种形式要件的,法律行为在该项形式要件成就时生效。

第一百八十条　【法定形式要件】

法律要求法律行为必须符合某种形式要件的,法律行为在该项形式要

件具备时生效。

第一百八十一条　【法律行为无效的定义】

法律行为无效，即不能发生当事人期待的结果。但是，当事人必须承担因该行为无效而产生的、由法律确定的责任。

当事人因法律行为无效应该承担的刑事责任、行政责任及其他责任，不能替代其对相对人、第三人应该承担的民事责任。

第一百八十二条　【撤销导致无效】

法律行为经当事人撤销的，适用无效的法律后果。

第一百八十三条　【自始无效】

法律行为的无效，是自始无效。

当事人因此无效行为取得的财产权利及利益，应该向权利及利益受损害的相对人或者第三人返还。返还的原则是原物返还。

第一百八十四条　【返还的限制】

在前条规定的情况下，财产权利被第三人有效取得而返还不能、因法律的规定而返还不能以及没有必要返还的，行为人应该返还不当得利。

第一百八十五条　【整体无效与部分有效】

法律行为的无效，是整体无效。但是，除去部分无效的行为而其余可以生效的部分，为有效行为。

第一百八十六条　【确定无效与行为效力补正】

法律行为的无效，是确定无效。但是，当事人事后可以补正行为的瑕疵，使行为的缺陷得到合理弥补时，行为继续有效。

第一百八十七条　【第三人利益保护】

法律行为无效或者被撤销的，不妨害第三人正当的权利及利益取得。在此情形，当事人只能向相对人主张不当得利。

第一百八十八条　【无效法律行为的转换】

某种无效的法律行为具备其他法律行为的要件，并且依照法律的规定其他行为可以生效的,该法律行为可以产生其他法律行为的效力。

第六节　附条件与附期限

第一百八十九条　【条件的约定及其效果】

当事人对法律行为的效力可以约定附条件。附停止条件的法律行为,自条件成就时生效,附解除条件的法律行为,自条件成就时失效。

当事人还可以约定,条件成就的效果不于条件成就时发生。

第一百九十条　【条件成就的妨害】

当事人为自己的利益不正当地阻止条件成就的,视为条件已成就;不正当地促成条件成就的,视为条件不成就。

第一百九十一条　【侵害附条件利益的赔偿责任】

附条件法律行为的当事人,在条件成否未定前侵害相对人因条件成就可获得的利益的,在条件成就时,应当承担损害赔偿责任。

第一百九十二条　【侵害附条件利益的处分行为无效】

附条件法律行为的当事人在条件成否未定前,所实施的侵害相对人因条件成就可获得利益的处分行为无效。

第一百九十三条　【期限的约定及效果】

当事人对法律行为的效力可以约定附期限。附生效期限的法律行为,自期限届至时生效。附终止期限的法律行为,自期限届满时失效。

附期限的法律行为,准用关于侵害附条件利益的赔偿责任和处分行为的规定。

第七节　法律行为的解释

第一百九十四条　【无相对人的法律行为的解释】

解释无相对人的法律行为,应探究表意人的真实意思,不能拘泥于表示行为。

第一百九十五条　【有相对人的法律行为的解释】

当事人对有相对人的法律行为存在争议时，应当根据表示行为的客观表现、当事人的目的、习惯以及诚实信用原则进行解释。

第一百九十六条　【补充解释】

法律行为内容不完整不影响法律行为基本法律意义的，应当根据相关法律中的任意性规范进行补充；在无任意性规范可得适用时，根据诚实信用原则以及交易习惯来推断当事人的意思。

在进行前款补充解释时，应当尊重当事人的意思自由，不得侵害当事人的利益。

第六章　代　　理

第一节　一　般　规　定

第一百九十七条　【代理的界定与显名主义】

代理人在代理权限范围内以被代理人的名义和第三人进行法律行为，该法律行为直接对被代理人发生法律效力。

代理人未直接以被代理人的名义进行法律行为，但是根据行为时的具体情境可以确定是为被代理人进行法律行为的，亦同。

不能认定代理人是以被代理人的名义，还是以自己的名义进行法律行为的，视为以自己的名义进行法律行为。法律行为的效力只约束代理人和第三人。

第一百九十八条　【隐名代理】

代理人和第三人进行法律行为时，表明自己的代理人身份，但是未告知具体的被代理人，第三人可以要求代理人在合理期限内告知具体的被代理人。代理人未告知的，视为代理人以自己的名义进行法律行为。

第一百九十九条　【代理权的权源】

代理人的权限可以由被代理人授予，也可以由法律直接规定或者有权机关指定。

第二节　委 托 代 理

第二百条　【代理权的授予】

被代理人的授权可以向代理人表示，也可以向代理人与之交易的第三人表示。

被代理人的授权可以采取书面的方式，也可以采取口头的方式。法律规定采用书面形式的，应当采用书面形式。

第二百零一条　【代理授权书】

授权书应当载明代理人的姓名或者名称、代理事项、权限和期间，并由被代理人签名或者盖章。

授权书授权不明的，推定为对代理人的概括授权，因此产生的法律后果由被代理人承担。但是关于处分行为的代理必须以书面形式明确授权。

第二百零二条　【代理权限的证明】

与代理人进行法律行为的第三人可以要求代理人在合理期限内证明其代理权限。代理人在合理期限内未能证明的，代理人的意思表示对被代理人不发生法律效力。

第二百零三条　【代理权的撤回】

被代理人可以撤回代理权，但他与代理人之间的基础关系另有约定的除外。代理权的撤回准用代理权授予的规定。

若代理权是以意思表示通知第三人的，在授权人向第三人通知代理权消灭前，其代理权对第三人仍然有效。

被代理人和代理人的内部约定和外部授权不一致的，不影响第三人对外部授权的合理信赖，但是第三人明知上述内部约定的除外。

被代理人和代理人之间的基础关系无效或者可撤销，在第三人知道或者应当知道之前，不影响外部授权的法律效力。

第二百零四条 【代理人的行为能力】

代理人所为或所受的意思表示的效力，不因代理人为限制民事行为能力人而受影响。

第二百零五条 【代理行为的瑕疵】

关于是否有意思欠缺、被欺诈、被胁迫，及明知或者应知某一事实而影响代理人意思表示效力的情形，应当就代理人认定。

委托代理人按照被代理人的指示作出意思表示的，该意思表示的法律效力应当就被代理人认定。

第二百零六条 【代理人以自己名义从事的法律行为】

代理人在获得授权的情况下，以自己的名义和第三人进行法律行为，该法律行为只对代理人和第三人产生法律效力。但是法律另有规定的除外。

第二百零七条 【代理人的过失赔偿责任】

代理人和第三人进行法律行为时，因自己的过失给被代理人造成损害的，应当根据代理人与被代理人之间的法律关系承担损害赔偿责任。

第二百零八条 【代理人和第三人恶意串通的责任】

代理人和第三人恶意串通，损害被代理人利益的，构成共同侵权行为的，由代理人和第三人对被代理人承担连带责任。

第二百零九条 【违法活动的代理】

代理人知道被委托代理的事项违法仍然进行代理活动的，或者被代理人知道代理人的代理行为违法不表示反对的，构成共同侵权行为的，被代理人和代理人应当对由此给他人造成的损害承担连带责任。

第二百一十条 【代理权有瑕疵时的责任】

代理人不知道代理权有瑕疵，仅有义务赔偿第三人因信赖该项代理权而遭受的损失，但不超过第三人在合同生效时能够获得的利益。代理人在承担损害赔偿责任后，可以向被代理人进行追偿。

第二百一十一条　【自己代理和双方代理】

代理人以被代理人的名义和自己进行法律行为，被代理人可以撤销。代理人同时作为第三人的代理人与被代理人实施法律行为，第三人知道或者应当知道的，被代理人可以撤销。但是在以下情况，被代理人不得行使撤销权：

（一）被代理人纯获利益的；

（二）代理人事先征得被代理人同意的；

（三）代理人已经向被代理人披露自己代理或者双方代理的事实，被代理人在合理期限内未表示反对的；

（四）被代理人通过其他途径知道或者应当知道代理人进行自己代理或者双方代理的事实，但未在合理期限内表示反对的；

代理人实施自己代理且不能被撤销的，代理人无权获得代理佣金；代理人实施双方代理且不能被撤销的，代理人仍然有权获得代理佣金。

第二百一十二条　【无权代理的追认】

行为人没有代理权、超越代理权或者代理权消灭后以被代理人名义实施的法律行为，被代理人有权予以追认。被代理人的追认具有溯及力，但是不能影响第三人的权利。

被代理人不追认，无权代理人应当依第三人的选择，或者向第三人履行，或者赔偿第三人因此所遭受的损害，以使第三人处于行为人有权代理时所处的状况。但是第三人知道或者应当知道行为人无代理权的除外。

第二百一十三条　【无权代理中第三人的催告权】

行为人没有代理权、超越代理权或者代理权消灭后以被代理人名义实施的法律行为，第三人有权催告被代理人在一个月内予以追认。被代理人自收到催告后一个月内未作表示的，视为拒绝追认。

第二百一十四条　【无权代理中第三人的撤回权】

行为人没有代理权、超越代理权或者代理权消灭后以被代理人名义实施的法律行为，第三人在被代理人追认前，有撤回的权利，但是第三人在实施法律行为时知道或者应当知道行为人无代理权的除外。

撤回应当以书面通知的方式向被代理人或者无权代理人作出。

第二百一十五条　【无权代理中的共同侵权行为】

第三人知道行为人没有代理权、超越代理权或者代理权消灭后仍然与行为人实施法律行为给他人造成损害的，构成共同侵权行为的，由第三人和无权代理人承担连带责任。

第二百一十六条　【表见代理】

行为人没有代理权、超越代理权或者代理权消灭后以被代理人名义实施的法律行为，若代理权外观的形成可归因于被代理人，且第三人有正当理由相信行为人有代理权的，该代理行为有效。但是下列情形除外：

（一）伪造他人的公章、营业执照、合同书和授权证书对外和第三人进行法律行为的；

（二）交易金额巨大，行为人的身份显然与之不符的；

（三）不符合交易习惯的；

（四）被代理人遗失、被盗公章、营业执照、合同书和授权证书，或者与行为人的特定职务关系已经终止，被代理人以合理方式公告或通知，第三人应当知悉的；

（五）第三人对行为人的代理权未尽必要的审核义务的。

本人知道他人以本人名义进行法律行为的，仍然容忍该行为或不作否认表示，第三人有正当理由相信行为人有代理权的，该代理行为有效。

第二百一十七条　【共同代理】

代理人为数人的，每个代理人都可以单独实施代理行为，但是当事人另有约定或者法律另有规定的除外。

第二百一十八条　【复代理的条件】

代理人征得被代理人的同意，可以授权他人完成代理行为。在下列情形，代理人未征得被代理人同意，也可以授权他人完成代理行为：

（一）代理人不可能亲自实施的代理行为；

（二）授权他人是代理人实施法律行为的必然结果，或者符合习惯；

（三）授权他人是确保被代理人利益所必需；

（四）代理权涉及代理人拥有住所的国家以外的财产或者事务。

第二百一十九条　【复代理的效力】

复代理人在获得授权的前提下，以被代理人的名义和他人进行法律行为，该法律行为的效力直接约束被代理人；以代理人的名义和他人进行法律行为，该法律行为的效力约束代理人；以自己的名义和他人进行法律行为，该法律行为的效力只约束复代理人。

第二百二十条　【复代理中的损害赔偿责任】

代理人征得被代理人同意授权他人完成代理行为，因复代理人的过错导致被代理人损害的，由复代理人承担损害赔偿责任。代理人仅在选任、监督复代理人有过失的情况下承担补充的损害赔偿责任。

代理人未征得被代理人同意授权他人完成代理行为，因复代理人的过错导致被代理人损害的，构成共同侵权行为的，由代理人和复代理人承担连带责任。

第二百二十一条　【法定代理】

法律对法定代理和指定代理没有其他规定的，适用有关委托代理的规定。

第三节　代理关系的终止

第二百二十二条　【委托代理权的终止】

有下列情形之一的，委托代理权终止：

（一）代理期间届满或者代理事务完成；

（二）被代理人撤销授权或者代理人辞去授权；

（三）代理人死亡；

（四）代理人丧失民事行为能力；

（五）被代理人死亡；

（六）作为被代理人或者代理人的法人或者其他组织消灭。

委托代理权终止的，代理人应当交回委托授权书，不得留置。

第二百二十三条　【代理权限终止的特殊规则】

尽管代理人的代理权限已经终止，但在第三人知道或者应当知道代理权终止之前，代理人的代理权限对该第三人仍然存在。

代理权终止是以最初授予代理权相同的方式通知或者公告的，推定第三人应当知道代理权终止的事实。

第二百二十四条　【代理权终止时对第三人的效力】

被代理人对第三人负有不得终止代理权义务的，尽管代理权已经被终止，而且第三人知道或者应当知道的，代理人的代理权限对该第三人仍然存在。

第二百二十五条　【代理人在代理终止后的必要代理行为】

尽管代理权已经终止，但是为了保护被代理人或其继承人的利益，代理人仍然有权在合理期限内实施必要的代理行为。

第二百二十六条　【法定代理权与指定代理权的终止】

有下列情形之一的，法定代理权或者指定代理权终止：

（一）被代理人取得或者恢复民事行为能力；

（二）被代理人或者代理人死亡；

（三）代理人丧失民事行为能力；

（四）有权机关取消指定；

（五）由其他原因引起的被代理人和代理人之间的监护关系消灭。

第七章　诉 讼 时 效

第一节　一 般 规 定

第二百二十七条　【诉讼时效的定义】

权利人在一定期间内不主张其请求权，可导致义务人产生拒绝履行义务的抗辩权，前述期间谓之诉讼时效。

第二百二十八条　【诉讼时效的客体】

请求权适用诉讼时效，但下列请求权除外：

（一）物权请求权，但基于动产物权的返还请求权不在此限；

（二）基于绝对权的停止侵害、排除妨碍、消除危险等预防性请求权；

第二百二十九条　【诉讼时效的强行性】

时效期间的长短、计算方法、时效的障碍及法律效力，当事人不得合意变更、废止。

诉讼时效期间届满前，义务人预先抛弃时效的意思表示无效。

第二节　诉讼时效的期间与起算

第二百三十条　【普通诉讼时效的期间】

普通诉讼时效期间为三年。

第二百三十一条　【普通诉讼时效的起算】

普通诉讼时效期间自权利能够行使时开始计算。

第二百三十二条　【普通诉讼时效起算的特别规则】

侵权行为持续发生的，则时效期间最早起算点不早于侵权行为终了之日。

第二百三十三条　【普通诉讼时效起算的特别规则】

按日、按月或其他特定期间计算的违约金等债权请求权，其诉讼时效起算点应为请求权人可行使的最后一笔违约金的请求权之日往前回溯3年之同一日。

第二百三十四条　【特殊长期诉讼时效的起算】

下列请求权的诉讼时效期间为十年：

（一）侵害身体权、健康权而产生的损害赔偿请求权，自损害最终确定之日起计算；

（二）基于动产物权的返还请求权，自权利可行使之日起计算；

（三）基于劳动合同的报酬请求权，自合同终止之日起计算；

（四）基于不动产物权转让、设立合同的不动产物权移转请求权、设立请求权以及对待给付请求权，自债权人可行使权利之日起计算；

（五）基于生效裁判文书或可执行之调解书、公证书的给付请求权，自裁判书文书或相关文书生效之日起计算；

（六）基于继承权被侵犯的损害赔偿请求权，自继承权人可行使权利之日起计算；

（七）基于破产程序而确认的请求权，自破产程序终结之日起计算。

第二百三十五条　【最长诉讼时效】

最长诉讼时效为二十年，自请求权发生之日起计算；最长诉讼时效不适用中止、中断或延长规则。

第二百三十六条　【时效规定竞合时的处理】

法律对同一给付请求规定有不同诉讼时效的，除非法律另有明文规定，否则较短诉讼时效优先适用。

第三节　诉讼时效的中止、延期届满和中断

第二百三十七条　【因不可抗力或其他障碍而中止】

在诉讼时效期间的最后六个月内，请求权人因不可抗力或其他障碍不能行使请求权的，诉讼时效中止。自中止的事由结束之日起，诉讼时效期间继续计算。

在中止事由结束后继续计算的诉讼时效期间内，因不可抗力或其他障碍的持续时间或者性质，无法合理期待权利人主张权利的，时效期间于障碍消除后的一个月内不届满。

第二百三十八条　【因欠缺法定代理人而延期届满】

在诉讼时效期间的最后六个月内，请求权人为无行为能力人或限制行为能力人而没有法定代理人的，自其成为完全行为能力人或确定法定代理

人之日起六个月内,时效期间不届满。

第二百三十九条 【因遗产继承而延期届满】

权利人或义务人死亡的,属于遗产或针对遗产的请求权,自继承人接受继承,或者确定遗产管理人或遗嘱执行人之日起六个月内,诉讼时效不届满。

第二百四十条 【因监护关系而延期届满】

被监护人对于其监护人之权利,于监护关系消灭后六个月内,其诉讼时效期间不届满。

第二百四十一条 【诉讼时效的中断事由】

诉讼时效因下列事由中断:

(一)义务人以明示,或以部分履行、支付利息、提供担保等方式承认债务的;

(二)权利人请求履行义务;

(三)权利人起诉。

下列事项,与起诉有同一之效力:

(一)申请仲裁或调解;

(二)申请支付令;

(三)申请破产、申报破产债权;

(四)为主张权利,申请宣告义务人失踪或死亡;

(五)申请诉前财产保全、诉前临时禁令等措施;

(六)申请或开始强制执行;

(七)申请追加当事人或被通知参加诉讼;

(八)在诉讼或仲裁程序中主张抵销;

(九)其他与提起诉讼类似之事项。

第二百四十二条 【诉讼时效中断之限制】

权利人起诉义务人后,又申请撤回起诉,或起诉经实体权利的审理而被驳回,则视为时效不中断。

与起诉中断时效有同样效力之其他司法程序事项，准用前款之规定。

第二百四十三条　【诉讼时效中断的效力】

诉讼时效中断者，自中断之事由终止时，重新起算。

第二百四十四条　【诉讼时效中断对人之效力】

诉讼时效中断的效力，及于当事人、继承人、受让人。

第四节　诉讼时效完成后的法律效果

第二百四十五条　【诉讼时效的一般效力】

诉讼时效期间届满后，义务人有拒绝履行的权利。

义务人如于诉讼时效期间届满后，为履行义务所作出的给付或提供担保的，不得以不知时效届满为由请求返还。

第二百四十六条　【诉讼时效对抵销权、抗辩权的效力】

权利人之请求权如于诉讼时效期间届满之前，可与义务人对其享有之请求权相互抵销者，则于时效期间届满后，仍可主张抵销。

当事人之间如有同时履行抗辩权，准用前款规定。

第二百四十七条　【诉讼时效对从权利的效力】

主权利因诉讼时效届满，其效力及于利息等从属性权利。但法律另有特别规定者除外。

第二百四十八条　【诉讼时效对从权利的效力】

以抵押权、质权或留置权担保之请求权，虽届满诉讼时效期间，权利人仍得就其抵押物、质物或留置物行使权利。

第二百四十九条　【诉讼时效抗辩权之抛弃】

诉讼时效期间届满后，义务人可以通过承认债务、与权利人达成履行债务协议或提供担保等方式抛弃抗辩权。

第二百五十条　【因磋商而延期届满】

当事人就请求权或产生请求权的客观情事进行磋商的，则在磋商中最后一次沟通后一年内,时效期间不届满。

第二百五十一条　【最长期间】

时效期间不得因中止或延迟届满而超过 20 年。

第八章　期间与期日

第二百五十二条　【期日、期间的定义】

期日是指特定的时点,如某时、某日、某月、某年。

期间是指某一期日与另一期日之间的时段,如某时至某时,某日至某日,某月至某月,某年至某年。

第二百五十三条　【计算法】

自然计算法,以六十分钟为一小时,二十四小时为一日,七日为一星期,三十日为一月,三百六十五日为一年。

历法计算法,按日历所定之日、星期、月、年计算。

第二百五十四条　【期间的计算】

以小时、日定期间的,依自然计算法。

以星期、月或者年定连续性期间的,依历法计算法;以星期、月或者年定非连续性期间的,依自然计算法。

第二百五十五条　【期间的开始计算点】

以小时计算期间的,从规定时开始计算。

以日、月、年计算期间的,开始的当日不算入,从下一日开始计算。

第二百五十六条　【期间最后一日的终止点】

期间的最后一日的截止时间为二十四点。但有业务时间的,至停止业务活动的时间截止。

第二百五十七条　【期间最后一日的确定】

以日定期间的,算足该期间之日为最后一日。

以前款规定的方法算出的期间最后一日,是星期日或者其他法定休假日的，以休假日的次日为期间最后一日。

第九章　民事权利、义务和责任的一般规则

第一节　民事权利的一般规则

第二百五十八条　【民事权利义务产生的根据】
民事权利和义务可以依据法律的直接规定、法院判决、行政执法、仲裁等产生。也可以依据法律行为、事实行为、法律认可的事件或条件产生。

依法应履行行政审批手续的民事权利，自行政机关批准之时产生。依法应进行国家登记的财产权利，自进行权利登记之时产生，但法律另有规定的除外。

第二百五十九条　【公共秩序与善良风俗】
民事权利和民事义务的设定、民事责任的承担，不得违背公共秩序和善良风俗。

第二百六十条　【民事权利的内容】
民事权利的内容由本法以及民法特别法规定，但不以本法及其他法律之规定为限。

本法之外其他法律规定的民事权利，可以适用本法关于民事权利的规定。

第二百六十一条　【民事权利的行使】
民事权利以主体自己的意愿行使，他人不得干涉。

第二百六十二条　【民事义务以及责任的履行】
民事义务以及责任的履行，应以诚实信用的方法为之。

第二百六十三条　【禁止权利滥用】
民事主体不得以损害社会公共利益、他人利益的方式行使其权利。

民事主体以放弃行使其全部或者部分权利而使他人获得利益的，不可

以嗣后再主张其放弃的权利。

因滥用权利给他人造成损害的，应当承担赔偿责任。

第二百六十四条　【行使权利时的环境与生态的保护义务】

民事权利的行使应当注重对环境以及生态的保护，不得污染环境，不得破坏生态。

第二百六十五条　【他人的容忍义务】

民事主体行使其权利时对他人形成的可以容忍的不便，他人负有适当容忍的义务。但该义务的承担以法律规定为限。

民事主体行使权利造成他人不便者，应采取措施尽力限制其消极影响，在有可能时对容忍其消极影响者予以适当补偿。

第二百六十六条　【民事权利的限制】

限制民事权利的内容，仅以宪法以及本法确定的原则为界，即仅以维护宪法基本制度、社会公共道德、社会公共利益、生命健康、他人的权利和合法利益及保障国防和国家安全之必需为限。

法律之外的其他规范性文件，不得对本法规定的民事权利的种类、内容以及权利救济方式等予以限制。

第二百六十七条　【民事权利的放弃】

民事主体可以放弃权利。但权利放弃违反法律或者公共秩序、有可能造成他人损害者除外。

第二百六十八条　【限制以及补偿】

政府基于国家利益和社会公共利益的需要，可以征收、征用或者对民事权利的行使进行其他必要的限制。

因此造成的损害，政府应当给予及时、充分的补偿。

第二百六十九条　【权利失效】

民事权利应当及时行使，怠于行使民事权利的，依法发生相应的权利失效后果，由权利人自己承担。

第二节　民事权利的保护

第二百七十条　【民事权利的司法保护】

人民法院和其他司法机关依法对受到侵犯的民事权利进行保护。

第二百七十一条　【自助行为】

权利人为实现其请求权，在情事紧迫且不能及时获得国家机关保护时，有权以自助的方式保护自己的权利。自助应以必要范围内和必要的方式为界。

第二百七十二条　【正当防卫】

为使本人人身或财产免受正在进行的不法侵害的，民事主体可以进行防卫。防卫在必要的范围和方式条件下，属于正当防卫。

因正当防卫造成损害的，不承担责任。正当防卫超过必要的限度，造成不应有的损害的，正当防卫人应当承担适当的责任。

第二百七十三条　【紧急避险】

为使本人或者他人的人身或财产免受正在发生的危险，民事主体可以采取紧急避险的方法保护其权利。

紧急避险采取措施不当或者超过必要的限度，造成不应有的损害的，紧急避险人应当承担适当的责任。

因紧急避险造成损害的，由引起险情发生的人承担责任，或由受益人给予适当补偿。

第三节　民　事　责　任

第二百七十四条　【民事责任的承担】

民事主体违反法定义务或约定义务的，应承担相应的民事责任。

第二百七十五条　【民事责任的方式】

民事主体承担民事责任的方式有：

（一）停止侵害；

（二）排除妨碍；

（三）消除危险；

（四）返还财产；

（五）恢复原状；

（六）修理、重作、更换；

（七）赔偿损失；

（八）支付违约金；

（九）消除影响、恢复名誉；

（十）赔礼道歉。

以上承担民事责任的方式，可以单独适用，也可以合并适用。

第二百七十六条　【不可抗力】

不可抗力是指不能预见、不能避免并且不能克服的客观情况。

因不可抗力不能履行合同或者造成他人损害的，根据不可抗力的影响，部分或者全部免除民事责任，但法律另有规定的除外。

第二百七十七条　【民事责任的竞合】

因当事人一方的违约行为，侵害对方人身、财产权益的，受害人可以选择要求违约方承担违约责任或者侵权责任。

第二百七十八条　【民事责任的聚合】

因同一行为应当承担刑事、行政责任的，不影响承担民事责任。

第二百七十九条　【民事责任的优先承担】

因同一行为应当承担民事赔偿责任和缴纳罚款、罚金，其财产不足以支付的，先承担民事赔偿责任。

第十章　附　　则

第二百八十条　【相关用语的含义】

本法所称的"以上""以下""以内""届满"，包括本数；所称的"不满""以外"，不包括本数。

第二百八十一条 【新法与旧法的关系】

《中华人民共和国民法通则》《中华人民共和国合同法》等相关法律的规定与本法不一致的,适用本法。

第二百八十二条 【施行日期】

本法自　年　月　日起施行。

[议案题目]
民法总则应该规定"客体"一章及该章编制方案的议案

一、案由

按照中国共产党第十八届中央委员会第四次全体会议关于"编纂民法典"的指示,由全国人民代表大会常务委员会法制工作委员会总负责、五家单位共同参与的民法典的编制工作目前正在紧张进行。民法典的编纂工作分为两步走,第一步就是目前正在从事的工作——编制"民法总则",立法工作机构已经就此编制出了内部的草案,并开始在参编单位和部分机构征求意见。这一工作方案虽然有不少值得肯定的地方,但是也有一个非常明显的缺陷,那就是没有对民事权利客体的规则做出规定。本议案认为,民法总则应该规定"民事客体",并且对民法总则"客体"一章的编纂内容提出方案。

二、案据

民事权利客体,即民事权利支配的对象,比如动产、不动产、知识财产(或称智力成果)、有价证券等。因为客体主要是指物品,所以世界上也有一些国家的民法总则之中直接规定了"物"一章,然后对此作扩大解释,将其立法规则扩展到其他客体。

关于"民事权利的客体",在民法中不规定不行;按照民法科学体例,这一部分内容也只能在民法总则中加以规定。原因是,自古以来民法所要解决的问题,就是"人—物—权利"三者之间的关系问题,以物为核心的各种权利客体,怎样进入民法的范畴,也就是为民法所许可,成为社会经济或者人民生活的支配对象,这就是民法总则要解决的重大问题。如果民法总则不写"客体"或者"物",没有权利客体的任何内容,必将给社会经济和人民群众的生活造成混乱。实际上这一部分内容十分重要,除了传统民法必须规定的不动产和动产的划分之外,目前关于有形财产和无形财产的划分,虽然是民法特别法——知识产权法的问题,但是也是民法一般法的问题。另外,目前社会反响很大的生态与环境问题、动物保护问题也已经成为法律必须解决的问题。对于环境和生态以及动物保护,虽然我们无法从民法的角度正面规定其权利,但是完全可以从禁止性规范的角度制定一些保护性的强制性规则。

2007年制定《物权法》时,立法机关曾经明确表示,"物"的内容不仅仅涉及物权,还涉及很多其他民事权利,应该在民法总则中加以规定。现在进行民法总则立法,不规定这一部分是不可以的。

三、论证

民法总则必须规定客体,具体的原因在于:

(1) 虽然从民法原理上看,自然人的人体之外的客观存在都是物,可以成为民事权利的客体;但是事实上能够成为民事权利客体的物是很有限的。比如,对于我们的宇宙最为重要的太阳就不是法律意义的客体。当然,月亮这样的物品,类似于海水和空气这样的物,也不是民事权利的客体。其实世界上很多物品都不能成为民事权利的客体。在这种情况下,立法必须对哪些物品可以成为民事权利的客体做出清晰的规定,以免造成司法障碍。历史上曾经出现过主张对于太阳和月球享有民事权利的案件,虽然最后都成为法学界的笑话,但是却成为司法者的难题。当前,我国又出现了关于阳光和太阳能的归属的争议案例。除了这些典型案例之外,现实中涉及自然水源、自然动植物、沙漠、海洋等能不能进入民事权利支配范畴的争议,不但在理论界一直没有中断过,而且实践中也出现了争议的案例。这些情况说明,民法必须对于大千世界的物如何进入民事权利客体范畴确定出规则。

（2）权利客体，在表象上看似乎仅仅只是权利的受动对象，在法律上只是发挥被动的作用；但是不然。客体在法律上的作用并不仅仅只是被动的，它的特征反过来也可以决定权利的性质和内容。以我国民众最为熟悉而且也最为重要的财产所有权为例。一说到财产所有权，民众会立即想到这种权利支配的对象是不动产还是动产的差别，因为一般来说，不动产和动产的财产价值差别很大，而且不动产所有权民法制度中有不动产登记的内容，而动产所有权中没有这些内容。那么，什么是不动产？什么是动产？他们的区别怎样对于民事权利的内容发挥决定作用？这个最基本的法律问题，就需要民法总则的客体一章来加以规定。当然，对于民事权利的内容发挥某种决定作用的权利客体有很多，因此我们必须就这个问题做出规定。

（3）当代世界，财产权利中客体内容越来越复杂，需要在民法总则中建立一般的规则，并对一些特殊的客体内容发挥规范作用。从财产权利客体的角度看，现在的"物"的范畴可以划分为四个大的领域：① 传统民法以不动产和动产的划分为基础所确定的物的范畴。② 因为投资和商务活动而产生的商事权利的客体，比如资本的权利客体，以及各种有价证券等，这些客体怎样和一般民事权利客体相互区分，但是在哪些情况下适用民法总则关于权利客体的规则，也需要依法明确。③ 知识产权的客体即各种智力财产，它们同样是民事权利客体，随着创新型国家的建立，这一部分资产发挥的社会作用将更加显著，它们也面临着既和一般民事权利客体相互区分，又要适用民法一般规则的问题。④ 涉及土地、森林、矿藏、水流、大气等自然资源性公共财产，它们既可以是民事权利的客体，又涉及生态以及环境保护等方面的规则，这些特殊客体在司法实践中面临很多问题，既需要特别立法、也需要作为一般法的民法解决。

（4）涉及大气等生态与环境保护重要利益范畴的物，民法虽然无法从正面表述其权利的种类和内容，但是我们可以在民法总则上规定禁止损害的规则，以体现绿色发展的重要理念。另外，涉及动物保护等问题，也可以遵循此理予以解决。

（5）在民法领域，自然人是绝对的法律主体，人的身体不是物，但是当代社会人的器官可以安全地脱离人体而成为特别法上的物，对这里的法律问题，《民法通则》应该建立基本的规则。目前，我国司法实践中已经发生数起涉及人体器官、精子、卵子、人的胚胎等特殊物的诉讼。以前的民法理论认为这些物与人际伦理紧密相关，民法不应该规范它们，但是现在这一方面的社会活动已经进入民法生活范畴，需要从民法的角度建立一般性规范。当然，在民法之外，将来还需要特别法建立更加细致的特别规范。

从以上几点看，我国民法总则的立法方案中，不可以缺少"权利客体"的规则。这一章的题目，也可以为"物"，但是在立法解释上，应该将其扩展为权利客体。

如果这一次民法总则的立法不规定"权利客体"一章，那么肯定造成比较严重的立法缺陷。除上述正面讨论的理由之外，还有一些反面的实践问题，提出了必须规定权利客体的理由。简要地说有：① 法律制度不完善，给法律事件造成困扰。比如，涉及物的整体和部分之间关系的规则、主物与从物之间的规则等，目前立法并不明确，司法实践中的消极案例已经不少。至于公用物与经营物的区分这样的原理，因为立法不明，司法实践造成的问题更多。涉及这些问题的案例，轻则造成财产价值的损害，重则造成重大经济秩序的混乱。据我们调查，目前对客体的不当处分，法律实践中比较多，司法中不能准确裁判处理的不少。② 对于无形财产尤其是智慧财产或者知识财产，如果不能从民法总则的角度，从权利客体的角度，建立民法与知识产权法的逻辑联系，那么将使得这种重要的民事权利失去民法的规范作用。③ 对于土地、森林、矿藏、水流等自然资源财产，目前的立法基本上仅仅只有行政法规在发挥作用，这些法规不但体系零散，而且行政色彩过于浓厚，不能表现这些物质财富的权利属性。法律事件急需民法总则对它们建立总括性、权利性的指引规则。如果本次民法总则立法不规定权利客体，这些内容又将在什么地方规定？④ 在涉及环境财产、生态财产方面，我国社会急需从生态侵权和维权的角度建立规则，如果民法总则不规定这些内容，就使得我国重要立法失去了一次难得的机会，也失去了一些重大的制度价值。⑤ 面临人体器官等涉及人际伦理的裁判问题上，如果民法总则不建立基本规则，其他法律也无法建立针对性规则。这样我国法律就失去了对这些社会问题的解决方案。

不论是从正面还是从反面的角度看，本次民法总则立法，都不能失去"权利客体"一章。

四、立法方案

我们在这里提出的权利客体一章的建议，采纳了中国社会科学院法学所课题组的学者建议稿。我们的建议稿，采纳的基本原理是"权利客体"对于权利内容的决定作用；那些对于权利内容没有决定作用，只有学理价值的分类，我们没有采用。另外，以"创新型国家理念"为指导，我们增加了知识财产的规则。以"绿色发展理念"为指导，我们增加了关于生态财产、动物保护方面的规定。该章的建议稿的内容见后附。

第十二届全国人大代表（代表证号 0628） 孙宪忠

附：民法总则"客体"一章的建议稿①

第 章 权 利 客 体

第 条 【物的定义】

本法所称的物，是指能够为人力控制并具有价值的有体物。

电能、煤气天然气等性质和范围依法明确的，也是有体物。

能够为人力控制并具有价值的自然资源、能源和特定空间，视为物。其他法律对这些物有特别规定的，依照其规定。

脱离自然人人体的血液、骨髓、精子、卵子、受精卵等器官或组织体，在不违背公共秩序和善良风俗的限度内，可以视为物。

---

① 因建议稿章序、条序不确定，故暂空缺。

第 条 【智力成果、无形财产】

精神产品等智力劳动的成果,以其性质和范围是否明确肯定为界,可以作为民事权利的客体。

商业信誉、人格利益等无形财产,也可以作为民事权利的客体。

知识财产、无形财产,占有、使用、收益以及处分的,除特别法规定之外,可以适用本法的规定。

第 条 【动物】

对动物,尤其是野生动物的处分和保护,遵循《中华人民共和国野生动物保护法》等法律规定。

第 条 【不动产】

不动产,是指依自然性质或者法律规定不可移动的物,包括土地、海域及房屋、林木等定着物。

第 条 【动产】

动产,是指不动产之外的物。

物权之外的其他财产权为不记名权利的,视为动产。其他法律对这些物有特别规定的,依照其规定。

第 条 【重要成分】

重要成分,是指对物的整体性质和效能发挥决定作用的组成部分。

重要成分不得脱离物的整体而独立成为权利客体。

第 条 【主物、从物】

主物,是指独立发挥效用的物。

从物,是指非主物的组成部分而附着于主物,并对主物发挥辅助效用的物。但交易习惯不认为是从物的,依习惯。从物暂时与主物分离的,不改变其从物的性质。

从物随主物处分,但当事人另有约定的除外。

第　　条　【临时附着物】

临时附着物，是指为了发挥某物的效用而临时附着于该物的物。临时附着物不是被附着物的从物。

依所有权之外的其他权利占有某物，为行使该权利而添加在该物上的物，不是该物的从物，而是该权利的从物。

第　　条　【不动产的临时附着物】

不动产的临时附着物，是指为行使以他人不动产为客体的权利，而附着于该不动产的物。

第　　条　【天然孳息】

天然孳息，是指物自然产生的出产物、收获物。

自与原物分离时起，天然孳息由享有取得权利的人取得。

第　　条　【法定孳息】

法定孳息，是指物依法律关系产生的收益。

法定孳息，当事人有约定的，按照约定取得；没有约定或者约定不明确的，按照交易习惯取得。

第　　条　【公用物】

公用物，是指为了实现国家治理、社会管理、公共服务等公益目的而设定的物。公用物不得用于营利目的。

公法法人依法享有、行使公用物的所有权。

第　　条　【经营物】

经营物，是指以营利为目的用以投资的物。

企业依法享有、行使经营物的所有权。

第　　条　【融通物、不融通物】

不融通物，包括公用物和禁止物。

不融通物之外的物，为融通物。

第　条　【代替物、不代替物】

代替物，是指可以同品种、同数量相互代替的物。

不代替物，是指不能以同品种、同数量相互代替的物。

第　条　【特定物、不特定物】

特定物，是指依当事人的意思具体指定的物。

不特定物，是指当事人仅以种类、品种、数量予以限定的物。

第　条　【消费物、不消费物】

消费物，是指一经使用就改变原有形态、性质的物。

不消费物，是指可以反复使用而不改变原有形态、性质的物。

第　条　【可分物、不可分物】

可分物，是指经分割不改变其性质、不减损其价值的物。

不可分物，是指经分割会改变其性质、减损其价值的物。

第　条　【单一物、结合物、集合物】

单一物，是指形态上独立成为一体的物。

结合物，是指数个物结合而成的物。

集合物，是指由多数单一物或结合物集合而成的物。

[建议题目]

对2016年1月11日《民法总则（征求意见稿）》的几点建议

对这个征求意见稿总体的看法是有很大进步，而且还有一些积极的创造。尤其是在编纂体例方面、概念规范用语方面都有很大的改进。但是不足之处也很明显。以下就大的框架性的不足提出修改建议，细节的修改建议我们将另行提出。

一、关于"民法上的物"，不予以规定是不可以的

自古以来民法所要解决的问题，就是"人—物—权利"三者之间的关系问题，物为权利客体，民法必须规定哪些物可以进入民法的范畴，成为社会经济或者人民生活的支配对象。征求意见稿不写"物"，没有权利客体的任何内容，必将对于社会经济生活的这个领域失去规范，甚至有可能造成混乱。实际上这一部分内容十分重要，除了传统民法必须规定的不动产和动产的划分、有形财产和无形财产的划分这些非常重要的规则之外，目前社会反响很大的环境问题也已经成为法律必须解决的问题。对于环境和生态，虽然我们无法从民法的角度正面规定其权利，但是完全可以从禁止性规范的角度写一些保护性的强制性规则。

2007年制定《物权法》时，立法机关明确表示，"物"的内容不仅仅涉及物权，还涉及很多其他民事权利，应该在民法总则中加以规定。现在进行民法总则立法，不规定这一部分是不可以的。

关于这一部分的修改建议，是采纳中国社会科学院课题组关于"物"

的学者建议稿，另外，再加上有关无形财产、生态财产的规定。

二、第五章关于民事权利的写法继承了《民法通则》的体例，有一定优点，但存在较大缺陷

（1）因为这一部分关于民事权利的写法，没有采取学术上抽象分类的方式，而是采取列举具体生活中常见权利的方式，这种写法带来最大的问题是列举不全，有可能把一些十分重要的权利排除在民事权利的体系之外。比如，以矿藏、水流、大气、森林、滩涂等自然资源作为支配对象的权利，尤其是生态利益性质的权利或者利益，就无法纳入这个体系之中。这样，就使得这一立法显得十分保守。

（2）这一部分目前的写法显得杂乱，不符合法学原理逻辑。比如将股权和继承权并列等，非常容易造成法学研究和司法适用上的混乱。我们的建议是将该章和第八章"民事权利的行使和保护"合并，建立"民事权利、义务的一般规则"。

三、第八章"民事权利的行使和保护"现在写入的内容多数是很好的，但又有明显不足

（1）虽然名义上写的是"民事权利的行使和保护"，但是其内容却没有如何行使权利、保护权利的正面规则，比如权利人如何自助、如何行使公共权力救济的规则等。目前的几个条文，从一开始就写"不得""禁止"等内容，给人的印象不像是引导人们行使权利，反而是限制人们行使权利。

（2）权利的行使和权利类型无法建立关联，不能引导人们行使权利。从体系上整合第五章和第八章的内容，可以解决上述问题。

四、法律条文多有重复、语言含混不清

比如第3条和第13条重复，第7条和第133条重复，第8条和第132条重复、第9条和第10条重复。语言含混不清之处比较多，比较严重的如

第 138 条等。

除以上问题之外，还有概念、规范等一些细节性的问题，我们将另外行文指出。

以上意见，仅供参考。

第十二届全国人大代表（代表证号 0628） 孙宪忠

2016 年 1 月 15 日

[建议题目]
对 2016 年 4 月《民法总则草案（征求意见稿）》的修改建议

全国人民代表大会常务委员会法制工作委员会于 2016 年 4 月发布的《中华人民共和国民法总则草案（征求意见稿）》（以下简称"征求意见稿"），向部分全国人民代表大会（以下简称"全国人大"）代表征求意见。本人收到后已经仔细阅读。为了慎重，本人收到该稿之后没有立即反馈意见，这一段时间收集了我国社会以及有关学者的看法，现在就进一步的修改发表意见如下。

一、值得肯定的方面

1. 立法体系

目前，"征求意见稿"共 10 章 158 个条文，基本结构是：民法的基本原则、民事主体、民事权利、法律行为、代理、民事权利的行使与保护、时效等。这一结构，符合民法总则的编纂逻辑，即法律关系的法理，也符合我国的法律发展的实际情形。

从我收集到的社会意见看，目前对"征求意见稿"在立法结构方面的批评，主要是对其第五章"民事权利"独立设置为一章表示不同意。其主要理由是，这一章设置具有强烈的《民法通则》的色彩，立法体例上显得有些过时；这一章规定的民事权利在其他法律之中已经有了规定，在此规定没有多大必要；而且其他国家或者地区的民法典，一般来说并没有这一章的规定。对这种批评，我表示不认可。我认为，我国"民法总则"中设置这一章是十分必要的。原因是，我国现在编纂民法典和历史上的民法典编纂活动有一个巨大的差异，就是目前我国现行民商法的法律法规群体已经十分庞大，这一次立法需要为他们建立统一的体系化逻辑。这种立法背景和其他任何国家的民法典编纂都是不一样的。本人在担任全国人大代表之后，仔细分析了吴邦国委员长曾经宣布建成的我国法律体系，发现国家层面400多个法律法规之中，涉及民事权利的立法有200个左右；这200个法律法规，从民事权利法律渊源和调整对象的角度看可以划分为五个小体系：一是传统民法典规定的民事权利体系；二是我国商事系列立法规定的民商权利体系；三是知识产权立法规定的作为特殊民事权利的知识产权体系；四是社会立法中的民事权利体系；五是以土地为核心的自然资源（包括土地、森林、矿藏、水流、海洋、滩涂、大气等）立法中的民事权利体系。这五个体系之中都包括大量的民事权利规范，这一次民法典立法，不可能把这些民事权利规范都予以纳入。虽然不能将其都纳入民法典，但是考虑到民事司法中的法律适用规则，未来的法律实践在实施法律时，必然会涉及这些民事权利立法的体系关联问题。所以本次民法典编纂，有必要给这些法律法规中的民事权利建立一个相互关联的基本逻辑，使得这些法律法规中的民事权利成为和谐的体系，而不要出现制度打架的情形。所以在民法总则中规定"民事权利"制度，为我国现行法中庞大的民事权利规范建立一个体系性的逻辑，这是十分必要的。当然，"征求意见稿"这个体系化逻辑的体现并不突出，应该完成的立法使命并未完成。本人对此提出的修正建议将在下文讨论。

2. 法律制度的逻辑性

民法典编纂的基本逻辑是法律关系理论。这个基本逻辑，也就是民事法律制度在制定法中体系化展开，首先从权利主体开始，然后是权利客体、权利义务制度这种编成的方法。

这一逻辑，其实是人类社会数千年法律社会经验的总结。自从罗马法将人类社会的基本法律因素总结为"人、物、权利"三个方面之后，萨维尼在此基础上又进一步地总结出，人与人之间的社会关系反映在民法上，就是民事主体之间的权利义务关系。这一点也体现了法律作为上层建筑对于客观社会人与人之间行为的主动规范；法律承认和保护正当的社会关系，使得当事人享有受法律承认的权利；法律要求当事人不可为的行为，就成为法律意义上的义务或者责任。法律将权利与义务的关系施之于社会的自然人或者法人，其实也是将立法者所要承认和保护的行为规范贯彻于社会，引导社会按照立法者的指导思想运行。法律关系的逻辑被科学地总结出来之后，很快就成为世界公认的法律原理，成为民法立法、司法共同认可的基本科学知识。因此民法典尤其是民法总则的制度编成，都是从主体、客体、权利义务这个基本的逻辑展开的。

此次"征求意见稿"虽然没有专章规定"物"，但也基本遵循了"主体（第2章、第3章）——客体（第5章第86条第3款）——权利（第五章）以及权利变动的根据法律行为（第六章）"这一结构。这一点值得充分肯定。虽然目前法学界还有人主张我国立法采取英美法系的模式，但是这些观点没有提出英美模式到底是什么样的立法模式的形状，不足采纳。

3. 内容上的可取之处

"征求意见稿"的内容值得肯定之处比较多，相比《民法通则》有很多新的规则采用。比如，第7条规定民事活动应当遵守法律，不得违背公序良俗。它用"公序良俗"这一民法概念替换了《民法通则》第7条中"社会公德"和"社会公共利益"这些政治概念，较符合大陆法系国家的立法惯例。比如，第9条关于民法适用的法律根据的规定，"法律没有规定的，也可以适用习惯"，这也是明显的进步。比如，第15条关于胎儿保护的规定，从侵权保护的角度解决胎儿出生后的请求权问题，这也是明显的进步。再如，第17条规定，6周岁以上的未成年人是限制民事行为能力人。这一规定改变了《民法通则》规定的10周岁作为未成年人年龄底线的规定，比较符合当前社会生活的实际。"征求意见稿"值得肯定的地方还很多，在此不一一指出。

二、体系性、结构性修改建议

1. 法人一章

法人一章的立法是"主体立法""组织体立法"而不是行为立法，所以这一章的制度编成，应该符合法人如何形成组织体的基本规则，目前的立法体系有不妥之处。从法人形成组织体的规则看，首先我们应该建立的，就是社团法人与财团法人作为组织体的基本区分逻辑。因为社团法人是在成员资格的基础上建立起来的，而财团法人是在捐赠资产的基础上形成的。这个组织体形成逻辑的差别，不仅仅对于引导法人依法形成有重要价值，而且对于法人事务的裁判有根本的决定作用。比如，社团法人成员大会、董事会、监事会、经理人之间的法律事务，完全是在成员资格或者成员权的基础上运行的。但是财团法人没有成员，这些治理结构的形成规则就完全不同。在司法实践中，法院主要解决的法人问题就是治理结构方面的问题，所以法人组织体规则应该是法人制度立法的基本内容。这个基本规则是不能回避的。

目前"征求意见稿"确定的法人分类的基本类型是营利法人和公益法人，这个做法并不妥当。因为这种区分方式不能抓住组织体立法的基本特征。另外，营利法人和公益法人的区分在当前的民法实践中并不典型，在这两种法人之间还有很多中间状态。甚至在当代的国际实践中，有一些典型的公益法人为了法律登记等方面的原因，而故意采取了盈利法人的架构。比如我们熟悉的"德国技术合作公司"其实并不是营利法人。按照公司法原理和我国公司法的规定，公司也可以以公益为目的，公司的利润和收入不用于分红而是用于公益。基于这些原因，"征求意见稿"把营利法人和公益法人的区分作为法人基本区分类型的做法是不妥当的。

此外，我建议在法人一章，还是要写入公法法人和私法法人（或者民法法人）的基本区分。这种写法，对于我国建立公法法人参加民事生活的规范基础非常必要。目前这一方面的问题已经很多，急需立法规范。

2. 民法总则应该专章规定作为权利客体的"物"

"征求意见稿"并没有设立专门一章规定权利客体，它仅仅只是在第五章"民事权利"中对几种重要的"物"进行了附带性的规定。这一做法不妥。因为,不论是从立法科学性的角度看,还是从司法实践需求的角度看,民法总则都应该设立专章规定权利客体。如果权利客体的内容设置有争议,那么就应该规定权利客体无争议部分的内容——"民法上的物"。

从立法科学性的角度看,权利客体是法律关系的要素,是不可以缺少的部分。而且从民法的基本法律规范属于行为规范和裁判规范的本质特征看,权利客体或者民法意义上的物虽然只是权利的对象,但是其规则对于当事人从事民事活动具有强烈的行为指引作用,同时具有强烈的裁判规范的价值,因此世界各国民法典总则,对此都会加以规定。从司法实践的角度看,客体的法律规则对于民事裁判具有的决定性,目前在我国的司法实践中已得到印证。比如,财产和人体的划分、有形财产和无形财产的划分、不动产和动产的划分、主物和从物的划分、可分物和不可分物的划分、物的必要组成部分和非必要组成部分的划分等,都对于财产的归属、处分等发挥决定作用。现在"征求意见稿"这样简单几句话,完全不能体现权利客体或者物的重大立法和司法价值。

最为重要的是,目前我国社会对于环境、生态、动物保护、人体捐赠器官的法律矛盾非常多。这些物的规范虽然并不仅仅只限于民法方面,但是民法的规范确实是基础性质的。如果没有这些规范,其他的立法没有权利的基础,无法做出进一步的规范。

在我国《物权法》制定时期,原定的立法方案认为,权利客体或者物并不仅仅只是涉及物权法,而是还要涉及其他法律领域的问题,因此应该在民法总则之中加以规定。现在民法总则制定之时,正是应该建立权利客体制度的时候。关于权利客体一章如何规定,本人2016年第十二届全国人民代表大会第四次会议已经提出了议案,建议参考。

3. 第五章"民事权利"和第八章"民事权利的行使和保护"应该整合为一章

"征求意见稿"第五章和第八章都涉及"民事权利",只是侧重点有所不同。第五章规定的是民事权利的具体内容,而第八章规定的是民事权利的行使规则。从整体结构上看,不如把二者的内容合并为一章,统一规定为"民事权利及其行使",或者将民事法律关系的内容统一规定,题目可以表述为"民事权利义务的一般规则"。

本人在2016年"两会"期间所提的议案之中有一大段内容,就民法总则应该建立"民事权利义务的一般规则"的问题进行了比较多的阐明。上文也提到,我国这一次民法典编纂和历史上的民法典编纂的巨大差异,就是面临我国涉及民事权利的现行200个左右法律法规,大体上已经划分为五个小体系的局面,现在民法典编纂的任务之一,就是应该在我国的民法总则中为这五个体系建立系统化逻辑,以解决庞大的法律法规群体带来特殊的法律适用方面的关联问题。在法律的适用方面,现有法律法规存在着适用的竞合,所以立法必须解决谁先谁后、谁是基础谁是补充这些体系化的问题。本人领衔所提议案提到,解决这个问题的方法,就是在民法总则之中写入"民事权利义务的一般规则",在这里建立可以覆盖全部民事法律法规的逻辑性、体系性规则。鉴于本人所提议案对此已经有比较多的讨论,在此即不再赘述。

三、具体概念术语的修改建议

1. 第一章"一般规定"中,民法的法源,建议增加"公认的学说和先例"

法律的适用,需要寻找法源。制定法作为法源当然没有争议,但是,制定法也有不齐全的问题。因此当法官穷尽法律解释或漏洞补充的方法都不能从法律、法规或习惯法中导出裁判本案的依据时,应允许法官参酌公认的民法学说和先例作出判决。这一点在国际上有先例,国内也有基础。

2. 第二章"自然人"中,建议修改:死亡宣告被撤销时,夫妻关系是否自行恢复应尊重被宣告死亡人的配偶的意见

目前"征求意见稿"第46条第2句规定,死亡宣告被撤销时,其配偶未再婚的,夫妻关系自撤销死亡宣告之日起自行恢复。我认为这一规定并不妥当,因为没有考虑另一方当事人的心理感受和实际情况的变化。实践中曾经有这样的案例:当事人被宣告死亡后,其配偶在观念上认定其确

已死亡,因而开始了一段新的感情,当新感情的双方举办了婚宴而尚未领取结婚证时,被宣告死亡的人出现了。故法律不应强制规定夫妻关系自撤销死亡宣告之日起自行恢复,而应该允许被宣告死亡人的配偶一方进行选择。建议将该句话修改为:死亡宣告被撤销时,如果配偶不持异议,夫妻关系自撤销死亡宣告之日起自行恢复。

3. 第三章"法人"的意见建议

(1) 依据"社团法人"和"财团法人"的逻辑,建立法人基本分类。

(2) 增加公法法人的条文,明确公法法人参加民事生活、承担民事责任的基本规则。

(3) 社团法人应明确写上法人治理结构。财团法人写入类似机构。

4. 第四章"其他组织"的修改建议:其他组织的范围应扩充增加民事合伙以及其他不具有法人资格的企业和团体

"征求意见稿"第78条第2款只列举了两种其他组织,即个人独资企业、合伙企业。但实际上,现实中存在很多种非法人团体,比如普通的民事合伙、不具备法人资格的乡镇企业以及其他不具有法人资格的非营利组织等。

6. 第五章"民事权利"的意见建议

(1) 除将本章和第八章合并为一章之外,本人建议,对"征求意见稿"其他的修改意见有:自然人人格权的内容应与侵权责任法保持一致,并应考虑增加一般人格权的规定。"征求意见稿"第89条对于自然人仅列举了生命权、健康权、姓名权、肖像权、名誉权、荣誉权、隐私权等7种具体的人格权。但是2010年实施的《侵权责任法》第2条则明确规定了自然人的9种具体人格权,除上述7种外,还规定了婚姻自主权和监护权。虽然从法理上看涉及婚姻自主权和监护权的纠纷,是否完全属于人格权纠纷尚有争议,但是其中确实涉及人格问题。因此希望在此增加一般人格权的规定,以此涵盖"反家暴法"等涉及的人格保护的内容。

(2) 将本章中涉及的"物"的内容提出,单独作为一章规定。

6. 第六章"民事法律行为"的修改建议

法律行为制度是民法总则的核心制度,因此希望立法机关进一步重视民法科学、按照中央提出的"科学立法"的要求建立相关制度。关于这一部分的立法，本人在2016年第十二届全国人民代表大会第四次会议领衔提出的"关于民法总则的议案"中，就这一部分立法有充分的阐述。目前"征求意见稿"有不少值得肯定的地方，但是也有法理欠缺之处。在此提出修改意见有：

（1）将"民事法律行为"的概念修改为"法律行为"的概念

"征求意见稿"第六章采用了"民事法律行为"的概念，而没有采用"法律行为"这个概念，这个做法是不妥当的。因为法律行为概念的本质是当事人的意思表示；而"民事法律行为"概念并不以意思表示作为基础，所以这个概念貌似而实非。使用"民事法律行为"这个概念，对于民法体系整体的消极影响非常大，甚至它可以作为立法无法实现科学性的典型标志。也许就是因为这样，据我的调查，整个民法学界都主张"法律行为"这个概念，而对"民事法律行为"这个概念采取排斥的态度。而主张采纳"民事法律行为"这个概念的，都不是民法学界的学者，可以说都不是专业的观点。因此本人在这里做出立法科学性的呼吁，希望立法机关能够按照"科学立法"的要求，采纳"法律行为"这个概念。

（2）明确采纳区分原则

目前，区分原则已经得到我国《物权法》以及最高人民法院司法解释的完全承认，并且在司法实践中得到普遍的应用，可是"征求意见稿"对此却没有任何反应。这种立法落后于现实的情形，本人以为十分不妥。

《物权法》第15条规定："当事人之间订立有关设立、变更、转让和消灭不动产物权的合同，除法律另有规定或者合同另有约定外，自合同成立时生效；未办理物权登记的，不影响合同效力。"此外，《物权法》第9条、第23条等也发挥了这样的功能。最高人民法院2012年颁布的《关于审理买卖合同纠纷案件具体应用法律若干问题的解释》第3条，更是明确规定债权意义上的合同生效条件里，不包括合同当事人一方的处分权或者所有权这样的内容。这一规定，更是区分原则最为清晰的应用。同时，最高人民法院《关于印发修改后的〈民事案件案由规定〉的通知》之中也明确指出，"具体适用时，按照物权变动原因与结果相区分的原则"。因此，我国民法总则，在法律行为的制度设计中，采纳区分原则已经不再有实质的障碍。民法总则应该对此予以明确确认，彻底纠正《担保法》《合同法》中的不科学规定。

（3）规定人身关系的法律行为

"征求意见稿"中虽然规定了关于财产关系的法律行为和人身关系的法律行为的共同规则，但是，考虑到人身关系的法律行为的特殊性，仍然应对涉及人身关系的法律行为的特殊规则进行规定。一方面是婚姻家庭关系中的法律行为本身有其特殊性，应在"提取公因式"的民法总则中进行规定。比如，人身关系的法律行为大都不可强制执行。对此进行规定有利于更好地理解适用婚姻法、收养法中的具体规则。另一方面是随着社会的发展，出现了身份伦理色彩极浓的涉及人体器官、精子、卵子等捐赠的新问题，出现了涉及运动员、艺员转会（俱乐部）等新问题，这些现实问题都需要设定与之对应的人身关系法律行为的相关规则。在21世纪呼唤一部与时俱进的科学的民法典的今天，民法总则对此不应回避，而应有所作为。

（4）应明确规定与虚伪表示相配套的隐藏行为法律规则

"征求意见稿"在第103条中规定了传统民法中所谓的通谋虚伪表示。通谋虚伪表示的特点在于，双方当事人都欠缺效果意思，都不想使其行为真正发生法律上的效力。因而通谋虚伪表示在当事人之间无效，但不得以其无效对抗善意第三人。一般情况下，如果存在通谋虚伪表示，则很可能会在虚伪表示之下存在一个隐藏的法律行为。而隐藏行为的处理规则完全根据其自身的情况判断，具备生效条件且没有无效事由的，就应认定有效。因此，隐藏行为与虚伪表示的效力并不互相依存，虚伪表示无效并不导致隐藏行为的无效。所以民法总则在规定虚伪表示的同时，应规定隐藏行为，从而使其与虚伪表示形成一个较为完整的体系。

7. 第七章"代理"的修改建议

关于自己代理和双方代理，应赋予被代理人撤销权。"征求意见稿"第124条规定了自己代理和双方代理的情况。在传统民法中，自己代理和双方代理属于民法中滥用代理权的行为，属于法定无效的行为。但是，从有利于被代理人的角度看,这些行为的后果并不一定对被代理人不利,应该由被代理人来重新选择。因此,建议将自己代理和双方代理行为改为可撤销行为,将自己代理行为和双方代理行为法律效力的决定权交给被代理人,这样既可以保护被代理人的权益,也可以鼓励当事人挽救那些确有存续意义的民事法律关系。

8. 第八章"民事权利的行使和保护"的修改建议

(1)将本章和第五章合并。

(2)在合并的内容中,增加规定"正当防卫""紧急避险""自助行为"等关于民事权利保护的内容。

"征求意见稿"在第八章专门规定了"民事权利的行使和保护"。从境外立法经验看,在民法总则中只要规定"民事权利的行使和保护"的,都会规定正当防卫、紧急避险以及自助行为等。比如《德国民法典》第六章"权利的行使、自卫、自助",再如我国台湾地区"民法典"第七章"权利之行使"的内容。虽然我国《侵权责任法》第30条和第31条分别规定了正当防卫和紧急避险,但这仅仅只是侵权责任抗辩事由的规定,而不是发挥引导作用的行为规范的规定。实际上,正当防卫等制度从本质上属于民事权利的行使和保护的内容,应该放到民法总则中进行规定。同时目前我国社会普遍存在着权利人以自助的方式行使民事权利保护的情况,其中有些是正当而且适度的,但是也有一些超越了应有的界限。因此民法总则也应该建立"自助"制度,对这些情况予以规范。

9. 第九章"期间和时效"的意见建议

(1)建议规定取得时效制度。"征求意见稿"第九章中,第一节是期间,第二节是诉讼时效,第三节是除斥期间,这些内容并不完满。建议规定取得时效,解决消灭时效届满时的物权归属问题。

(2)"特殊情况下人民法院可以延长诉讼时效期间"的规定应统一适用于普通诉讼时效和长期诉讼时效。"征求意见稿"第145条的规定对此并不明确,建议修改。

(3)建议采纳"抚养费、扶养费、赡养费的请求权不适用诉讼时效"。"征求意见稿"第152条明文规定了不适用诉讼时效的请求权类型,值得肯定。但是，该条规定也遗漏了一些司法实践中颇为常见的请求权类型，比如涉及抚养费请求权、赡养费请求权、扶养费请求权适用诉讼时效的规则。从法理上讲，抚养、扶养、赡养等的请求权是基于特殊身份关系产生的，身份关系不会消灭，请求权也不会消灭。因此，应该明确这些请求权不适用诉讼时效的规定。

以上建议，仅供参考。

第十二届全国人大代表（代表证号0628） 孙宪忠

[建议题目]
关于《民法总则草案》"民事权利"一章的修改建议

一、案由

针对2016年6月27日全国人民代表大会常务委员会（以下简称"全国人大常委会"）委员长会议提交的、第十二届全国人大常委会第二十一次会议审议的《民法总则草案》之中"民事权利"一章，就其立法结构和条文设置提出修改建议。

二、案据

民法历来被称为"权利立法"，《民法总则草案》的第五章的章名就是"民事权利"，因此这一章的立法结构以及条文设置，对于本次立法具有核心价值。除此之外，民事权利一章的结构和条文设置，还必须考虑到我国现行立法之中，涉及民事权利的法律规范遍布各种法律法规之中的事实，还要考虑到涉及民事权利的各种活动，不仅仅要应用民法总则、民法典，而且还要应用其他法律法规，因此这些法律法规涉及的民事权利的规范，自然应该做到和谐与统一，这样不仅仅民事主体进行的民事活动才会顺畅，而且国家的法律法规也会得到彻底的贯彻。考虑到法治国家原则和民事权利制度的内在要求，考虑到法律政令的统一和谐是立法基本要求，因此民法总则的法律制度中，必须有对于其他涉及民事权利法律法规体系予以指导和规范的总章程，它能够保障这些法律法规和谐统一地发挥作用，因此，在《民法总则草案》的"民事权利"一章建立一种"上位法规则"，以此来协调统一我国众多涉及民事权利的法律法规的贯彻实施。

目前，我国最高立法机关发布的《民法总则草案》中的"民事权利"一章仅仅只有民事权利种类的规定，这当然无法满足现实生活的需要，因此关于这一部分的体例结构，我建议应该有大的改变。

三、论证

本人学习和研究时总结，我国涉及民事权利的立法，包括全国人民代表大会制定的法律和国务院制定的条例共有200多个。这些法律法规，有些直接规定民事权利的种类和内容，有些则着重于规定民事权利的取得和消灭的方式方法，或者法律根据，还有一些规定民事权利的行使方式或者保护方式。所以从民事权利的取得、行使、保护到消灭这个过程而言，这些法律法规都存在着内在的逻辑联系。本人把这些立法形成的整体称为我国大民法体系。这个体系包括如下内容：

（1）民法典的固有体系，包括民法总则、合同法、物权法、婚姻家庭法、继承法等，它们当然直接规定了民事权利的种类和内容。

（2）商法体系，包括公司法、票据法、破产法等规定商事权利的立法。商事权利历来被认为是民事权利的特别类型。

（3）知识产权立法体系，包括专利法、商标法、版权法等法律，他们规定的知识产权当然也是民事权利。

（4）社会法体系，这些立法之中有关于普通民众根据社会保险合同享有的一些民事权利。

（5）以土地为代表的自然资源立法体系，包括土地法、森林法、草原法、河流以及海域管理法等，这些法律多为单行立法或者行政法规，它们有的直接规定土地权利等民事权利，有的则侧重于规定这些民事权利特殊的取得方法，在民事权利的实践中意义非常大。

（6）涉及城市规划、园林绿化、环境保护等法律，虽然不直接规定民事权利，但是却规定了民事权利的行使方式，而且这一部分规定，还多是强制性规则，是民事主体行使权利时必须要遵守的。如此之多的民事权利的法律法规出现在我国，这是很正常的，因为在法治国家原则下，民众不论是取得权利还是行使权利，都应该有一定之规。

当然，这些涉及民事权利的法律法规并不能都纳入到民法典之中，它们中的一些将作为民法的特别法保留在民法体系之内，还有一些将保留在行政法的体系之内。但是这些法律法规必须在民事权利的取得和行使的制度规则方面保持和谐统一，否则会妨害法律的贯彻实施，会给民事权利造成损害。而且在分析这个问题时我们还要看到这样两个事实：

（1）上述法律法规制定的时间不一致，有一些改革开放初期制定的法律法规对于民事权利承认和保护做得并不好。

（2）一些法律法规制定的出发点是为了强化社会管理，而不是民事权利的承认和保护。也就是因为以上原因，我们就必须在民法总则之中建立民事权利的一般规则，作为我国民事权利立法体系之中的"上位法规则"，以达到充分承认和保护民事权利的立法目的。

从上面这些分析来看，2016年6月27日《民法总则草案》相比以前的立法，在民事权利的具体类型的规定方面确实比现行立法有实质的突破，很值得充分肯定；但是这个草案确实还有不足之处：

（1）草案只有权利的类型，而没有关于权利取得和消灭的规则，没有相关法律根据的一般规则的规定，无法满足市场交易和人民生活的需要。现实中的民事权利经常处于取得与消灭的变化之中，一般情形下这些规则在其他法律法规之中多有规定，但是其出发点和内容并不太和谐统一，因此应该在民法总则之中建立权利取得与消灭的一般规则。建立这一部分规则的主要内容，是"法律根据"或者"法律事实"的一般规则。在立法逻辑上我们应该把法律事实或者法律根据区分为公法上的事实和私法上的事实，把依据立法、行政行为、司法行为导致的民事权利发生与消灭的基本原则做出清晰的描述，对于公权行为有可能损害民事权利的行为做出明确的限制；然后，从法律行为和事实行为相区分的角度规范民事行为。当然，在立法草案的撰写时我们可以不完全按照这种教科书的分类，但是这些基本的逻辑还是要遵守的。

我们提出的这一部分的设置，特别撰写了几个条文，界定了依据公法行为特别是行政行为取得和消灭民事权利的条件和法律效果。这一部分条文虽然数量不多但是意义重大，它们就是我们在前面设想的对于众多单行法律、行政法规的"上位法规则"。这些条文对于依法行政、对于民事权利的取得和消灭、对于民事权利保护意义显著。

目前的《民法总则草案》虽然在其他章节规定了法律行为，但是就因为法律行为涉及交易的最为重要的法律制度区分原则却没有任何反映，这一点成为显著的漏洞。实践中，一些裁判者常常依据一手交钱一手交货的规则，将那些标的物尚未生产出来的合同判决无效；或者直接依据合同做出交易对象比如所有权等支配权由买受人取得的裁判结果。这些裁判不论在法理上还是在实践上都是错误的。我国物权法已经采纳了区分原则，最高人民法院的司法解释已经全面采纳了区分原则。如果继续坚持一手交钱一手交货的规则，则不但立法严重脱离现实而且严重损害交易。考虑到区分原则并不仅仅适用于物权交易，而且还适用于知识产权交易、股权交易、债权转让等情形，可以说它是涉及交易的一般规则，因此将其规定在民事权利变动的"一般规则"这一节中是很恰当的。目前的《民法总则草案》对于这个重要的规则没有任何反映是不恰当的。

因为区分原则意义显著，与此相关联的法律制度无权处分问题，也应该予以明确规定。

此外，因为目前的民法总则草案对于事实行为没有任何的规定，这是体系性的漏洞，我们在条文设置上也弥补了这个漏洞。

在这一部分，我们也有条文承认公证制度对于民事权利和法律事实的证明方面所发挥的作用，为公证制度在民法上建立上位法的基础。

（2）草案没有关于"民事权利行使"的细节规定，无法充分发挥法律引导人民行使权利的功能。目前草案只在第一章"基本原则"部分规定了一个行使权利的原则，但是以此不足以满足实践的需要。现实生活中行使权利不守法律、不守规矩的问题比较严重，这确实与我国法律没有建立前置性的引导规范有关。另外，在民法上还存在着各种权利位阶不同的问题，有些权利因其本质比其他权利有优先的特征。因此在多个权利竞合时，也需要建立引导性规则，否则法官也不知道如何裁判。所以这个问题需要明确建立细致的规则。

（3）草案对"民事权利保护"这个非常重要的内容没有任何规定，这是明显的不足。如果民法总则作为权利立法而没有权利保护的规则，那势必造成社会的误解。目前，权利的保护在法律实践中问题很多，而民法总则草案对改变这一现状的措施比较弱，这是一个明显的立法短板。希望能够在此承认自助和公力救济的内容，补上这个短板。因此，建议"民事权利的保护"这一制度能够用单独一节规定出来。

四、方案

据以上分析，我们提出的民法总则"民事权利"一章应该有以下四节：

第一节为"民事权利的种类"。其基本内容以草案现有的内容为主。另外，就民事权益的规定，应该再做扩大，可以扩大到环境、生态、大气、水流等各方面的利用利益。

第二节为"民事权利的取得与消灭"。这一节的主要内容，是规定民事权利取得和消灭的一般规则，其主要的内容是关于"法律根据"的规定，为除法律行为之外的其他民事权利发生变动的法律根据确立一定之规。应该说明的是，本建议案在本节提出的关于依据公共权力发生民事权利取得和消灭的一般规则，在我国法律法规中至今尚无上位法的统一规定。虽然《物权法》规定了几种物权的相关规则，但是现实生活中也会发生物权之外的其他权利依据公共权力取得以及消灭的情形。

上文分析提到，民法总则必须给涉及民事权利的庞大的法律法规体系建立上位法规则。我们在这一节建议撰写的几个条文，就体现了这些设想。

考虑到区分原则已经被我国法院系统完全采纳，而且这一原则完全适用于物权、知识产权、股权和法律利益的交易分析和裁判之中，因此本节写入了区分原则。而且就该原则在涉及行政批准的权利变动中的应用撰写了符合法理而且也已经被普遍采用的规则。

另外，"事实行为"这种法律根据，目前在民法总则、其他法律中都没有规定。这个体系性的漏洞应该弥补。这一点我们也提出了条文建议。

鉴于公证对于民事权利义务有重大影响,而且公证制度在我国已经发展成熟,现在将其写入民法总则应该说毫无理论障碍。这一制度在我国民法之中至今尚无任何反映,这是长期以来明显的制度漏洞。因此,建议在本章本节能够从法律事实的客观证明的角度写入公证。

第三节为"民事权利的行使"。在此彰显权利依法行使的精神,将权利的行使再进一步的细化,体现法律作为行为规范的价值,引导人民行使权利,规范社会的维权行为。考虑到现实生活中这一方面的问题十分严重,所以需要明确建立细致的规则。

第四节为"民事权利的保护"。具体内容,以公共权力的救济和权利人自力救济作为具体分类,从这两个方面实现权利保护。目前,关于公共权力救济民事权利的理论和方法,在我国基本上没有太多争议。但是关于民事主体以自力救济保护权利的问题,立法上和实践中尚有不同看法。一些人认为立法不应该承认自力救济,他们担心会因此产生民众滥用私权的情形。其实这样的担心是不必要的,只要民法总则规定了正确的自力救济的方法就行了。

第十二届全国人大代表(代表证号 0628)　　孙宪忠

2016 年 7 月

附:《民法总则草案》"民事权利"一章的建议稿①

第五章　民　事　权　利

第一节　民事权利的种类

第　条　【民事权利的种类和内容】

民事权利的种类和内容由本法以及民法特别法规定,但不以本法及其

---

① 因条序不确定,暂空缺。

他法律之规定为限。

本法之外其他法律规定的民事权利，可以适用本法关于民事权利的规定。

第 条 （草案第99条） 自然人的人身自由、人格尊严受法律保护。

第 条 （草案第100条） 自然人享有生命权、健康权、身体权、姓名权、肖像权、名誉权、荣誉权、隐私权、婚姻自主权等权利。

法人、非法人组织享有名称权、名誉权、荣誉权等权利。

第 条 （草案第101） 自然人因婚姻、家庭关系产生的人身权利受法律保护。

第 条 （草案第102条） 民事主体依法享有的收入、储蓄、房屋、生活用品、生产工具、投资及其他财产权利受法律保护。

第 条 （草案第103条） 民事主体依法享有物权。

物权是权利人依法对特定的物享有直接支配和排他的权利，包括所有权、用益物权、担保物权。

第 条 （草案第104条） 物包括不动产和动产。法律规定具体权利或者网络虚拟财产作为物权客体的，依照其规定。

第 条 （草案第105条） 民事主体依法享有债权。

债权是因合同、悬赏行为、侵权行为、无因管理、不当得利以及法律的其他规定，权利人请求特定义务人为一定行为的权利。

第 条 （草案第106条和第107条） 没有法定的或者约定的义务，为避免他人利益受损失进行管理或者服务的，有权请求受益人偿还由此而支付的必要费用。

没有合法根据，取得不当利益，造成他人损失的，应当将取得的不当利益返还受损失的人。

第 条 【环境以及生态法益】 民事主体在环境、生态、大气、水流等各方面的民事利用利益依法受保护。

第 条 （草案第108条） 民事主体依法享有知识产权。

知识产权是指权利人依法就下列客体所享有的权利：

（一）作品；

（二）专利；

（三）商标；

（四）地理标记；

（五）商业秘密；

（六）集成电路布图设计；

（七）植物新品种；

（八）数据信息；

（九）法律、行政法规规定的其他内容。

第 条 （草案第109条） 自然人依法享有继承权。

第 条 （草案第110条） 民事主体依法享有股权或者其他民事权利。

第 条 （草案第111条） 法律对未成年人、老年人、残疾人、妇女、消费者等的民事权利有特别保护规定的，依照其规定。

第二节 民事权利取得和消灭的一般规则

第 条 【民事权利义务产生的根据】

民事权利，可以依据法律的直接规定、法院判决、行政执法、仲裁等产生，也可以依据法律行为、事实行为、法律认可的其他行为、事件或原因产生。

第 条 【区分原则】

交易行为中以合同作为基础发生物权、知识产权等支配权的设立、转让的，当事人之间订立的合同，不以支配权是否已经存在作为其生效条件。

以取得物权、知识产权等支配权为目的的合同，支配权未能有效取得的，不因此而当然无效。

以合同设立、转移、变更、消灭支配权的，支配权的变动不因合同的有效或者无效而当然发生。

第　　条　【无权利人的处分】

支配权的无权处分，经依法裁判确认的，自始有效。

支配权的无权处分，权利人追认的，发生效力。

无权利人就权利进行处分后，原权利人享有的合同请求权、不当得利请求权以及损害赔偿的请求权不受妨害。

第　　条　【批准和登记】

依法应履行行政审批手续的民事权利，自行政机关批准之时产生。依法应进行国家登记的财产权利，自进行权利登记之时起产生。但是，法律另有规定的除外。

前款之规定，应履行审批或者登记的权利，指的是当事人最终的对物或者对其他财产的支配权。未获得批准或者登记之前当事人之间订立的协议，其约束力和其他法律效果以当事人的意思表示以及过错等独立判断之。

第　　条　【权利义务设定的人格尊严限制】

设立民事权利和义务，不得损害人身自由和人格尊严。

第　　条　【公共秩序与善良风俗】

民事权利和义务的设定、民事责任的承担，不得违背公共秩序和善良风俗。

第　　条　【权利以及法律事实的公证】

民事主体可以就其享有的民事权利、支持其民事权利的法律事实制作公证证明。

第三节　民事权利的行使

第　　条　【民事权利的行使】

民事权利可以按照权利人自己的意愿行使，他人不得干涉，但是法律法规另有规定的除外。

第　　条　【民事义务以及责任的履行】

民事义务与责任应当履行。义务与责任的履行，以诚实信用的方法为之。

第　　条　【禁止权利滥用】

民事主体行使权利，不得以损害社会公共利益、他人利益作为目的和方式。因滥用权利给国家、社会和他人造成损害的，应当承担赔偿责任。

第　　条　【放弃权利以及禁止反悔】

民事主体可以放弃权利。但权利放弃违反法律或者公共秩序、有可能造成他人损害者除外。

民事主体以放弃行使其全部或者部分权利而使他人获得利益的，不可以嗣后再主张其放弃的权利。

第　　条　【保护环境、生态以及社会文明的义务】

民事权利的行使应当注重对环境以及生态的保护，不得污染环境，不得破坏生态。

民事权利的行使，应该尊重社会文明。

第　　条　【他人的容忍义务】

民事主体行使其权利时对他人形成的可以容忍的不便，他人负有适当容忍的义务。但该义务的承担以法律规定为限。

民事主体行使权利造成他人不便者，应采取措施尽量减少其消极影响，并对容忍其消极影响者予以适当补偿。

第 条 【民事权利的合法限制】

限制民事权利的内容及其行使的,仅以宪法以及本法确定的原则为界。

法律之外的其他规范性文件,不得对本法规定的民事权利的种类、内容以及权利救济方式等予以限制。

第 条 【征收、征用以及补偿】

基于国家利益和社会公共利益的需要,经公开的法定程序,可以征收、征用或者对民事权利的行使进行其他必要的限制。

因此造成的损害,政府应当给予及时、充分的补偿。

第 条 【权利失效】

民事权利应当及时行使。怠于行使民事权利的,依法发生相应的权利失效后果,由权利人自己承担。

第四节 民事权利的保护

第 条 【民事权利的司法保护】

人民法院和其他司法机关依法对受到侵犯的民事权利进行保护。

第 条 【自助行为】

权利人为实现其请求权,在情事紧迫而且不能及时获得国家机关保护时,有权以自助的方式保护自己的权利。自助应以必要范围内和必要的方式为限。

第 条 【正当防卫】

为使本人人身或财产免受正在进行的不法侵害的,民事主体可以进行防卫。防卫在必要的范围和方式条件下,属于正当防卫。

因正当防卫造成损害的,防卫人不承担责任。正当防卫超过必要的限度,造成不应有的损害的,正当防卫人应当承担适当的责任。

第 条 【紧急避险】

为使本人或者他人的人身或财产免受正在发生的危险,民事主体可以采取紧急避险的方法保护其权利。

紧急避险采取措施不当或者超过必要的限度，造成不应有的损害的，紧急避险人应当承担适当的责任。

因紧急避险造成损害的，由引起险情发生的人承担责任，或由受益人给予适当补偿。

[报告题目]
我国民法典编纂中的几个问题[①]

委员长、各位副委员长、秘书长、各位委员：

中国共产党第十八届中央委员会第四次全体会议（以下简称"十八届四中全会"）作出的关于编纂民法典的决定，是完善中国特色社会主义法律体系，保障人民基本权利的重大举措，因为民法作用于社会经济生活的深度和广度为诸法之最。近现代以来，民法典编纂历来是世界各国立法活动中的重大事件，一般认为，这一立法属于国家法治建设的基本工程。目前我国民法典编纂工作正在顺利推进，立法机关做出的关于民法典编纂工作分两步走的工作方案，切合我国目前民法体系法律制度建设的实际状况，也符合民法典编纂的基本规律。《中华人民共和国民法总则（草案）》已于2016年6月27日提交全国人民代表大会常务委员会（以下简称"全国人大常委会"）进行初审，这标志着民法典编纂正式进入立法程序。民法典编纂是一项宏大的法制工程，它涉及很多思想性、理论性、实践性很强的问题。考虑到这些工作的复杂性和艰巨性，我们还要为它做出更多的理论准备。我自己虽然能力有限，但是非常高兴地把自己学习和研究民法典编纂问题的几点体会在这里做一个汇报。汇报的内容有三个方面：一、大陆法系和我国的民事立法；二、民法典的基本内容；三、我国民法典编纂的几个现实问题。请大家指正。

---

① 本文为笔者2016年9月3日在第十二届全国人大常委会第二十四讲专题讲座上的报告。

一、民法体系与我国的民事立法

1. 民法体系

从世界各国的立法例看,民法的立法模式大致可以分为以下两种:

第一,大陆法系的成文法模式,即通过编制成文法典的形式进行民事立法。从17世纪开始,欧洲大陆国家纷纷开始制定民法典,其中最为著名的是《法国民法典》《德国民法典》《瑞士民法典》,它们被称为"世界三大民法典"。此后民法法典化运动开始向世界扩展,日本明治维新后编纂了《日本民法典》。第二次世界大战之后,很多国家获得独立,它们也都陆续制定了自己的民法典。美国和加拿大的一些州、省也编制了民法典。民法法典化运动的浪潮之所以能够席卷世界,虽然各国具体的原因不一样,但是有些原因是相同的。这些原因大体来说,有以下几点:

一是集中立法承认和保障民事权利。在民法法典化运动之前相当一段时间,在历史上被称为黑暗时期(Dark Time),其基本特点是神权至上、君权绝对、自然人格的等级身份制。基于神权的公共权力普遍存在着滥权和任意,而被统治者的权利被压抑到极致。后来出现的人文主义革命和启蒙思想运动中,新兴的社会阶层提出了实现民事主体平等、意思自治、自己责任等原则。作为反对封建统治的工具,民法典的编纂在世界各国有极大的政治动力,获得人民的普遍支持。

二是通过民法典编纂,以实现立法者推动社会进步的雄心壮志。民法法典化,出现在欧洲各个民族国家从罗马教皇手中获得世俗国家主权时期。大家都知道拿破仑在自己成为法兰西皇帝的加冕典礼上从教皇手中夺过皇冠、自己给自己加冕的情节。众多书籍都记载了拿破仑《法国民法典》制定过程中,在法国参议院审议《法国民法典》的102次会议中,他亲自在至少57次会议上作为主席,力推该法的制定。拿破仑正是要以此来体现自己所代表的新兴力量治理国家、推动国家转型的雄心壮志。事实上法国也就是通过民法典的实施,完成了从封建国家到现代工商业国家的转变。德国民法编制的情形也与此类似。通过民法典编纂以推进国家治理现代化,这一点也成为后来殖民地国家独立之后普遍的做法。

三是统一民法，给现代工商业发展铺平道路。民法法典化运动之前，欧洲社会的法律渊源严重不统一。著名学者梅汝璈先生指出，自罗马帝国瓦解和罗马法失效之后，日耳曼各民族各部落均挟其地方的习惯法以为治，而全欧法律种类之多，以千百计。那时仅法国一国的民法便有数百种之多。伏尔泰曾讥笑说：旅行法国者改换法律次数之多，犹如其换马匹一样。这种情形在德国也是一样，现在的德国境内当时有 360 个享有主权的邦国，他们施行完全不同的民法规则和体系。法律上的支离破碎，不但与统一的国家意识形成矛盾，而且妨害了现代工商业和交通的发展。编纂民法典统一民法，可以有效解决这个问题。所以我们也可以看到，在民法典编纂后这些国家都成功地从农业社会转型为现代工商业社会。

四是依据成文法，限制立法者任意立法，限制法官任意司法。在民法法典化之前，人们普遍适用的法律是习惯法。习惯法存在着因时而异、因地而异、法律效果无法统一的弊端。依据习惯法裁判，对于人民权利损害极大。受罗马法中成文法规则的启发，理性法学家们提出了"法律必须是写下来的理性"的名言，指出必须把法律用成文法的方式写下来，把立法者、司法者对于法律的认识固定在书面形式里，以限制他们任意操作，人们把这一点称为民法典的"形式理性"思想。形式理性思想强调法律尤其是涉及民事权利的立法必须具备完善的形式，要尽可能地从立法上实现社会对于公平正义的追求。这一思想直接推动了民法法典化运动的诞生和扩展。民法法典化运动中的这些思想，有一些可以作为我们今天的借鉴。

第二，英美法系的立法模式，英美法系又称普通法系，系由英国法发展而来，与大陆法系相对应。这种模式下的民事立法不采取成文法典形式，而是由判例法规则和一些制定法构成契约法、财产法、家庭法和侵权行为法等法律分支，它们在内容上相当于大陆法系的民法。

大陆法系和英美法系的民法立法模式各有优点，因此自 20 世纪以来，两大法系出现相互渗透和接近的趋势，集中表现为大陆法系国家对判例的重视以及英美法系国家越来越重视制定成文法。

2. 我国的民事立法

我国自古以来就有成文法的传统，但是在清末以前，我国的法律是诸法合一，刑民不分，以刑为主，没有单独的民事法律，更不存在民法典。清末以来，我国基本选择了大陆法系的成文法模式，例如我国在清末编制完成了《民律草案》，又在 20 世纪 30 年代编纂完成了《中华民国民法典》。自新中国成立以来，我国也一直在按照这一路径进行民事立法。新中国成立以来，我国曾多次尝试制定民法典。第一次是 1954 年，全国人大常委会组织民法起草，至 1956 年 12 月完成"民法草案"，包括总则、所有权、债、继承四编，共 525 条。第二次是 1962 年，国家立法机关开始起草民法典，1964 年 7 月完成"民法草案（试拟稿）"。这一次的"草案"采取了"三编制"体例：第一编"总则"、第二编"财产所有"、第三编"财产的流转"。这两次民法立法活动均因政治运动而终止。1979 年我国开始改革开放，民法的地位和作用重新受到重视。1979 年 11 月全国人大常委会的法制工作委员会成立民法起草小组，开始新中国第三次民法典起草，1982 年 5 月完成"民法草案"，共 8 编、43 章、465 条。第四次是在 2002 年，编制完成了《中华人民共和国民法（草案）》，在当年 12 月召开的全国人大常委会上进行了审议。

值得说明的是，在新中国成立后的民法典起草制定过程中，奠定我国现行民法体系基础的是第三次民法典起草工作。这一次立法虽然最终没有完成民法典的起草，但制定出了《民法通则》《经济合同法》《继承法》等重要民事法律。立法机关此后制定的很多商事立法、知识产权立法也都是在此基础上进行的。20 世纪 80 年代的中国，经济体制改革刚刚开始，社会生活尚处在变动之中，不具备制定一部体系完整的民法典的现实条件。因此，立法机关在民事立法方面采取了"宜粗不宜细""改批发为零售"的立法方针，即首先制定一批社会生活亟需的民事单行法，待时机成熟，再考虑制定民法典。实践证明，这是一个正确的抉择，体现了我国的立法智慧。2014 年 10 月，十八届四中全会通过的《中共中央关于全面推进依法治国若干重大问题的决定》，明确提出"加强市场法律制度建设，编纂民法典"。应当指出的是，本次是"编纂"而非"制定"民法典。编纂民法典不是制定全新的民事法律，而是对现行分别规定的民事法律规范进行科学整理；也不是简单的法律汇编，法律汇编不对法律进行修改，而法典编纂不仅要去除重复的规定，删繁就简，还要对已经不适应现实情况的现行规定进行必要的修改完善，对社会经济生活中出现的新情况、新问题作出有针对性的新规定。改革开放以来，我国已经制定了《民法通则》《继承法》《收养法》《担保法》《合同法》《物权法》《侵权责任法》等一系列民事法律，修改了《婚姻法》，在经济社会发展中发挥了重要作用。从各方面看，编纂民法典已经具备了较好的主客观条件。

3. 编纂民法典的必要性

与大陆法系其他国家制定民法典的背景不同，我们现在编纂民法典是在国家政治制度和经济制度已经稳定，人民权利保障的法律已经基本形成体系的情况下展开的。在这种情形下，编纂民法典仍然十分必要，原因在于：

一是现行《民法通则》的不少内容被其他法律替代，有的不再继续发挥作用。由于《民法通则》的制定时间比较早，随着改革实践和后来立法的发展，《民法通则》当中关于企业法人制度的内容多被公司法等法律替代，财产法的内容多被《物权法》《合同法》、知识产权法等法律替代，侵权责任制度部分被《侵权责任法》等法律替代，涉外民事法律适用部分被《涉外民事关系法律适用法》替代，另外该法中联营等规定早已失去制度价值。《民法通则》对促进和保障改革开放居功至伟，但是其基本内容有的已经过时，需要修改完善。

二是调整市场经济活动的主要立法出现制度矛盾和疏漏，需要从体系上整合。比如1999年颁布的《合同法》和2007年制定的《物权法》，在某些条款上存在一些不协调的地方，需要民法典进行整合。另外，司法实践意义较强的最高人民法院司法解释，也与上述法律不完全一致。因此，利用民法典的编纂，实现这些规则的系统整合，是必须要做的事情。

三是涉及民事权利的立法，上位法与下位法之间的关系不协调，需要体系整合予以改进。目前我国涉及民事权利的立法，包括全国人大及其常委会制定的法律和国务院制定的行政法规共有二百多个。这些法律法规，有一些是改革开放初期甚至改革开放之前制定的；一些法律法规制定的出发点是为了强化社会管理。民法典的编纂虽然不是要修改这些法律法规，但是可以对它们发挥"上位法规则"的体系化效应,以此达到充分承认和保护民事权利的目的。

四是发挥法典化的系统化效应,防止立法碎片化和枝节化。民法典编纂之后,它可以作为民法的一般法,带动民法特别法,形成一般法和特别法构成的体系,体现制定法的形式理性。在《民法通则》立法时,立法机关提出了"宜粗不宜细、宜短不宜长、成熟一个制定一个"的立法策略,这一策略在改革开放初期也许是有些不得已,但是却产生了立法碎片化、枝节化的问题。一些有必要制定的法律中,出现了只顾自己的体系完整而不顾及其他立法的情形。全国人大代表提出的立法议案、一些学者提出的立法建议所表现出的立法碎片化倾向则更加严重,所以立法机关承受的碎片化、枝节化的压力也比较大。李适时主任在民法总则草案的立法说明中提出立法应该"讲法理、讲体系",这一点我认为十分重要也十分必要,编纂民法典就是这一原则的体现,而且也是解决这些问题的最佳方案。

总体而言,民法典编纂是我国现实法律制度发展的必然,中央在我国新的发展阶段适时提出编纂民法典,同样是重大的立法抉择,我们一定要完成好这一历史任务。

二、民法典的基本内容

民法典作为制定法、成文法,其各项具体制度在民法典中的体例安排应当遵循一定的逻辑。具体来说,民法各项具体制度在法典中的先后次序展开,是按照民事法律关系的理论予以处理的。也就是将民法的全部规范归纳为主体、客体、权利和义务、法律责任等民事法律关系内容的几个方面,并按照这一逻辑来编制法典。民事法律关系理论的基本要求是各个方面的内容原则上应当具体,无论是民事主体、权利客体、民事权利义务等的内容都应当尽量具体确定。民事法律关系的具体性有助于从立法上引导民众的行为,同时便于法官裁判时适用法律。

1. 民法典总则的主要内容

（1）民事基本原则

民法基本原则，是贯穿于整个民事立法，对各项民法制度和民法规范起统率和指导作用的立法方针。它是民法所调整的社会关系本质特征的集中反映，其内涵集中体现了民法区别于其他法律的特征。民法基本原则不仅是民事立法的指导方针，并且是一切民事主体应当遵循的行为准则。此外，司法机关在处理民事纠纷时，对于具体法律规范的解释，也必须遵循基本原则。民法应当确立的基本原则包括：

① 平等原则。平等原则是指民事活动中一切当事人的法律地位平等，任何一方不得将自己的意志强加给对方。同时，平等原则还意味着法律应对当事人提供平等的法律保护。必须指出的是，平等原则最集中地反映了民法所调整的社会关系的本质特征，是民法区别于其他部门法的主要标志。

② 自愿原则。是指参加民事活动的当事人在法律允许的范围内可以按照自己的意思自愿从事民事活动，为自己设定权利或对他人承担义务，任何单位和个人不得非法干预。

③ 诚实信用原则和公序良俗原则。民事主体可以依据自愿原则从事民事活动，但同时应当接受一定的限制。诚实信用原则要求民事主体在行使权利和履行义务时，应当诚实守信；公序良俗原则要求民事主体从事民事活动要遵守公共秩序和善良风俗。

（2）民事主体

我国《民法通则》第2条规定，民法调整平等主体之间的财产关系和人身关系。这里的主体主要是指我国民法上的自然人和法人。但是，民事主体的类型不是一成不变的，随着经济社会的发展和满足现实生活的需要，民事主体的类型由只有自然人发展到自然人和法人，现在又发展到自然人、法人和非法人组织。自然人就是每一个自然存在的生物人。民法根据生于自然灭于自然的天然规律，确定自然人权利义务的取得和消灭及其法律责任。法人指的是依据法律成立的组织体，其中多数的法人是由成员发起成立的，也有一部分是在专项资金的基础上成立的。前者比如公司、协会、学会、俱乐部等，后者最常见的是基金会、宗教场所等。当代社会，法人不仅仅只是民法上的主体，而且也是社会经济建设、科学研究、教育以及文化传承等众多的公共事项发展和维护职能的主要承担者。因此，法人制度成为民法当然的立法重点。民法规定的法人制度，重点在于确定法人如何得以组织和成立、如何形成自己的意思、如何承担自己的责任这些基本内容。简而言之，法人是独立的民事主体，按照其章程或者法律的规定产生并从事业务，由股东或其他成员组成的权利人会议形成民法上的独立意思表示；由法人常设机构实施日常决策与执行；由监督机构监督其运行等；并且以其全部独立的财产承担法律责任。

  在这里我想专门讲一下法人的分类问题。传统民法一般首先是根据法人设立的法律根据，将法人区分为公法法人和私法法人，这一区分的主要原因在于，公法法人是依据宪法或者行政法设立的国家机关、公有事业单位、公共事业团体等，它们的财产一般来源于财政拨款，因此其法律责任尤其是破产时的责任清偿必须遵守公法上的规定。公法法人只有在参加民事活动时才被称为法人，而在承担国家事务职能时并不被称作法人。法人的常见类型是传统民法所称的私法法人，现在一般称之为民法法人或者民商法法人，他们是民事活动的主要参加者。私法人如何分类？不同国家的分类是不完全相同的，有的分为社团法人和财团法人，有的分为营利性法人和公益法人，有的分为营利性法人和非营利性法人。具体选择哪种分类方法，需要根据各自的国情和立法传统来决策。我国《民法通则》确立的法人种类有机关法人、事业单位法人、社会团体法人、企业法人这几种。随着我国经济社会的发展，法人形态已经发生了较大变化，《民法通则》的法人分类方法很难涵盖实践中新出现的一些法人类型，也不能适应社会组织改革发展方向，有必要进行调整完善。民法总则草案按照各类法人设立目的和功能上的不同，将我国的法人区分为营利性法人和非营利法人两大类。《民法通则》规定了自然人和法人两类民事主体。随着社会经济的发展，独资企业、合伙企业等大量不具有法人资格的非法人组织在实践中以自己的名义从事着各种民事活动，《民法总则草案》承认其民事主体地位符合现实需要。

(3) 民事权利

民事法律关系的核心内容是民事权利。传统民法中民事权利分类可以有很多，我国《民法通则》将其区分为人身权和财产权两大类。民法上的财产权，包括物权、债权、知识产权、投资权这些民法已经正面规定的类型化的权利，同时还包括一些在法律上没有正面规定、没有类型化，但是从侵权责任法的角度值得保护的民事权益，比如商业信誉、虚拟财产等无形财产，这些权益可以通过侵权责任法、反不正当竞争法等法律得到保护。民法调整财产权利的法律规范，比较集中地体现在物权法、合同法这些基本民事法律和公司法、专利法、商标法这些民法特别法之中。民法上的人身权，又包括人格权和身份权两类。自然人的人格权基础是人格自由和人格尊严。人格尊严来自于宪法的规定，但是在单一自然人的人格受到侵害时，民法也从侵权责任法的角度，来保护自然人的人格权，并对自然人失去的利益予以物质补偿。身份关系主要是指自然人在婚姻家庭之中发生的法律关系，比如夫妻相互之间的身份关系，父母子女之间的身份关系等。自然人因为身份关系享有法定的权利，承担法定的义务。对身份关系进行规范的主要法律是婚姻法和继承法等。

(4) 民事法律行为

民事法律行为是指自然人、法人或者非法人组织通过意思表示设立、变更、终止民事权利和民事义务的行为。作为民法总则的一般性规定，民事法律行为是对合同行为、财产处分行为、遗嘱行为等一系列能够产生具体权利义务关系的行为的抽象和概括，这些行为都属于民事法律行为。民事法律行为制度集中体现了民法的基本原则，是民事主体自由、自治和自律品性的集中表现。

(5) 民事责任

法律关系本身是动态的，权利义务关系也会发生变化。如果当事人不履行义务，就会产生责任问题。因此，民事责任是不履行民事义务的结果，也是对不履行义务行为的一种制裁。不同法律关系中的责任范围、承担方式存在重大差异。例如，合同中的违约责任与侵权责任法中的恢复名誉、赔礼道歉等责任明显不同。总则不可能对民事责任的具体内容作详细、全面的规定，但是可以规定民事责任的一般概念和原则。总则在规定了主体、权利、行为等制度后再规定责任制度，符合法律关系理论的一般逻辑，有利于保持民事责任制度在功能和地位上的统一性。

2. 民法典分则的主要内容

（1）合同法

合同法是调整平等主体之间交易关系的法律，主要的规范内容包括合同的订立、效力、履行、变更、解除、保全、违约责任等内容。1999年，我国颁布了统一的《合同法》，这是在已有合同立法的基础上，通过总结实践的宝贵经验，并充分借鉴两大法系先进经验制定而成的。合同法的内容丰富、体系完整，具有较强的科学性和可操作性。在民法典分则整合的过程中，可以根据国际上合同法的最新发展趋势，充分吸收实践中行之有效的经验做法，合理借鉴最高人民法院司法解释的相关内容，使合同编的内容更加充实、完善。

（2）物权法

物权是指权利主体依法对特定物享有直接支配和排他的权利，包括所有权、用益物权和担保物权。2007年，第十届全国人大五次会议高票通过了物权法，这在我国法治进程中具有里程碑的意义。物权法历经八次审议，在内容和体系上都较为成熟，民法典编纂过程中，为了保证物权法体系的科学性和系统性，可以考虑对物权法作适度调整并修改完善，而不宜推倒重来，否则不利于保持法律的稳定性。

（3）侵权责任法

侵权责任法是有关对侵权行为的制裁以及对侵权损害后果予以补救的法律规范。我国于2009年颁布了《侵权责任法》，该法对侵权的责任构成和责任方式、免责情形、责任主体的特殊情形作了规定，同时规定了包括产品责任、机动车交通事故责任、医疗损害责任、环境污染责任、高度危险责任、饲养动物损害责任、物件损害责任等在内的具体侵权责任类型。侵权责任法对于保护民事主体合法权益，明确侵权责任，预防并制裁侵权行为，促进社会和谐稳定具有重要意义。民法典立法过程中，为进一步发挥侵权责任法的作用，应当保持侵权责任法单设一编的基本体例，并在实践发展的基础上对原有法律加以补充、修改和完善。

(4) 婚姻家庭法

婚姻家庭法，是规范因婚姻家庭关系所发生的人身和财产关系的法律规范的总和，是调整婚姻家庭等基本制度所引发的社会关系的法律规范。我国 1950 年就颁布了《婚姻法》，作为调整婚姻家庭的基本规范，后来于 1980 年又重新颁布了《婚姻法》，并于 2001 年作了修改。但是，"婚姻法"的提法过于狭窄，不能涵盖家庭法的内容，因此，在民法典分则整合的过程中，建议在婚姻家庭编中扩大婚姻法的内容，称为"婚姻家庭法"。内容除原婚姻法的内容外，还应涵盖有关父母子女关系、收养、抚养等制度。婚姻家庭法独立成编后，可以很好地处理民法总则与分则的关系，从而使得整个民法典更富于体系性。

(5) 继承法

继承法是指调整因自然人死亡而发生的继承关系的法律规范的总称。换言之，是调整有关自然人死亡后将其遗留的财产转移给生者的法律制度。对自然人继承权的保护，实质上体现的是对其财产权的保护。1985 年，我国颁布了《继承法》，对于保护自然人私有财产的继承权发挥了重要作用。继承法律制度作为民法的重要组成部分，将来民法典分则中应当单列一编，内容方面应在继承法的基础上，结合实践的发展作修改、完善。

总之，民法典的总则规定民事活动的基本原则和一般性规则，在民法典中起统率性、纲领性作用；分则是在总则的指引下，规定各方面的具体制度。在分则各编已有比较成熟的立法的前提下，分则的整合工作实际上是对已有相关法律的修改、完善、提高和发展。

三、我国民法典编纂的几个现实问题

1. 民法典的体例选择

民法涉及的内容很多，也很复杂，按什么样的体例对这些内容进行编排是民法典编纂中应当首先解决的问题。从法国、德国、荷兰、俄罗斯、日本和我国台湾地区等国家和地区的民法典编纂情况看，采取什么样的体例主要应根据各自的立法传统、法律文化等因素来决定，不同国家和地区的民法典体例也是不完全相同的。我国民法典选择什么样的体例应当根据我国的国情来决定，充分考虑我国的立法现状、立法传统、法律文化等因素。李适时主任在关于民法总则草案的说明中指出，我国民法典的体例将采取"总—分结构"，即民法典将由总则编和合同编、物权编、侵权责任编、婚姻家庭编、继承编等分编组成，这一规划基本合理可行，符合我国国情，也是目前学界的共识。原因在于：

（1）总则和分则相区分的结构中，民法总则编规定民法典的一般性规则，发挥着弘扬民法精神，增强民法体系性，消除法律冲突，避免条文重复，填补法律漏洞，促使法官正确适用法律等重要功能；分则对各项民事基本制度作具体规定。这既有利于民法典的体系化、科学化，也符合我国长期形成的由一般到特殊、由抽象到具体的立法习惯，还有助于法律的理解和适用。

（2）这一规划符合民事法律关系科学原理，按照主体、客体、权利、行为、责任的逻辑一一展开，制度清晰明了。民法总则编统领民法典各编并普遍适用于民法的各个部分，是整个民法典的纲，纲举目张。总则内容对于维持民法体系内在的协调，增强民法典的形式合理性和体系逻辑性发挥着重要作用。完备的民法总则是民法典的基础，不可或缺，对于民法典的编纂可以起到事半功倍的效果。

（3）适应实践需要。目前，我国《民法通则》中有关民法总则的相关规定已不能完全适应现实的需要。有的规定与当前经济社会的发展状况以及未来深化改革的方向不相适应；有的规定与合同法、物权法、侵权责任法等民事单行法的规定交叉竞合，或者被后法替代；有的规定过于原则，有的内容缺失。从解决现实问题的角度看，当务之急是制定民法典的民法总则编。同时，民法总则的内容涉及民事基本原则、民事主体制度、法律行为制度、代理制度、时效制度等制度的完善。这些制度与其他各编的内容密切相关，可以说牵一发而动全身。制定民法总则编还应当注重与民法典其他各编内容的协调和衔接，兼顾对其他部分的研究论证。

（4）各分编的体例符合民法的内在逻辑。例如，物权编和合同编符合物权和债权相区分的基本原理，便于对交易生活予以引导，便于对交易案件予以准确分析和裁判。侵权责任法独立成编，符合强化保护财产权利和人身权利的大趋势要求。将婚姻法改名为婚姻家庭编，不但彰显婚姻家庭的民法本质，而且更加体现立法对于婚姻家庭的特别重视，更加有利于实现婚姻家庭的和睦。继承法从民法体系化的角度独立成编，彰显了对当事人私权的重视，有利于保持财产支配秩序的稳定和发展。总体而言，我国民法典的这一体系保持了我国的立法传统。

我国民法典的编纂，并不是将现有民法立法简单地予以归并，而是要建立一个和谐统一的内在体系，这就是我们所说的体系整合的问题。应该看到，我国立法机关多年以来一直在从事着民事法律体系整合的工作，比如担保法的多数内容已经被整合到物权法之中；收养法整合到婚姻家庭一编之内现在也已经没有争议。但是编纂民法典的任务仍然是艰巨的，面临的问题还比较多，需要解决的比较大的难点问题有：

（1）如何在民法之中坚持意思自治原则、进一步完善法律行为制度的问题；

（2）如何在民法总则的"民事权利"一章，建立可以对于民法各个特别法具有统率作用的上位法规则问题；

（3）如何协调现行合同法和物权法中一些不协调的地方，使得这两个重要法律的相关规则和谐统一的问题；

（4）如何协调民法典中的人身权制度、债权请求权制度、侵权责任制度，使得它们在保护人格权等方面能够和谐一致地发挥作用的问题；

（5）如何进一步体现当代社会婚姻家庭关系特点，建立新形势下的和睦家庭关系的问题等；

（6）如何使得立法更加符合我国民事活动的现实国情，更加符合民众对于立法的期待的问题；

（7）如何进一步提高立法科学性与规范性，如何使得立法语言更加精确、明确、统一、同一方面的问题等。

2. 民法典编纂中如何体现中国特色

民法是社会生活的记载和表达，是法律体系这座"大厦"最重要的支柱之一。民法典编纂是一个国家和民族法律传统、法治信仰和法治自信的集大成者。目前，无论是理论界还是实务界都对我国民法典的编纂表达了相当高的期待。我认为，我国的民法典要真正成为一部优秀民法典，首先就是要体现中国特色。中国特色如何体现呢？我从学者的角度提出三点想法：

（1）要体现民法典的时代性。各个国家和地区编纂民法典的时代背景是不完全相同的。正如我前文所讲，《法国民法典》制定于从农业社会向工业社会过渡的时期，因此《法国民法典》相当多的内容体现了这样的时代背景。《德国民法典》制定于工业社会快速发展和资本主义繁荣的时期，因此《德国民法典》相当多的内容也体现了这样的时代背景。我国在21世纪编纂民法典，21世纪的中国，既有农业时代的特征，也有工业时代的特征，还有信息化时代的特征，因此，我国的民法典也应当体现这样一个时代背景。民法典的内容和规则设计，既要满足农业时代、工业时代的需要，也要满足信息化时代的要求。例如，现在我国互联网飞速发展，这个领域出现了网络侵权、网络虚拟财产保护、大数据的保护等新情况、新问题。这些既对传统民法理论提出了挑战，也是民法典编纂需要解决的问题。《民法总则草案》"民事权利"一章中专门提到了"网络虚拟财产"和"数据信息"的保护问题，可以说一定程度上体现了时代性。当然除了民法总则要体现时代性，接下来民法典各分编的编纂过程中也要体现这一点，例如在合同编编纂中，就要将一些新的典型合同类型纳入；在物权编编纂中，可以将一些新的担保物权类型纳入；在继承编编纂中，可以将一些新的财产类型纳入可以继承的财产范围等。

（2）要体现民法典的民族性。民法典编纂要立足中国、面向中国，回应中国问题，归根到底是要解决民族性问题。各国和地区的民法典编纂在这一点上概莫能外。我国民法典要体现民族性，我想主要应在两方面下工夫：第一，要将我国的社会主义核心价值观全面融入民法典的具体制度和内容中。如何融入呢？我很赞成法制工作委员会李适时主任在全国人大常委会关于《〈民法总则草案〉说明》中的提法——"要将社会主义核心价值观融入民法典编纂全过程,弘扬中华民族传统美德,强化规则意识,增强道德约束,倡导契约精神,维护公序良俗"。例如,在民法总则编中要将诚实信用、公序良俗等作为民法典中的基本原则加以规定,在合同编中将合同必须遵守的契约精神体现在合同编的各个章节中,要将我国传统文化中的"孝"的精神体现在婚姻家庭编和民法总则编中。第二,要将我国独有的民事制度在民法典编纂中予以完善和发展。我国社会制度和传统使我国存在一些特有的民事制度,例如我国的农村土地承包经营权、宅基地使用权等物权制度,我国的家庭养老等婚姻家庭制度等。对这些制度要在民法典各编中予以完善和发展。

(3)要突出对民事权利的保护。正如我在上文所讲,民事权利是民法典的核心内容。可以说整个民法典就是通过对民事权利的确认、民事权利的救济等方式对民事权利进行保护的。也正因为如此,有的国家称民法典为"权利法典"。改革开放以来,我国立法机构高度重视对民事权利的保护。鉴于"文化大革命"期间,公民的人身、财产权利任意受到践踏和破坏的情况,1986年制定的《民法通则》设专门的章节对民事主体的人身、财产权利作了规定。此后制定的《合同法》《物权法》《侵权责任法》等法律对民事权利的保护也作了大量规定。但是要充分认识到,在现实生活中,民事权利的保护与老百姓的要求还是有差距的。因此,民法典编纂过程中,要通过增加民事权利的类型,强化民事权利的保护手段等方式,突出对民事权利的保护。

3. 如何处理好民法典与其他法律的关系

民法的内容是庞大的,但是民法典的内容是有限制的,不是任意而宽泛的,不可能"包打天下"。因此,在民法典编纂过程中,一定要处理好民法典和其他法律的关系。我的基本看法是:

(1)应该坚持公法与私法相互区分的原则,民法典可以写入的内容原则上应限制在私法范围之内。民法虽然是市场经济体制的基本法,是一般民众权利的基本法,但是它应该遵从宪法。民法典的内容应该从民事权利的角度加以选择,对于应该由宪法或者由公法解决的问题,民法典基本上不作规定。比如人权问题、自由问题等，都应该从宪法的角度加以解决，民法只能从单一民事主体的权利受到损害时的侵权救济的角度做出规定。同时，对于依法行使宪法职权的行政权立法、司法权立法等问题，民法基本上也不宜规定。对于既涉及公共权力也涉及民事权利的问题，民法只能从平等主体的角度、从民事权利的角度解决民法层面的问题或者作衔接性的规定。

（2）应该坚持一般法和特别法相区分的原则，民法典只发挥一般法的作用，应该许可民法典之外存在大量的特别法。民法虽然规范庞大，但是它已经从体系化的角度科学地解决了这个问题。这个方法，就是由民法典作为一般法解决普适性问题，由特别法来解决特殊主体、特殊权利、特殊行为或者特殊责任方面的问题，由此形成一般法和特别法组成的民法体系，并保持民法大体系的和谐统一。一般法和特别法的关系问题在民法上早已存在。在民法法典化运动时期，曾就商法是否应该纳入民法典体例的问题，在各个民法典编纂国家产生分歧。商法虽然在广义上也是民事法律，但是因为其特征明显，因此立法者多数都是在民法之外另行制定商法，这就是"民商分立"传统体例。商法在传统上起源于商事习惯，近代商法作为成文法甚至早于近代民法。但是即便如此，也都认可商法作为民法的特别法，商法规范不足者，可以适用民法。理性法学时代，曾经产生过将商法规范纳入民法典之中的立法观点，这种观点也曾经被一些欧洲国家立法采纳，形成了"民商合一"模式。但是普遍的做法是把商法作为民法特别法，依据一般法和特别法的关系处理民法立法和商法立法。我国民法典编纂，也应该采取这一做法。

民法体系中确立一般法和特别法的体系区分，在我国当前已经显得十分必要。因为我国民法特别法发展很快，已经成为一个巨大的立法群体。简要地说，民法特别法这个大群体包括三个小群体：（1）商事法群体；（2）知识产权法群体；（3）以土地权利立法为基础的自然资源权利立法群体，包括矿藏、森林、草原、水流、海域、环境保护等方面的行政法群体。除行政法之外，即使其他的特别法群体也是非常庞大的，编制一个无所不包的民法典的观念绝对不可能实现。但是我们可以利用一般法和特别法的逻辑来处理这些法律之间的法律适用关系，即在民法总则或者民法典中建立民事权利的一般规则，对特别法中民事权利规则产生统辖作用。民法一般法和特别法之间的基本规则是特别法优先、特别法未规定者适用一般法。这个原则体现了民法对于特别法的尊重，但是特别法的规定，不能违背民法的基本原则。

（3）应该坚持实体法和程序法相区分的原则，民法典的内容应该限制在实体法的范畴内，对程序法问题原则上不作规定。

4. 对几个社会认识问题的简要回答

（1）在民法体系化指导思想基础上编纂的民法典，会不会因为其体系封闭而无法反映社会进步的问题。认为民法学说体系封闭而保守，难以容纳新知识新规则的质疑一直存在，但是，不论是依据民法科学还是从实践分析，这种观点都是一种误解。支持现代民法典体系的法理，已经实现了科学性、严谨性和开放性的融合一致。社会的新发展新规则，一部分通过修改法律得到了反映，一部分通过民法典之外的特别法得到了反映。比如关于保护劳动者的制度就是在劳动法中加以规定的，保护消费者的制度就是在消费者权益保护法中规定的。

（2）民法典是否会限制社会自由问题。民法典意味着涉及民众的法律规则会越来越细密、清晰而且完备，一些人担心这一立法趋势会限制社会的自由。其实这一担心也是不必要的，因为民法规则对于社会大众而言主要发挥行为规范的引导作用，而不是强制作用。民众可以按照法律的引导作为，这样其行为的结果容易受到法律的承认和保护。在法治社会里任何人的行为自由都包括对于法律制度基本原则的遵守，民事行为也是需要一定之规的。

（3）民法典追求的形式正义，是否会妨害社会实质正义的问题。其实自古以来公平正义都是借助于一定的形式来得以实现的，法律上的公平与正义从来也都是具有一般标准的。民法典的编纂会使得民事领域的实质正义更加有保障。法典化的基本前提是社会普通人的实质正义，而特殊群体的实质正义也要达到而不是超越普通人的实质正义。劳动者保护、消费者保护、未成年人保护、残疾人保护等实质正义的需求，在法律上都是这样予以解决的。

四、结语

我国当前进行的民法典编纂工作是对于改革开放过程中依据民法推进我国社会进步的经验总结,也是进一步贯彻落实依法治国原则的切实措施,是中国共产党和中国人民建设法治社会、追求现代法制文明的具体行动。民法典的编纂意义重大,任务艰巨,但是从历史分析的角度看,现在我们已经面临完成这个历史任务的最佳时期。在党中央的领导下,在立法机关、我国社会和我国法学界的共同努力下,我们一定能够按照规划完成民法典编纂的世纪伟业。谢谢。

第十二届全国人大代表（代表证号0628）　孙宪忠

[建议题目]

关于《民法总则草案》"非法人组织"一章的修改建议

一、案由

第十二届全国人民代表大会常务委员会关于《民法总则草案》(以下简称"草案")的第三次审议,是第二年立法通过之前的最后一次常委会审议,虽然这一法律草案有很多改进,但其中第四章"非法人组织"的内容缺陷十分显著。虽然本人曾经多次指出过这些缺陷,但是现在的方案还是没有改变。鉴于这些缺陷过于明显而且会造成较大的实践问题,在此以全国人民代表大会代表的身份提出正式的建议案,希望这些立法缺陷能够得到弥补。

二、案据

民法上所谓"非法人组织"指的是一种自然人组织,因为实践的需要,无法或者不必要取得法人资格;但是也会参与民事活动,会产生民事权利义务,甚至产生民事责任,因此在民法总则主体制度部分应该对其加以规定。改革开放初期的民法立法,因受法理和观念的限制,一直没有正面承认这种组织体,造成司法实践的规范的困难。这一次民法典编纂时,从民法总则的第一次草案就规定了这种组织体,这一点应该给予充分的肯定。

民法上的非法人组织不享有法人资格,其中一部分原因是没有必要,也有一些是不可能。没有必要享有法人资格的非法人组织,法学上也称之为狭义的民事非法人组织,也就是不从事商业活动的非法人组织。比如现代社会生活常见的学生班集体组织,一般会有一些班费,也常常以集体的名义开展活动,其中就有民事意义的活动。此外,现在的民众个人常常三五成群组织成一个旅游小团体,大家凑一笔钱,一起吃饭买门票等,旅游结束,团体解散。这种非法人组织,以团体的名义从事活动,享有民事权利并承担民事义务甚至责任。实践告诉我们,这样的团体组织,在现实生活中是非常多的。因为他们并不从事商事意义的民事活动,依法赋予他们法人资格是没有必要的。但是无论如何依法规定他们的主体形态,进而规范他们的民事权利义务和责任十分必要。

与狭义的非法人组织相对应的是从事经营活动或者商业活动的非法人组织。他们常常是一些无法取得法人资格的非法人组织。这种组织体的典型就是银行的分行、营业所等。因为银行总体来说就是一个法人组织,所以分行以及营业所无法另行取得独立的法人资格。与银行的分行和营业所类似的,还有一些企业比如保险公司的分公司等。这些分行、营业所直接面对客户,每日从事大量的民事活动,当然在法律上必须建立关于这种组织体的权利义务和责任的规则。除此之外,还有一些未以法人形式组建的组织体,比如独资企业、合伙企业(包括合伙性质的律师事务所、会计师事务所等)也很常见。这些组织体,也被称为商事非法人组织。

本次《民法总则草案》审议稿的主要缺陷,就是仅仅承认了商事非法人组织,而没有承认一般的民事非法人组织。这个问题,从立法对非法人组织的定义(草案第101条)、非法人组织必须登记(草案第102条)、非法人组织要设立章程(草案第105条)等规定可以清楚地看出来。所以这一部分立法应该认真修改。

三、条文分析与修改建议如下

1. 定义与范围的规定

草案第101条第1款规定:"非法人组织是不具有法人资格,但是依法能够以自己的名义从事民事活动的组织。"这个条文是关于非法人组织的定义的规定，从上面的分析我们可以看出来，这个定义是正确的。

但是该条第2款就有问题了。该款规定："非法人组织包括个人独资企业、合伙企业、不具有法人资格的专业服务机构和其他组织"。从这些非法人组织的列举，我们就可以看出，其中没有非经营性非法人组织体的情形。立法技术上的"列举"，常常是为了强调重点或者要点，未列举的则容易被理解为不在其中。本条款的列举却只有商事性质的非法人组织，没有出现任何非商事性质的非法人组织。如果联系到草案第102条的规定，非商事性质的非法人组织显然不在其中（请联系下文关于草案第102条的讨论）。

从立法严谨性的角度看，建议删除第2款。

2. 草案第102条，关于设立非法人组织的规定

该条第1款："非法人组织应当依照法律的规定登记。"

这个条款是非法人组织一章中问题最为突出的条款。显然，应该纳入登记的只能是从事商业经营活动的非法人组织，而一般的民事非法人组织是不需要登记的。在有些情况下，民事法人也不需要登记，一律要求非法人组织登记确实是很不妥当的。当然对从事商业活动的非法人组织提出登记的要求是应该的，比如设立银行的分行或者营业所、设立保险公司的营业分公司，当然应该进行登记。但是，如果要求一般民众自发组织的、只是存在数天的旅游团体也要登记、要求学校的班集体也要登记就显然是不对的。所以上文分析指出，本章的规定出现了似乎一直没有认识到我国社会存在着大量民事非法人组织这个缺陷。建议的修改方案是："非法人组织从事经营活动的，应当依照法律的规定登记。"

3. 建议不作修改的条款

草案第102条第2款、第103条、第104条，可以不作修改。

4. 建议草案第105条提出非法人组织章程时，文字上应该避免涵盖一般民事非法人组织。

5. 建议草案第106条涉及非法人组织清算的规则，适用于一般民事非法人组织时可以不用"清算"这样严肃程序的表达，因为这是不必要的。该条文可以修改为："经营性非法人组织解散的，应当依法进行

清算。"

以上意见,希望能够尽快报告第十二届全国人民代表大会法律委员会和法制工作委员会,请修改民法总则时予以斟酌。

谢谢。

第十二届全国人大代表(代表证号0628) 孙宪忠

2016年12月

• 2017 年

[建议题目]

关于民法总则是否应该
把政策作为民法渊源的意见

关于民法总则是否应该把政策作为民法渊源的问题，我国法律界虽然有这样的观点，但是这个观点不应该得到采纳。具体原因如下：

（1）关于中国共产党的领导地位、党中央的政策对于法律包括民法的指导作用，我国宪法已经有清晰明确的规定，这一点丝毫不应该被否定。民法作为宪法的下位法，民法的思想精神也会贯彻宪法的原则。

（2）政策从其出处看，可以说是多部门多位阶，无法统一作为民法渊源。除了中央的政策之外，还有部门的政策、地方的政策、长期的政策、临时性政策等。如果要把政策作为民法的渊源，那么地方政策、临时性政策也会成为民法的渊源，这无疑会损害民事权利。比如，一些地方政府出台的拆除政策、征地政策，如果要作为民法渊源，从总则对于分则的作用看，就会损害《物权法》第 42 条的立法效果。一些地方政府出台的车辆限行政策、房屋限购政策，如果用来作为民法渊源，民事案件的分析和裁判就会出现很多无法解决的难题。

（3）政策具有多变性，作为民法渊源，虽然有机动灵活的效果，但是不利于民法这样具有全局性、长期性、根本性的立法发挥作用。正是因为这样，《物权法》《合同法》《侵权责任法》等，在制定时已经不再将政策作为渊源。比如在国家所有权问题、民众所有权问题上，中央正在依据"产权保护"的意见，加强这些权利的保护，而中央的这一文件要解决的问题，正是一些部门和地方政府的政策造成的问题。民法典正是要反映这些思想。这一方面的事例很多。

（4）政出多门，同一问题政策多样，是现在依法治国要解决的重大问题，将政策作为民法的渊源，将使得多年来依法治国的努力化为泡影。

以上意见供参考。谢谢。

第十二届全国人大代表（代表证号0628）　孙宪忠

2017年1月3日

[建议题目]
坚持现实性和科学性相结合原则、积极推进民法典分编编纂的建议

《民法总则》制定完成后，民法典分则各编的制定工作也已经开始在紧锣密鼓地进行。关于民法典编纂的整体工作，我们还是要像《民法总则》的制定工作那样，坚持现实性和科学性相结合的原则。在2013年2月23日中共中央政治局第四次集体学习会上，习近平总书记指出："人民群众对立法的期盼，已经不是有没有，而是好不好、管不管用、能不能解决实际问题；不是什么法都能治国，不是什么法都能治好国；越是强调法治，越是要提高立法质量。"① 2014年10月，习近平总书记在中国共产党十八届中央委员会第四次全体会议（以下简称"十八届四中全会"）上就《中共中央关于推进依法治国若干重大问题的决定》起草情况作说明时强调，推进科学立法、民主立法，是提高立法质量的根本途径。科学立法的核心在于尊重和体现客观规律，民主立法的核心在于为了人民、依靠人民。

习近平总书记关于立法科学性的指示，就是当前我国民法典分则编纂工作的指导思想。按照这个指导思想，民法典分则各编的立法应该着眼于中国现实问题，尤其是要充分考虑中国国计民生的重大现实需求、充分考虑法律体系科学的基本要求。如果没有这些考虑，立法的指导思想和出发点就是乱的，就没有正确的道路可走。近一段时间以来，随着《民法总

---

① 中共中央文献研究室编：《习近平关于全面依法治国论述摘编》，中央文献出版社2015年版，第43页。

则》的制定完毕，民法典分则各编编纂工作引起极大关注。我国社会尤其是法学界提出了不少建议，虽然其中一些建议很有价值，但是也有一些于理不足甚至似是而非。如果对这些问题不作任何讨论和回应，那么就会把民法典分则编纂置于难以摆脱的是非之地，立法内容的选择定将受到一些不应该的扰乱。

因此，我们再次郑重提出，民法典分则编纂应该坚持现实性和科学性相结合原则，立法必须着眼于现实的需求，要能够积极促进改革开放的发展和满足人民群众权利保护的需要；立法要充分地利用前人在缔造法律科学方面的智慧和经验，一方面能够因应现实的需要发展我国民法，另一方面也要遵循民法的基本逻辑。只有坚持现实性和科学性相结合的原则，我国的民法典才能够成为发展和保障市场经济体制建设和人民权利的法律。依据这些考虑，本报告对我国民法典分则的编纂提出几点建议，供参考。

一、民法典分则立法应该充分准确把握现实需求

第一，在中国共产党中央的领导下，国家的政治稳定、经济发展，社会生活进入全面新常态。持续的社会稳定为民法典编纂提供了历史上最佳的社会条件。值得注意的是，宪法确定的依法治国原则获得社会全面认可，法治国家理论已经逐步成为国家治理的实践，这是我国里程碑式的重大发展。十八届四中全会作出"全面推进依法治国若干问题的决议"之后，我国法治进程全面加速，立法层面、依法行政层面、司法体制层面都取得了重大成就。这些都为民法典分则的编纂创造了良好的条件。尤其值得指出的是，按照习近平总书记提出的"把权力关进制度的笼子里"①的思想，我国各种公共权力机关依法运行的制度建设和实践，已经取得显著成效。这一点对于民法典编纂、对于立法功能的实现具有显著的决定意义。公共权力和民事权利虽然从立法基础、法律功能上来看有所区分，公共权力法制不一定总是涉及民事权利，但是公共权力以行使国家主权为其

---

① 中共中央文献研究室编：《中八大以来重要文献选编》（上），中央文献出版社2014年版，第136页。

使命。公共权力的各种立法及其适用既可能提供民事权利的一般保障，也可能构成对于民事权利的限制。所以公共权力的各种运行被纳入法制机制，不但成为依法治国的关键，而且也是民法功能实现的前提。

直接规范公共权力的很多立法还会包含一些直接或者间接地规范民事活动的法律规则，比如涉及土地、矿藏、草原等自然资源管理的行政法中包含关于土地所有权、使用权以及担保物权如何取得、如何行使的法律规则；涉及医疗卫生的行政法中包括涉及医患合同关系的法律规则；涉及交通管理的行政法中包括道路交通事故的侵权责任规则等，这一点也是很正常的。但是我们必须注意到，在涉及民事权利的具体规范时，公共权力立法和民法的角度并不相同。公共权力立法的角度是为了公共利益而建立各种公权机构，对这些社会事务进行自上而下的管理。公共权力立法对社会发挥作用总是针对群体性行为，而不是针对特别确定的一个个自然人或者法人。而民法立法的目的恰恰在于维护和保障明确肯定的一个个自然人或者法人的民事权利，它以平等原则来调整民事主体之间的各种利益关系。这个重要的区别是我们建立法律体系的前提，当然也是编纂民法典的前提。比如，当前趋于白热化讨论的信息保护的制度建设，实际上行政法和民法都会涉及，但是它们着力点不同。

第二，市场经济体制发展速度加快，促使我国社会行为规范趋向于民法化。可以看到，我国社会不论是组织社会事务的各种行为，还是从事交易的各种行为，都已经自觉不自觉地遵循了民法的规则，而不再是不断找政府、求领导、批条子的规则。这说明我国社会已经开始民法化。即使是在改革开放之前建立的、并没有依据民法原理来建立的组织体，它们的组织体内部运行也要朝着民法组织体的方向发展，他们和其他民事主体之间的行为也要遵循民法规则。《民法总则》第96条关于特别法人（包括机关法人、城市居民委员会法人、农村村民自治委员会法人、农村集体经济组织法人等）的规定就反映了这个趋势。此外，《民法总则》关于非法人组织的规定，也反映了这一方面的问题。另外，自然人以及各种团体的行为也日趋民法化，最典型的变化就是民间借贷的规则变化。以前，民众之间经常发生借款，中国传统的习惯是这种行为是完全是口头说定，而且保留为私人之间的秘密，当事人之间互不声张。但是现在人们在借款时，都越来越习惯使用合同，写明权利义务甚至履约保障。这些情况说明，民法规则已经深入到我国社会的方方面面。

在这种情况下，可以看到我国社会对于民法规则的需求也越来越大，越来越强烈。但是另一方面我们也可以看到，我国的民法立法不能满足现实需要，而且这个问题一时得不到解决。在民间组织这个问题上，《民法总则》虽然不能包揽一切，但是也确实曾经痛失良机。在民法典分则的编纂过程中，类似的问题应该引起足够的重视。比如物权法、合同法、亲属法、继承法都有大量实践迫切需要解决的问题。对这些问题我们不能回避，而应该认真研究解决。

第三，经济基础法制发生重大改进。中央在2016年10月颁发的"平等保护产权意见"，解决了长期以来涉及经济基础法制思想认识问题，铲除了民法发展的重大障碍。这个意见所体现的精神，是2007年《物权法》尚未充分解决的问题，因此急需我国物权法修订时予以反映。比如投资形成的"股权—所有权"逻辑，也就是投资人只享有股权、而法人享有所有权的基础民法理论，就没有得到《物权法》的承认，而这一点随着城市经济中的混合所有制改革普遍展开，就不得不予以承认。另外，农村中的地权制度改革，包括集体土地所有权、农民土地承包经营权改革、宅基地使用权制度和建设用地使用权制度改革，以及逐步推行的三权分置改革，都应该在《物权法》中加以反映。其中，农村土地改革提出的、以农民家庭或者成员的权利为基础、重新缔造农民集体经济组织以及集体所有权等迫切问题，涉及理论和实践问题都很大，但是也是不可以回避的内容。

第四，我国社会全面进入信息社会，因此信息的利用和侵权问题，成为民法必须解决的大问题。首先应该看到的是，国家和人民都从信息和大数据的利用和开发中获得极大的利益，当前我国的数据建设已经取得极大成就，大数据、云计算不但已经进入了国计民生而且已经在一些重要的产业和社会管理中发挥了重大作用，甚至在人民法院的司法实践中也发挥了极大的作用。利用信息和数据技术，不仅仅国家行政机关管理国家的事务非常方便，他们可以利用信息渠道瞬息之间联通五湖四海、边塞海外，而且一般民众的生活也因此产生极大便利,他们也可以利用信息渠道时刻联系到自己的亲朋好友。经商者可以利用信息网络把自己的产品信息发送到国际国内各个地域,医生可以利用信息技术实现对病人最及时的救治。但是另一方面,信息泄露造成的侵权问题,成为法律必须解决的重大问题。去年的徐玉玉死亡案件、今年的李文星死亡案件,都直接或者间接与信息泄露有关。而涉及老年人、青年学生被诈骗的案件,反映的现实问题已经十分严重。据 2017 年"两会"期间某记者见面会公布的消息,仅 2016 年,我国 6.88 亿网民因垃圾短信、诈骗信息、个人信息泄露等承受的经济损失达 915 亿元。

对于目前社会热议的信息泄露造成社会严重危害的法律问题,我们必须认真思考并积极应对。应该看到,立法上应该首先解决的问题是从源头上防止信息泄露,而不是在信息泄露之后打击利用这种泄露违法犯罪的行为。从源头上防止信息泄露,就是要治理个人信息的采集、保管和利用的各种行为,这些行为涉及许多政府机关,也涉及电信、学校、民航、铁路、邮政、不动产登记、户籍、医院等单位;既涉及网络,也涉及很多法人和自然人。对这种不特定多数人的行为,国家需要建立行政法规制,显然从民法的角度予以规范是无法做到的。但是信息泄露也会造成民法上的侵权问题,尤其是频发多发的新类型的侵权责任问题。这些侵权问题由民法来解决确实是合理正当的,但是涉及信息泄露的侵权责任在我国相关法律中反映不足,因此现在特别需要修订侵权责任法律规则来解决。

第五,婚姻家庭关系发生重大变化对婚姻和家庭法提出了挑战。首先就是养老的问题。随着老龄社会的到来,而且因为过分强硬的计划生育,现在我们面临严重的养老问题。其次,非登记的婚姻、同居式两性关系越来越能够得到社会的接受和承认,青年以及老年的非婚同居都很普遍,这是我国民法婚姻家庭关系立法必须面对和解决的问题。再次,"家务"中的财产关系,和现行法律立法背景相比已经发生重大变化。最后,现行立法压缩限制亲属关系范围的做法,不但违背中国传统,而且不符合现实情形。这些问题也反映到了继承法领域,因此必须予以认真对待。

二、民法典编纂应该遵守科学性原则

民法典编纂，包括民法典分则部分的编纂必须强调贯彻立法科学性原则，正如中央《关于全面推进依法治国若干重大问题的决定》中指出的，立法科学性原则的贯彻对于确保立法质量是一个关键的因素。因为改革开放以来民商法制定工作一直受到极大重视，因此相关立法已经取得很大成就，涉及民法分则基本法的内容大体已经完备。因应市场经济体制保障和人民权利保障需要的基本法律大体都已经有了。从民法立法科学性的角度看，现在需要解决的问题之一，是完善整合现有立法体系，使其成为内部和谐统一的整体。现行民法是在改革开放逐步深化的过程中陆续制定的，不同时期制定的法律相互间有一些明显的矛盾，这也是正常的。改革开放初期制定的法律体现市场经济体制的要求不多的情形，我们也能够理解。总得来说，现有立法体系化、科学化整合的任务仍然比较重。

另外我们也要认识到，我国民法现有内容遵守法律科学性原理的问题，是一个多年以来也没有得到很好解决的问题。改革开放初期，我们对于立法的科学性可以说基本不认识不尊重，当时提出的"宜粗不宜细、宜短不宜长，成熟一个制定一个"的立法选择，在当时背景下虽然也是不得已，但是从长远来看也确实留下了隐患。在后来的《合同法》《物权法》和《侵权责任法》的制定过程中，科学立法这个原则也并没有得到严格的遵守，现在民法典分则编纂过程中各种立法枝节化、碎片化、非体系化的观点还是不断涌现。所以我们要在这里提出这个问题并试图解决这个问题。

《关于全面推进依法治国若干重大问题的决定》指出，尊重法律科学就是要尊重法律的基本规律。科学的基本意义就在于它能够准确地确定客观世界的运行规律，并利用这些规律建立可复制可推广的逻辑，从而对现实世界发挥作用。民法科学的意义也是一样。民法之所以称为科学的产物，它的意义就在于，它能够准确地界定法治国家原则之下民法能够发挥作用的范围，能够建立起符合国家治理目标的切实的法律规范系统，并且按照清晰明确的逻辑将这些法律规范组建成为系统的法律制度，这些法律制度可以现实地作用于社会,而且这些作用可以复制和推广到广大国土的每一个角落,对社会行为发挥一体遵行的调整作用。当然,民法和其他的科学体系一样,它不像神学那样什么都能解释、什么都能做到(但是实际上什么也解释不了、什么也做不到),民法在现实社会发挥作用的功能既是确定的,同时也是有明确边界的,它发挥作用也是有条件的。民法典编纂包括分则编纂必须依赖于民法科学。

民法学作为社会科学,它的立法科学性原则可以简要总结如下:

第一,公法和私法相区分的原则。

公法和私法的区分,是大陆法系成文法国家确定法律体系建设普遍所遵守的基本原则。事实上英美法系国家的制定法,大体上也遵守了公法和私法相区分的原则。虽然公法和私法的相互区分,在法学的精微之处存在争论,但是在基本环节不存在争议。所谓公法,就是支持、保障和规范公共权力运作的法律规范的群体,也就是为了实现国家主权对于社会事务方方面面的管理而建立的涉及立法、行政管理、司法;涉及内政、外交以及国防等各种事务的国家权力形成以及运作的法律规范的总和。私法,就是关于民事权利行使和保障的法律规范群体的总和。公法和私法的区分,对于法律体系的建造可以说具有基本的意义,因为,法律的基本功能就是完成国家治理,在依法治国原则下,国家治理首先要明确治理者所依赖的法律,这些法律群体就是公法,其中最为重要的就是宪法、行政法等;另一方面,也要明确被治理者的权利立法,这就是私法,主要是指我们现在所说的民商法。"私法"这个词汇来源于罗马法,原来指涉及私人利益保障的法律,现代民法科学中,这里的"私",指的是明确肯定的民事主体的意思,也就是民法上的主体不论是自然人还是法人都应该明确肯定,这样,不论主体享有权利还是承担法律义务以及责任,也都是明确肯定的。所以,"私法"不能像苏联法那样被解释成为和公共利益相对立的"私"有利益的代名词,这种不中肯的政治解读,会彻底损害这个概念的法律价值。

公法和私法的相互区分在民法分则编纂过程中之所以应该首先得到尊重,原因就是我们必须首先确定,哪些内容属于公法哪些属于私法。我们应该首先找到民法的边界，不能认为民法可以包打天下，把行政法甚至宪法的内容写入民法。虽然我们说民法属于社会百科全书，但是民法规范不能包揽社会管理的法律规范，也就是针对社会不特定多数人的公共行为的管理性规范。对一些既涉及行政法也涉及民法的社会行为，我们更应该注意到行政法和民法建立法律规范的不同角度。比如，上文分析到的个人信息保护的法律制度建设问题，我们就应该认识到，涉及各种不同的政府机关、社会的企业事业单位（比如邮政、银行、民航、铁路、互联网、学校、商场等）采集个人信息、保管个人信息和利用这些信息的行为，民法实际上无能为力。因为这些行为就是典型的针对不特定多数人的行为，而且仅仅采集和保管个人信息在民法上无法禁止（对此请参阅《民法总则》第111条），对此应该建立管理规范的责任就只能交给行政法。民法科学性能够在这一方面发挥的功能是，它只能从侵权法的角度解决保护的问题。因此我们无法同意目前一些学者依据21世纪个人信息保护问题非常重要、应该把信息保护的全部问题都纳入民法典的独立人格权编来建立法律规范的观点。这种观点实际上是做不到的，要民法承担行政法的功能，违背了公法和私法的基本功能区分。

另外，我们还要清晰地认识到信息和隐私的立法区分。《民法总则》在第110条规定了隐私保护，在第111条规定了信息保护。仅仅从这一点我们就可以看出，我国《民法总则》立法时大家都已经清楚地认识到，隐私和信息并不是同一的概念。这两个概念最简要的区分在于，隐私就是个人私密，是不能让任何人知道的，更是不能公之于众的；而信息只是关于个人的情况的描述或者记载下来的资料，它们并不完全和个人相关联。信息之中，有相当大的部分是适度公开的，甚至是必须公开的，比如一个人的名字、电话号码、家庭住址、联系方式甚至一些身体健康数据等信息，就是可以适度公开或者完全公开的。所以《民法总则》第111条就没有规定禁止一些单位或者个人获得个人信息。从该条规定的内容，也是根据我们的生活常识看，个人信息包括内容非常多，但是无论如何它只是一种被记载的数据，所以它不能和《民法总则》第110条规定的直接体现自然人身体的权利相提并论。个人的信息，有一些即使公开了也不会对个人造成损害，但是也有一些内容有可能被犯罪利用而造成损害。因此该条立法规定，信息采集者、保管者承担义务，不泄露这些有可能致人损害的信息。总体来看，该条文所说的信息，不能被理解为该法第110条所说的隐私。在这一点我们可以清晰地看到，在徐玉玉等信息泄露案件中，被泄露的只是个人信息，而不是徐玉玉的隐私。如果我们不能准确地区别这些概念，也就很难准确理解立法；如果我们用这种不清晰的思路去指导立法，那么我们自己的行为反而会对民众的权利造成损害。

第二，一般法和特别法相区分的逻辑。

《民法总则》第2条规定，民法调整平等主体之间的人身关系和财产关系。但是，属于平等主体之间的人身关系和财产关系的法律规范非常之多，尤其是在市场经济体制下，在当代社会信息与互联网时代，民法社会还在不断扩展，立法上属于民法的规范群体还在迅猛增加。在这种情况下，民法科学自身的一般法和特别法相互区分又相互连接的逻辑，为容纳庞大的民法规范并为之建立规范逻辑发挥了基础性作用。对此我们在做立法体系和内容选择时应该予以足够的重视。

民法法典化运动初期（17至18世纪），基于强化民事权利保护的需要，人们提出了建立一个包揽全部民事法律规范的民法典的观点。这种观点听起来很美而且一度获得很多支持，但是立法者很快就认识到，这一观点在现实中是做不到的。因为当时人们遇到了一个非常大的困难，就是把商事法纳入到民法典之中的内容。起源于欧洲中世纪从地中海到波罗的海之间的商事贸易习惯而形成的商事法，到民法法典化运动时期已经形成了比较完整的体系；而且商事纠纷的裁决强调客观公正方便快捷，这一点也和一般的民事裁判规则有所不同。所以，虽然人们对于商事法律属于民法没有大的争议，但是，把已经体系化的商事法纳入民法典既没有必要而且也显得十分生硬。也就是因为这样，法国、德国等国家在编纂超大型的民法典的同时，也保留了商法典独立的立法模式。这种模式的特点，是把民法典作为私法的一般法，其中规定涉及一般民事主体、一般民事行为、一般民事权利和一般裁判规则的内容；此外的商法典作为民法特别法，规定涉及商事交易的特别民事主体、特别行为、特别权利和特别裁判规则的内容。考虑到商事特别法规则更符合商事交易特征的需要，因此在法律适用上确立了特别法相比一般法优先适用的规则，以及特别法无规定时适用一般法的规则。虽然此后多年以来，关于民法和商法之间的关系，学术上还有不少争议，但是将他们之间的立法和司法规则依据一般法和特别法的体系逻辑来予以规制，可以说基本无争论，而且实践效果也非常好。

一般法和特别法的体系逻辑，不仅仅适用于处理民法和商法之间的关系，而且也被用来处理民法和知识产权法之间的关系，以及民法和社会立法之间的关系，甚至也被用来处理涉及民事权利的大量行政管理法律之间的关系。知识产权法的特征在于，专利和商标等权利必须纳入登记，因此在发生权利争议时必须首先解决涉及登记的问题，这一点和一般民事权利不一样。社会法涉及的社会权利，虽然会涉及政府扶助，但是其本质仍然是民事权利（对此可见《民法总则》第128条的规定）；而且国家对于劳动者以及弱势群体的扶助，本质也不是行政管理，而是实现民事主体的实质公正。因此在法学上普遍的认识是，社会法仍然是民法的特别法。当然，涉及民事权利的行政管理法不应该属于民法特别法，但是这些法律中的很多规则，比如《土地管理法》等法律中规定的土地权利规则、《道路交通安全法》中涉及的交通肇事裁判规则等，仍然具有民法特别规则的含义。在法律适用方面，这些特别法或者特别规则具有优先适用的效力，但是如果特别法和特别规则没有规定的，仍然应该适用民法处理当事人之间的争议。

一般法和特别法的逻辑，给我们确定民法典分则的立法内容提供了一个非常强大的分析武器。现代社会民法的体系规范十分庞大而且还在不断扩展，但是民法典不可能将其全部纳入，在这种情况下，我们可以就运用一般法和特别法、特别规则的逻辑，将大量的民法规范分门别类，只是将涉及一般主体、一般行为、一般权利和一般裁判规则的内容纳入民法典之中，其他的规范，可以纳入民法特别法（比如商事法、知识产权法、社会立法等），也可以纳入到属于行政法的特别规则之中。比如，关于个人信息保护涉及的民法规则，就可以纳入到个人信息保护法之中。

第三，法律关系的基本逻辑。

法律关系的基本逻辑，指的是民事主体、客体和权利义务之间的内在联系。民事法律关系基本逻辑的要求是，这些构成因素都必须明确肯定。民法科学性的基础就在于法律关系的基本逻辑。民法对社会发挥作用的基本手段，就是利用法律关系主体明确肯定的原则，也就是主体特定性或者具体性原则，将民法整体的立法思想演化为针对具体人或者具体行为的规范，并且通过法律的贯彻，使得立法整体的进步思想成为现实。实际上，法律作用于社会的功能正是依靠法律关系的逻辑来实现的，民法规范可以作用到每一个具体的人或者团体、可以作用到一个个具体的行为，所以民法的作用是扎扎实实的，依靠民法建立和改造社会整体秩序的目的也是这样扎扎实实地得到实现的。比如，不动产登记制度就是通过把一个个具体的不动产物权，通过特定主体、特定客体、特定权利这样的制度设计，登记在不动产登记簿上，通过一个个不动产的登记，建立了社会整体的不动产秩序。法律关系的基本逻辑，是民法科学的核心和基础，它不仅仅在立法上而且在法律实施以及司法上都发挥着决定性作用。

但是我们必须看到，20世纪中期我国社会采纳的苏联法学，其违背法律科学性的要害之一，就是否定了法律关系的特定性或者具体性。这种理论在民法上采取抽象主体学说，在所有权等重大民法制度建设方面，否定明确肯定的自然人主体或者法人主体学说，结果使得我国包括国有财产在内的公共资产领域，出现了主体虚空的制度产物，而且给后来我国在这一方面的科学制度建设造成了很大妨碍。实际上，在法制社会里，任何财产都会受到所有权的支配，因此我国公共资产的实际支配者肯定是存在的。但是法律上的所有权和现实支配关系完全脱离，这就给我国公共财产的法律秩序建设造成了很大的障碍。这个障碍，从苏联法学的角度看是没有办法清除的。所以唯一的出路是坚持立法科学性原则，清理苏联法学的消极影响。让我们感到高兴的是，随着改革开放的发展，我国民法在贯彻法律关系的基本逻辑方面，在近年来的立法和法律制度建设中已经取得了很好的成绩，2007年《物权法》制定时在贯彻物权特定性原则方面付出了很大努力，它从主体、客体到具体权利，都对苏联法学遗留的制度进行了比较大的改造。

我们应该清楚地看到，按照法律关系科学性逻辑，《物权法》值得改进的地方还很多。比如，在公共财产所有权领域，苏联法学所造成的"统一唯一国家所有权"理论至今没有改变，法律上所讲的国家所有权和行政管理权区分不清，法律上的统一唯一的所有权主体始终不存在，实际所有权主体在法律上无法彰显，公共财产的支配秩序保留的灰色空间非常之多。在投资领域，因为苏联的这种学说，"所有权—股权"（也就是投资人的所有权转化为股权、公司法人享有所有权）的立法基本逻辑得不到贯彻，混合所有制改革遭遇立法阻碍。实际上中央政府和地方政府的投资区分是十分清晰的，但是在立法上无法得到承认。这种情况在土地、森林、矿藏、自然保护区、风景名胜区等领域的所有权制度建设上也是一样。这种现实和法律相脱节的现象隐患极大，应该尽快予以改变。

值得庆幸的是，这一次《民法总则》第96条规定了特殊法人制度，这样，依据法律关系逻辑首先需要更新的主体制度取得了突破。承认公法法人，将在公共财产制度方面发挥极大作用。承认了农村集体经济组织的法人资格，将促使我国农村集体法律制度立法的重大突破。但是目前这些突破还没有反映到物权法之中，正在进行的物权法修改方案必须按照特殊法人的主体制度所确定的基础，来改造我国的物权法尤其是所有权的法律制度。

第四，民法的规范性。

民法规范性指的是，民法的制度必须具体化，而且这些制度必须包括明确肯定的主体、客体、权利义务、法律责任等必要因素，这样的民法制度具有明确肯定的可操作性，适用这些法律制度必然产生确定的权利、义务，或者法律责任的结果。民法科学性之一，是它的法律规范的确定性。它不是政治口号也不是道德规范，适用民法规范产生的权利、义务或者责任，最后甚至可能触及司法强制，而不是一种没有司法强制力支持的政策或者道德上的约束。

以本人从事法学研究和教学工作多年的体会，发现我国社会尤其是法学界，对于民法规范性研究仍然有所欠缺。其一，我国法学界对于法律规范的基本定义，一般是从刑法或者行政强制法得出的，该定义指出法律规范是指包含着"假定、处理、制裁"三个基本因素的规范。但是这个基本理论是否适合民法,多年来并没有人仔细思考过。一个民事案件在适用民法规范时,当事人的行为有时候确实会导致法律责任产生也就是制裁的产生,但是有时候甚至多数情况下都是仅仅产生权利,或者消灭义务,却不产生制裁。比如法院依据不动产登记或者机动车交付确认取得所有权,依据事实行为确认取得所有权、依据抗辩权或者解除权消灭债权、依据继承权取得财产所有权等等。在民法中,即使是法院的裁判,也并不必然导致对于当事人的法律处罚,因为有的规范的适用可以导致民事责任产生,有些却并不导致民事责任产生。比如法院对当事人是否取得所有权的裁判,就只会产生权利确定或者否定的结果,而不会产生法律责任。这种情况说明,现在我国法学界关于法律规范的学说并不符合民法规则。

其二,我国民法学界常常不能把握民事法律规范设计的要点。因为民法的全部规范由行为规范和裁判规范构成,因此民法中的制度分析,应该首先就是规范分析,这是一种古老的法学研究方法。所谓行为规范,就是为引导民事主体从事具体民事行为而设置的规范,比如合同法中规定引导当事人订立合同的规范,婚姻法中引导当事人如何缔结婚姻的法律规范等。所谓裁判规范,就是为法官或者其他裁判者设置的、目的在于给裁判者授权、让他们能够对具体民事活动中当事人的行为做出明确的是非裁判的规范。民法中的法律规范,要么必须是行为规范,要么就应该是裁判规范;但是也有一些法律规范同时具有行为规范和裁判规范的特点。根据这种规则,我们在做民事法律制度设计时,就必须首先考虑到这些制度的规范分析,看看这些制度到底是行为规范还是裁判规范。

在民法典分则编纂过程中,出现了关于在民法分则中设立独立的人格权分编的呼吁。但是从民法规范科学性这个角度分析,我们很容易看出这种观点的缺陷。因为人格权的道德伦理基础是自然人的人格和人格尊严,而自然人人格、人格尊严是绝对不能用来交易的(所以我们认为,某些学者提出的"人格权商品化利用"这个命题是非常危险的提法——对此下文要仔细讨论),因为没有交易,也就没有行为规范。事实上自古以来民法上说到人格权也只是保护的问题,而没有交易的问题。所以人格权立法的核心问题，也就是它受到侵害时的法律救济的问题，也就是裁判规范的问题。这个问题，事实上在我国侵权责任法中已经解决了。

第五，区分原则。

在民法中，绝对权和相对权相区分、负担行为和处分行为相区分、侵权责任和违约责任相区分，可以说是贯穿民法始终的基本逻辑，甚至也是贯穿于全部财产转让法律制度的基本逻辑。这个对于民法制度具有重大意义的分析和裁判规则，只是到20世纪90年代中后期才为我国民法学界所知晓，在新世纪初期才被最高人民法院的司法解释承认并作为基本的裁判规则得以应用。但是，我国民法学界仍然有一些学者对此原则提出似是而非的批评，《物权法》也只是模模糊糊地采纳了这个原则。

《民法总则》第130条规定，民事主体依照自己的意愿依法行使民事权利，不受干涉。这个条文虽然从表面上看是支持民事主体行使权利的内容，但是这个条文也揭示了一个非常重要的思想，即民事权利行使的法律效果应该依据权利人的内心意愿来确定。像所有权这样的权利仅仅依靠权利人自己的意思表示就能够发生法律效果，从法学上说，这就是权利人自己的意思表示能够绝对发生效果。因此这些权利被称为绝对权。但是有些权利像合同债权，权利人行使权利时其效果必须借助于相对人的意思（请求履行和对应履行），如果相对人没有意思表示权利就不能实现，这些权利被称为相对权。绝对权的典型是所有权，相对权的典型是合同债权。所以，第130条规定的重大意义在于，它承认了不论是物权还是债权，权利行使的过程其实都是权利人意思发生效果的过程。指出这一点意义显著。

从绝对权和相对权的区分的角度看，法律行为理论除具有重大人文价值之外，在民法的基本结构和裁判上还具有极高的科学性。民事权利的这种本质区分，导致当事人的法律行为性质发生区分、法律责任发生区分，进而就是权利变动的法律根据发生区分。可以说，区分原则对于民法、商法、知识产权法以及涉及民事权利交易的其他法律，都有结构基础的作用。

遗憾的是我国法学界对于这样一个基础性的原则，却因为法学资源的谬误，而长期不理解甚至予以排斥，从而导致立法产生了明显错误的规则。比如《合同法》第132条要求，买卖合同时必须针对已经存在的标的物订立。进而《合同法》第51条规定，如果订立合同时，债务人尚无标的物所有权，那么这一合同就不会得到法律的承认和保护。如果依据这些规则来裁判交易，针对不存在的物比如工厂尚未制造出来的物订立买卖合同，那就将被当做不受法律承认和保护的合同。这些规则的谬误可以说是非常清楚的，但是至今还没有得到改变。事实上，《物权法》第15条以及最高人民法院2012年（《关于审理买卖合同纠纷案件适用法律问题的解释》）都在试图改变《合同法》的这些不符合法律科学的规则，但是应该的做法，是在民法典分则的编纂工程中整体予以整合修订。

在《民法总则》的制定过程中，一些学者和立法工作人员认为，物权和债权的区分比较难以理解，因此在总则的法律行为制度中没有写入相关条文。这种说法，从目前我国市场经济的发展状况看是很难成立的。现在我国，不论是民法理论界还是司法实践界，谁不知道物权和债权的区分？谁不知道法律行为的本质是当事人的意思表示？这样普及型的知识，这样具有普遍意义的法律原则，如果得不到采纳，实在是中国民法的不幸。

所以，这一次民法典分则编纂涉及《物权法》《合同法》的相关规则整合时，立法应该明确坚定地采纳区分原则。

三、关于民法典分则设定独立的人格权编的讨论

在我国当代民法学研究活动中，关于人身权以及人格权的讨论，尤其是围绕着民法典中是否设立独立的人格权编的讨论，现在已经成为显著的热点。自从有学者提出人格权在民法典中独立成编的主张之后，中国社会科学院课题组一直持否定态度，其原因非常简单：不论是从民法体系科学还是立法基本功能的角度看，人格权在民法上的立法问题，就是侵权以及救济的法律问题，这个问题已经由我国《侵权责任法》解决了，现在个人信息保护出现的问题，也还是个侵权法问题，完全可以通过修订侵权责任法来解决。近年来，继续坚持人格权在民法典中独立成编的学者又提出了"人格权商业化利用"或者"人格权权能的商业化利用"的观点，认为侵

权责任法不能解决人格权市场化的问题。这个观点出现之后，关于人格权本来比较清晰明确的制度规则，已经出现了极大的混乱，因为这个观点打破了民法学、宪法学等学科关于人格以及人格权的基本定义，也突破了能够支持法律建立人格以及人格权学说的伦理底线。

事实上，主张人格权独立成编的观点，其基本的两个论据之间就是不协调甚至是矛盾的。其论据之一，就是21世纪信息被滥用而造成以隐私为核心的人格被极度侵害、必须加强保护。其论据之二，就是现在中国出现人格权商业化的趋势，因此，人格权也已经具有了类似于物权或者债权那样进入交易机制的特征，应该将人格权和物权、债权一样，作为民法典中的独立一编。但是，这两个论据的要求如何协调统一为独立的人格权编呢？这些学者似乎没有想到这个问题。事实上，将这两个论据协调为一体，从立法功能的角度看是不可能的。因为如果要解决人格权商业化利用而产生的交易问题，那么立法要建立的规则是行为规范；如果要强化人格权侵害救济，那么立法要建立的规则是裁判规范，也就是在侵权法中加大立法的保护之策。这两个论据，涉及民法的合同法和侵权法两个领域，可以说这是全世界的民法（包括英美法系）都认识到的重大差别，因此我国民法学界不可以混淆这个基础性的问题。

从当前社会法治实践的角度看，强调人格权保护当然是正确的。但是，既然要强调其人格权保护，那么我们就必须仔细分析，我国目前有没有人格权保护的立法？这些立法在保护方面到底出了什么问题？首先我们要看到，类似于徐玉玉案件那样的严重后果，根源在于信息泄露，而不是隐私泄露。一些学者一再强调信息泄露就是隐私泄露，这是很不严谨的。徐玉玉被泄露的只是她的考试信息，而不是隐私。因此，这个案件不能被炒作成为一个隐私权受侵害进而也是人格权受侵害的案件。另外，我们也要看到，徐玉玉考试信息的泄露，主要的责任在于掌握这些信息的学校和教育行政部门。窃取和出卖信息的黑客和利用信息诈骗的罪犯，其罪责并不是信息泄露而是盗窃信息和利用信息诈骗。无论如何，不论是信息泄露还是信息犯罪，这些问题当然也不应该由民法来规范。可以由民法来规范的，只有信息泄露造成损害之后的侵权救济问题。在上面的讨论中我们已经分析了我国《民法总则》关于第110条和第111条立法的差别，因此我们在这里呼吁我国社会尤其是我国法学家，不可以混淆隐私和信息的区别，也不要把这个问题和人格权的保护混为一谈，更不要把信息保护方面的全部问题理解为民法问题。我国《侵权责任法》已经建立了良好的侵权救济制度的基础，这个重要的立法基础任何人不可以忽视。如果认为该法对于人格权保护还有不足，那么，在下一步的民法分则编纂过程中，进一步修改或者加强这一方面的规则即可。

至于"人格权商业化利用"这个观点，在我国法学界提出来而且形成了比较高的声浪，仅仅这一点就清楚地表明，我国民法学界关于人格权基本理论研究的十分薄弱。稍有人文主义历史知识和伦理学知识的人，一看到这样的提法都会非常惊讶，人格、人格权怎么能够被"商业化利用"？提出这些观点的学者有没有想到人格权所涉及的重大伦理问题？

在本人曾经翻译的《民法上的人》这篇论文中，德国法学家哈藤豪尔通过历史考察，揭示了民法上的人、人格、人格权的起源以及现实的发展。这篇文章说明：在历史上曾经有很长的一段时间，自然人并不都是法律上的人，自然人中的奴隶没有法律人格；即使具有法律人格的自然人，却因为血缘、性别、民族、阶级、宗教、政治阶层等各方面的因素，被划分为不同的等级身份，他们不能享有平等的法律人格。这种人与人之间的不平等人格是天生的、合法的、赤裸裸的，因为人格不平等，他们的权利义务和责任都是法定的不平等。因为人被分为上等人和下等人，上等人可以决定下等人的自由（包括性的自主）、财产甚至生命。这种情形就是等级身份制。在人文主义革命时期，人们首先是从生命伦理的角度提出了人人生而平等的进步思想，以此来推翻等级身份制的思想基础。后来，经过哲学伦理学和法学等多个方面的巨大努力，天赋权利、人人平等这些观念才被立法接受，宪法和民法都逐步建立了法律人格人人平等为基本理念的主体制度。这种人人平等的人格理论，从一开始就是抓住了下等人悲惨的身份命运这个重大道德伦理缺陷，从生命和尊严应该人人平等的角度，建立了人文主义的伦理观，进而这个伦理观才演化成为宪法和民法的主体制度。简而言之，人格就是作为法律人的资格，是和自然人的生命相互连接的原生权利能力；人格的法律问题，是要让一切自然人的生命和自由一律平等。人格问题首先是一个宪法问题，民法上的主体资格，其实只是自然人的宪法资格的体现。从历史的考察看，自然人享有平等人格以及人格权的提出，是近现代以来人文主义革命的产物。民法上的人格也是人文主义伦理下自然人生命和自由一律平等的价值观的体现。

也正是因为这样，世界很多国家民法规定，自然人的权利能力一律平等，自然人的权利能力始于出生终于死亡。这个规定强调的是，自然人之间的法律人格没有差别。自然人人格基础的人文主义的思想，现在看来我国法学界并不很清楚。无论如何，自然人的法律人格和他（或者她）的生命、健康、自由（包括性自主）等基本权利相互不可分割，这些都是维系他（或者她）的主体资格的必需。这样的权利内容，怎么会有商品化利用的可能？如果这些东西都能商品化利用，那么他（或者她）还是法律上的自然人吗？

也就是因为这样，人格权在传统民法中一直是和侵权法密切相关的。因为：虽然近现代宪法从主体资格的角度解决了自然人之间人人平等的法律问题，但是，在自然人之间却始终存在着侵害他人的生命健康、隐私、自由等方面的现实问题。这些侵害，归根结底也是对他人主体资格或者人格的侵害。所以，人格维系或者人格权保护的重大责任，就交给侵权法来承担了。

两次世界大战之后，民法学关于自然人法律人格的思想出现了一个重要进步，那就是把人格以及人格权这些概念和公共权力限制理论相互连接起来，从而在自然人人格和人格权保护方面取得实质突破。第二次世界大战期间自然人权利受到大规模侵害，而这种侵害的主要渊源就是公共权力。在吸取这一沉痛历史教训的基础上，为了强化自然人权利保护，在宪法中出现了基本权利制度。当时法治社会宪法具有至高无上的法律地位，把自然人的基本权利写入宪法，就是要以宪法的权利位阶为手段，实现对于自然人权利的高度保护。宪法基本权利，主要指的就是民法中的自然人权利，包括但不限于目前我国法学界部分学者热炒的人格权。从那以后，世界各国的宪法都普遍承认了基本权利规则，强调人民的这些权利的神圣地位，以此限制国家公共权力，防止国家权力对这些权利造成损害，这是宪法规定基本权利的首要目的。传统宪法和民法强调的人格平等，主要是为了解决等级身份制这种体制造成的历史问题；而现代宪法中规定的基本权利，主要是解决现代国家过于膨胀的公共权力对于民众基本权利包括人格的损害的问题。

在宪法规定的基本权利之中，人格尊严是一项核心内容。这一点也被民法学界称为"一般人格权"。正是这个权利，才构成了民法人格权的宪法基础和道德基础。我们要理解现代民法学中的人格权，必须首先明确这个权利和自然人人格尊严的内在联系。中外民法学界的基本共识是：各种各样的自然人人格侵害或者人格权侵害，归根结底都是自然人的人格尊严的侵害。所以，不论在立法上列举出来多少人格或者人格权的具体类型，总而言之这些都是人格尊严的体现。所以，虽然有一些人包括我国的一些学者在内，都花费了很大精力尽可能地列举出人格或者人格权的具体类型，但是这些列举总是不成功的，因为这些列举无法全面解释人格尊严的含义。传统民法的立法者并不这样做，因为明智的民法立法者并不在列举人格或者人格权方面下太多工夫，而是在承认人格尊严具有一般人格权本质的基础上，依据这种一般概括的方法，尽可能地把那些有可能受到侵害的人格利益都包容进来。我国《民法总则》目前的立法观念，其实就是这种思路，它在第109条揭示了一般人格权的理念，在第110条也列举了一些人格的类型，但是它没有说这些就是人格尊严或者一般人格权的全部。这种立法结构下，第109条的法律适用，就有了非常广阔的空间，因为这个条文具有巨大的包容性。第110条的规定，仅仅只是列举了常见的受侵害的人格或者人格权的内容，这些列举之外，应该还有其他的受侵害的人格或者人格权的样态，这些样态可以从第109条的规定中得到保护和法律支持。第110条的这些列举，可以作为司法裁判的指引或者参考，而不是作为固定的类型化模式，这和物权法定原则的要求是完全不一样的。

总而言之，将以生命伦理基础的人格或者人格权商业化，这样一种观点从理论上看就已经十分让人吃惊，一个"化"字，其理论分量有多重，这些学者不知道是否认真思考过。

支持民法典中设立人格权分则编的观点提出，目前我国或者国际上已经出现"人格权商业化利用"的趋势，而且还列举了一些事实。但是这些事实可以成为"人格权商业化利用"的根据吗？从我们看到的资料，这些学者提出的"人格权商业化利用"的事实主要有：

（1）自然人利用肖像权做广告。这是人格权商业化利用的主要根据。我们只是想问，一张相片被用作广告，这就是人格权转让吗？如果真是人格权转让，那么转让之后，权利人（肖像权）的相关人格是否已经被转让出去？他（或者她）还有没有相关的人格？显然，做广告之后自然人人格没有一丝一毫的减少，这就是说，他（或者她）并没有将包含自己人格的权利转让出去。如上所述，人格权本质是自然人的人格尊严，是和他（或者她）的主体资格相关联的基本权利，而肖像权做广告恰恰不涉及这些内容。从大量的广告使用的肖像我们可以看出，这些肖像多数向我们展现的是色相和诱惑，而色相诱惑恰恰和人格尊严保护的基本目标相背离。客观地说，肖像广告可以说基本与人格尊严无关，而只是与经济利益相关。因此当代世界，不论是哪个国家，都只认为肖像广告仅仅只是一个合同法问题，而不是人格权问题。无论如何，把利用肖像做广告解释为人格权商业化利用的观点，是完全无法成立的。

（2）一些学者提出，表演权、形象权等也可以作为人格权商业化利用的根据。但是这个观点法学界基本无人同意，因为这是个知识产权法问题。

（3）一些学者提出，类似莱温斯基向媒体出售其性隐私而编书赚钱的行为，也是人格权商业化利用的例子。对此我们完全无法赞成。因为，这种以出卖自己的性隐私而牟利的行为既违背了道德伦理，也违背了法律的基本原则。我国法律从来都对此予以禁止。这个例子恰恰说明了人格尊严涉及道德伦理的问题，对于人格权即使权利人也无权处分。

（4）一些学者提出的法人可以转让其主体资格，比如公司可以转让其字号等，因此法人尤其是公司法人人格权是可以商业化利用的。这种观点可以说是典型的似是而非。如上所述，人格以及人格权，是现代民法为纠正古代民法中自然人的主体资格的不合理制度而有针对性地建立的制度，它要解决的问题,是古代法律基于公开而且合法的血缘歧视、民族和种族歧视、性别歧视、宗教歧视等歧视以及这些歧视造成的下等人不能享受充分法律人格的问题。第二次世界大战期间的因为公共权力滥用造成的人格侵害,本质上还是因为法律歧视。现代法律建立平等的法律人格制度,而且通过宪法关于人格尊严的规定,给予这种权利以高度的保护。而法人制度从产生一开始就没有遇到过所谓的歧视问题。而且从法律实践的角度看,法人的可以转让的字号,实质上还是财产权利。这一点和自然人的主体资格完全不可以转让的特点,完全不一样。

退一步来说,仅仅依据企业法人转让其字号这样一个理由,也不能就得出整个法人类型都可以转让其名称的结论。因为公益法人并无转让"字号"的可能,而且即使是企业法人,其某些涉及其主体资格的权利(比如我国《民法总则》第110条第2款规定的名誉、荣誉等)也是完全不能市场化的。所以,法人人格权商业化利用的说法,其实是非常典型的夸大其词的结论。

从上文分析我们可以看出,"人格权商业化利用"虽然现在被炒作得非常热闹,但是它却是一个典型的理论泡沫。首先,在自然人人格和人格权方面,除了肖像权做广告之外,还没有其他人格或者人格权商业化转让的法律问题。而肖像权做广告,却仅仅只是一个典型的合同法问题,其本质不是什么人格以及人格权商业化利用。而在法人方面,仅仅企业法人转让其字号这样一种行为,似乎与其主体资格的商业利用有关,但是其本质是一个典型的财产权利转让问题,其他的法人类型并没有其人格或者人格权商业化的可能。所以,整体上看,不论是中国还是国际上,都没有"人格权的商业化利用"的实践。

针对我国人格权理论研究的混乱,本人在此向立法机关、向全国法学界尤其是民法学界发出呼吁,请大家思考如下相关问题:

(1)什么是人格?法律上提出人格是要解决什么问题?人格和人格权建立的伦理基础是什么?

(2)什么是人格权,人格权是怎样解决人格问题的?

(3)自然人对自己的身体究竟享有什么权利?他(或者她)有权利处

分自己的身体吗？其中的生命伦理问题有人考虑到吗？

（4）提出人格权商业化利用，这个"化"字的范围和深度有没有确切的定义？

（5）肖像做广告能被定义为人格权商业化利用吗？

（6）自然人信息是人格吗？

（7）自然人信息泄露是隐私泄露吗？

（8）信息泄露造成严重的社会问题，仅仅依据民法就能够解决吗？

（9）信息泄露造成的侵权，通过侵权法修改不能解决吗？

（10）人格权立法，仅仅就是民法问题吗？是否在民法典规定独立的人格权编就能解决全部人格权问题？

（11）法人为什么不能享有人格尊严？

（12）法人"人格"和财产权有什么区别？

如果这些问题得不到澄清，不但人格权独立成编成为笑柄，而且我们的民法典、我们的法律体系、我们的法学理论也将为人长久诟病。鉴于如此之多的似是而非，我们有理由提出以上的质疑。

四、对当前民法典分则编纂的几点建议

第一，全国人民代表大会常务委员会（以下简称"全国人大常委会"）法制工作委员会应该继续坚持两步走的民法典编纂规划，在民法总则制定完成之后，稳定扎实地推进已经确定的民法典各个分则的整合工作。民法典编纂分为两步走，是全国人大常委会委员长等领导都已经向社会宣布的立法方案。这个方案的编制既符合我国民法发展的现实，也符合法理。从上面的分析看，三步走的方案也就是在其中增加人格权独立成编的方案，不但不符合我国现实需要，更重要的是违背民法原理、违背法律伦理基础。

第二，积极应对信息保护的社会需要，在我国《侵权责任法》修正时，增加关于信息泄露侵权规则。如果为了突出这个问题，可以考虑在民法典的侵权责任编中写入专门一节。我们的研究结论是：关于信息侵权大

体上需要 3 到 5 个条文，包括违法采集自然人信息侵权、违法泄露自然人信息侵权、多数人共同故意侵权、多数人非共同故意侵权等。从民法的角度看，民法对于信息侵权的法律规制依此即可满足。但是，信息泄露需要民法保护的问题，还是要通过侵权责任法来解决，不论是从法理上看还是从立法现实看，我国民法典分则编纂都没有必要独创人格权编。

第三，积极贯彻民法总则立法取得的成就，在物权编的修订过程中，能够按照特别法人制度的要求，从主体的明确肯定、客体的明确肯定和物权明确肯定的角度，改进我国公共所有权制度和集体所有权制度。具体的建议是：（1）在公共财产领域，贯彻《民法总则》第 96 条规定公法法人作为民事主体的规则，有限度地使用"国家所有权"的概念，尽力以明确的民事主体权利、义务和责任构建公共财产秩序。（2）在"国家投资"和公有制企业的物权法律制度中，承认和采纳法人所有权学说，采纳"股权—所有权"规则，明确投资人权利和企业法人所有权的区别，为推行混合所有制改革铺平道路。（3）在农村集体财产所有权制度方面，贯彻《民法总则》第 96 条关于特别法人的规定，按照社团法人的规则，重建集体经济组织法人所有权、集体成员权等相关制度。

第四，按照民法科学，全面采纳区分原则。从物权法和合同法相互衔接的角度，积极主动地消除《合同法》第 132 条、第 51 条的立法弊端。

第五，物权法修订，应该接受我国已经建立统一不动产登记制度的现实，对相关制度做出全面修改。2007 年《物权法》制定时期，因为不动产登记制度不统一，因此登记不能完全和物权法中的物权变动制度对接，一些必要制度没有建立起来。除类似于《物权法》第 10 条这种过渡性的条文应该予以修正之外，还应该增加登记依法产生的公信力、登记推定正确性原则演化的具体规则（如主体推定、权利推定、损害赔偿受领权推定等）等。另外，还应该建立当事人依据充分法律根据推翻不动产登记的法律规则（包括条件和程序等），以保护真实的不动产物权人。总体来说，这一部分需要修改的内容比较多。

第六，完善建筑物区分所有权法律制度，以此为核心完善居民小区法律制度。

第七，全面修改《物权法》第 106 条关于善意保护的规则，建立符合法理和中国实践需要的市场交易安全规则。

第八，全面修改担保物权制度，承认市场经济体制国家普遍存在、我国也已经多有应用的多种担保制度，并修正涉及交易安全的一系列核心条款，比如《物权法》第 191 条等。

第九，积极应对我国已经进入老龄化社会的现实，在空巢老人、失独老人保护方面做出努力。

第十，积极应对婚姻家庭关系的重大变化，在亲属关系立法方面做出实质修改。比如，在血缘亲属关系立法上，打破旁系血亲二等亲的限制，采纳我国传统亲属关系制度。立法不应该把亲属范围仅仅限制在旁系血亲二等亲的范围之内。事实上，我国传统亲属关系在稳定社会秩序、促进社会进步方面一直发挥着积极作用，立法应该对此予以承认和保护。同时，应该承认和保护不损害公共利益和他人利益的异性伙伴关系，将其纳入亲属关系范围之内。

第十一，在继承法规则中，尽量扩大亲属关系，扩大继承人范围，尽量把民间财产留在民间。立法尽量限制由所谓的国家或者集体取得无人继承财产的条款，因为这种理论不但得不到民众的认可，而且在实践效果上得不到采纳，是完全不现实的。

以上意见供参考。

第十二届全国人大代表（代表证号 0628）　孙宪忠

• 附录：其他议案或者建议

[建议题目]
建议人民法院停用"调撤率"作为绩效考核指标[1]

一、案由

所谓调撤率，指的是人民法院在审理民事案件中以调解方式处理案件、当事人因此撤回诉讼请求而结案在法律整体民事案件结案数中的比例。调撤率作为人民法院对于民事审判工作普遍的成绩考核标准不仅仅是缺乏法理依据的，而且也明显违背了调解自愿的法律原则。调撤率应用于法院绩效考核以来，实践证明弊大于利，而且弊端越来越大，应该及时停止使用。

二、案据

调撤率是人民法院考核其民事审判工作是否有绩效的标准，准确地说，它是人民法院考核本院民事审判工作、上级人民法院考核下级法院民事审判工作是否取得优秀成绩的标准。从媒体报道的信息看，人民法院系统建立这一标准的原因，是以该标准判断法院以及法院民事审判的法官是否能够体现能动司法的要求。因为当事人在人民法院法官的积极引导下息讼和解，不仅仅有利于调解协议的顺利执行，也有利于当事人之间和睦相处、化解矛盾。如果当事人在法官的引导下达成了调解协议，原告就会撤回起诉书，案件即会终结，也不会形成二审或者再审。调撤率这个概念因此而生。如果人民法院或者法官的调撤率高，年底考核时即认定该法院或

---

[1] 本建议提出于2013年。

者法官贯彻能动司法精神取得了优秀成绩。据了解，该项指标应用于法院年终工作审核已经有数年，而且这一标准在法院是一项硬性标准，即必须达到的标准。

本人并不是研究司法制度建设的学者，也不是研究民事诉讼法的专家，但是近年来，本人因为科研工作以及实际调查的需要访问了内蒙古、陕西、海南、河南、江苏、上海等地的多级人民法院和许多法官，从中了解到调撤率制度，也从中知悉了越来越多的关于调撤率这一标准应用于人民法院考核工作的现实状况。从本人知悉的情况看，谈到这一问题的法院和法官，均表示难以同意将调撤率当做工作绩效考核的标准，或者至少是不同意将其作为一项硬性的考核标准。

本人也多次和中国社会科学院法学研究所、中国政法大学、西北政法大学从事司法制度、民事诉讼法研究和教学的教授和专家学者，在学术讨论中提及这一问题，也曾经和律师界友人仔细讨论过这一问题，他们大多数不赞同将调撤率当做法院或者法官成绩考核标准；对于将调撤率当做硬性标准考核法院或者法官的做法，则是众口一词地反对。基于这些现实调研和理论探讨，本人对调撤率作为人民法院民事审判业绩考核的标准尤其是硬性标准的问题已经清晰明确，因此向人民法院提出如上建议。

三、论据

本人建议的根据如下：

（1）这一标准违背了我国民事诉讼法的规定。我国《民事诉讼法》第9条规定："人民法院审理民事案件，应当根据自愿和合法的原则进行调解；调解不成的，应当及时判决。"这一规定首先明确了调解自愿原则，它的内容包括当事人对于是否采取调解结案的自愿，也包括对于调解协议内容形成的自愿。这是调解最基本的原则。因为调解基于当事人的自愿，有多少案件可以采取调解结案并不由法院或者法官决定，法院以及法官无法预知多少案件可以调解结案。所以，将调撤率作为法院或者法官的业绩考核标准是没有道理的。

（2）这一标准不符合制度设计的本意。不论是从"马锡五审判方式"的历史经验来看，还是从新中国成立以来的历次立法看，调解作为一种比较成功的民事案件处理方式，主要还是应用在涉及当事人之间的情感案件，或者以情感为基础的民事案件比如婚姻家庭案件方面。在这些案件中，当事人之间的争议具有情感色彩，依据法律规定的条文直接裁判结果对他们未免生硬，而调解可以提供当事人在法官面前相互沟通的机会，法官也可以因势利导地解决案件。所以在这些案件中，调解发挥的作用往往胜于直接的判决。但是，情感性质的案件毕竟只是民事案件的一部分，大量的民事案件是权利义务比较明确的合同争议、房地产争议、投资争议、侵权案件等，这些争议的当事人之间并无情感色彩，权利义务关系也比较明确，法院在处理这些案件时可以借助于调解，但是绝不能要求当事人调解结案。当前，大量的民事案件其实是这些不具有感情色彩的案件。在这些案件中，法院和法官必须牢记"法律上的公正必须是及时的公正"这个古老的格言，按照我国《民事诉讼法》第9条后半句的规定，及时作出裁判，不能硬性调解。

（3）从调撤率这一标准应用数年的实践看，确实是弊大于利。据调查，调撤率的标准应用于法院、法官的绩效考核之后，遂成为一项衡量法官办案能力的标准，也成为法院的业绩考核指标。法官与法官之间、法院与法院之间，形成了以此标准展现自己业务能力和绩效的情形。这样，调撤率就演变成了一项硬性的指标，上级法院将调撤率作为标准考核下级法院，法院以调撤率考核法官。这种情形导致法院、法官将强行调解确定为工作原则，甚至个别法院还提出了"零判决"这种严重不合法的方针。一些民事案件中，本来当事人之间的权利、义务和责任清清楚楚，可是法院、法官为了完成领导确定的调撤率指标，并不及时地为当事人作出裁判，而是一拖再拖，以时间为软性手段强使当事人服从调解，并"自愿撤诉"结案。这种情形，近年来在各地法院尤其是基层法院经常出现，当事人尤其是有理有据的原告一方怨言不断。这种情形已经不仅仅是违背调解自愿原则的问题，而且是违背法治原则的问题。但是因为调撤率已经成为硬性业绩指标，下级法院、法官不得不如此而行。据调查这种不正常的情形非常普遍。

（4）支持调撤率的观点于法理无据。调查中发现，一些支持建立调撤率指标的观点认为，强化调解有利于执行，原因是只要当事人同意了调解结案，那么执行起来就很容易。这一看法貌似有理，其实不然，因为在法院将调撤率作为业绩指标的情况下，法官定会强制调解，定会对其中一方当事人尤其是有理有据的当事人采取压服的做法。非如此，调解协议难以形成，调解撤案的目标无法达到。虽然这种压服常常是软性的，但是当事人迫于形势不得不忍让，甚至失去很多正当利益。当事人此时看似已经撤诉，但是却失去了对于法院和法律的信心。近年来法律、法院的威信受到了损害，虽然这一点并不完全是调撤率的责任，但毕竟是其原因之一。

依据法理，裁判民事案件时法官必须确定正大光明的裁判，使得当事人明晰是非，这是首先应该做到的。民事裁判的执行不能预先成为法官作出裁判的前提条件；对于正大光明的法院裁判，各个方面都应该严肃地予以执行。确实执行有困难的，应该由其他方面承担责任，法院不应该主动承担其他职能部门比如民政部门救助贫困的职能。

四、解决方案

在 2012 年我国《民事诉讼法》修正之后，人民法院将调撤率作为绩效考核标准的做法已经明显为法律所不许可。因此建议人民法院系统尽快停止使用将调撤率作为考核指标的做法。调解制度在我国民事诉讼制度中具有重要价值，我们对此在任何时候任何情况下都不否认。但是，人民法院对于调解的理解和运用，必须严格依据《民事诉讼法》的规定，必须遵守法律规定的时间审限制度，保障公平正义及时地得到实现。

第十二届全国人大代表（代表证号 0628） 孙宪忠

[建议题目]
严厉打击轻型黑色经济的建议[①]

所谓黑色经济，指的是完全不合法、对于国计民生没有任何价值的交易。比如走私、涉黄涉毒、洗钱、地下工厂等交易，这些都是严重的黑色经济，我国社会对其打击比较重。但是也有一些黑色经济，我国社会似乎一直在容忍其存在，比如城市乡村都存在的"办证""卖发票"等，原因大概就是这些都属于轻型的黑色经济。有关部门对这种轻型黑色经济打击不力，总是"一阵子风"。建议严厉打击这些交易，原因很简单，这些交易不仅仅损害了正常的经济秩序，而且更为严重的是，它损害了我国社会最基本的社会良知，以致人际社会最基本的道德沦丧。

在我国城市乡村都可以见到那些违法张贴或者涂写的"办证"广告。据粗略的了解，这些办证所涉及的有各种各样的资格证书、学位以及学历证书、婚姻证书，甚至身份证件等。这些办证的广告，简直布满了祖国各地。从三亚到东北边疆，从大上海到西北霍尔果斯口岸，马路上，民居墙壁上，几乎到处都能见到这样的广告。不仅仅每个城市、每个居民楼房的墙壁上都是这些恶心的东西，甚至一些稍稍偏远的乡村也可以看见它。这种黑色经济在我国已经扎根多年，很多人似乎见怪不怪。一些现实题材的电影电视，通过图像将中国的"办证"介绍到了国外，让我们的国家和我们的人民为此蒙羞。

至于"卖发票"这种行当，似乎只是存在于城市尤其是大城市、核心

---

① 本建议提出于2014年。

城市。不论是在哪个陌生人群居的地区，都可以发现一些人蹭到你身边叫卖"发票，发票"。

据报道，北京市光铲除小广告（违法小广告常常只是"办证"这种黑色交易的一个中间环节），每年就要动员好几十万人，花费了200多万元人民币。但是这种产业似乎有强大的生命力，办证的广告铲除不过几天，之后又卷土重来。这说明，仅仅从铲除小广告的角度处理这种"黑色经济"是远远不够的，必须从根本上严厉打击。黑色经济并不仅仅只是让我们每年花费人力物力铲除小广告，它破坏最大的，就是人们的道德信仰和对法律的尊重。它时时刻刻提示着我们，人们可以通过这些不合法的手段，干一些不合法的事情。所以，这些交易虽然可能涉及的数额不大，但是它是公开地对于法律的挑战。这些肮脏的交易公然地告诉人们，在中国有人可以毁法行事。这是我们最不能容忍的事情。正是因为这样，黑色经济像一条肮脏的蝇蛆，爬行在我们每个人的心上。

遍布城乡的这些黑色交易，虽然不至于说马上就毁坏了我们的国计民生，但是为了法制的尊严，为了社会的诚实守信，为了堵塞非法证件造成危害的漏洞，必须严厉打击这些黑色经济，即使是轻型的黑色经济。本来，打击这些黑色经济并不是难事。法律上的手段也是很容易建立的。现在需要的，是有关部门早下决心，研究解决。

第十二届全国人大代表（代表证号0628）　孙宪忠

[建议题目]
《立法法修正案(草案)》修改建议[①]

目前的《立法法修正案（草案）》，在原法律94条的基础上提出很大幅度的修改，不但条文增加到105条，而且实质的制度比如对国务院的授权立法的制度有明显的改进。这次的改进主要体现在限制授权立法、扩大全国人民代表大会（以下简称"全国人大"）对于国务院立法的参与权、扩大地方立法权这些方面，修订内容直接针对社会热议问题，积极回应民众期待，做出了认真的努力。本人小记，草案修改涉及条文共70余处。这些都符合"全面深化依法治国"原则，而且涉及的修改之处也都进行了非常认真的比较成熟的思考。这些值得充分肯定。现在从完善立法的角度提出几点建议，供参考。

1. 如何改变法律制定难、修订更难的问题

立法行为必须要体现严肃性，但是立法议案的产生在我国实际上是非常困难的。人民代表提出直接的立法议案基本上不可能。目前的《立法法修正案（草案）》，对于法律议案的创制过程没有规定响应程序，建议对此能够有所研讨、在条文上修改，给全国人大代表提出立法创意留一个窗口。

法律制定出来之后多年不改变，不修订，对于明显的制度缺陷迟迟不改。比如社会热议的"嫖宿幼女罪"这个问题，基本上社会看法一直是废除，但是至今不改。在民商法立法上，法律不修不改的问题非常严重。这

[①] 本建议提出于2015年3月7日。

从立法的角度看同样是不严肃的，不符合法治国家的原则。比如，《民法通则》关于"联营"的规定，关于只有"个体工商户"而没有民营企业的法律规定，关于"土地不得买卖、出租、抵押"等多处规定，都已经严重不适合我国经济发展生活的现实，可是长期以来都不改变不修改。《合同法》制定也有15年了，该法关于物权的规则和《物权法》不一致甚至有所矛盾的地方也得不到及时的修改。至于《物权法》中关于农民土地权利的规则，不适合改革精神的，也是从来不修改。这些对于人民权利保护和市场发展造成了消极的结果。

建议立法法对于法律修订的问题做出专门的规定。希望不要把法律的修改，比如个别条文的修改程序和系统化立法的程序区别开来。如果修改的条文涉及问题并不是非常重大的规则，建议建立比较简易的条件和程序。不必要把所有的立法行为都处理为重大的行为，以此降低法律修改的难度。

2. 全国人民代表大会的立法行为从一开始就已经进入了第三次审议的状态，前两次的审议如何引入全国人民代表大会的立法机制的问题

依据我国《宪法》的规定和《立法法》第8条的规定，制定法律的职权中，有关于属于全国人民代表大会立法职权范围内的立法行为的程序。但是从《立法法》确定的规则看，行使这一权力的第一次审议、第二次审议的程序规则不太明确。全国人民代表大会行使这一权力的时候，常常就已经是第三次审议。现实中，虽然也有代表、代表集体参与过立法方案讨论，但是这毕竟不是立法行为意义上的审议。这样，前两次审议并不曾在全国人民代表大会进行过。这一种做法是否妥当和符合立法法本身关于立法职权范围划分的规定？这个问题如何解决？

建议的解决方案，是在全国人民代表大会中引入第一次审议和第二次审议的程序。总之对这里的法律技术性规则应该做出一个合理的设计。

3. 关于国务院的立法权问题，草案设计的程序不能彻底解决行政法规制定的质量保障问题，也无法彻底解决这些立法的民主性和科学性保障问题

国务院制定的行政法规，常常直接处理政府机构和人民之间的法律事

务,即公共治理权和民众权利之间的关系,因此它们在现实生活中发挥更加直接的作用,比如"拆迁法"等法律就是这样。原来《立法法》(2000年)关于国务院制定行政法规的基本条件,仅仅只有一个条文,即第58条,要求"行政法规在起草过程中,应当广泛听取有关机关、组织和公民的意见。听取意见可以采取座谈会、论证会、听证会等多种形式",这个条件实际上是相当不确定的。因为这些条件并不是立法的程序规范,它们没有程序规范所要求的法律职权和责任的规则。在这种情况下,国务院的立法工作机构,对于如何做这些立法的前置性工作、甚至做不做这些前置性工作,法律并没有提出明确的责任。以本人曾经深度参与的《国有土地上房屋征收条例》《不动产登记暂行条例》这两个法律为例,它们都是涉及公共权力和民众权利之间的重大法律利益关系问题,可是它们的立法质量都不高。在这些立法活动中,法学界以及我国社会都提出过很好的建议,但是这些立法的结果都比较任性,从立法的名目到一些重要的制度都留下立法质量不高的遗憾。

《立法法修正案(草案)》第58条实际上是国务院立法权的法律根据。这个核心条文如何设计,需要认真研究。应该看到,将该法第58条修改后的《立法法修正案(草案)》第67条,首先增加了"重要行政管理的法律、行政法规草案由国务院法制机构组织起草"这样一个重要的规则,以此来纠正"部门立法"这个多年没有解决的问题。这一点应该得到肯定。但是这一句话里"重要"一词,如何理解还是留下了不同的解释空间。

就国务院行使立法权的民主性和科学性条件的问题,《立法法修正案(草案)》第67条提出的改进设想,是引入人民代表的参与,要求立法活动"应当广泛听取相关领域的人民代表大会代表,有关地方人民代表大会常务委员会……的意见",并且将立法方案通过网络向社会公布,征求意见。这一点值得充分肯定。但是,就这些活动如何处理人民代表以及地方人民代表大会常务委员会的意见,却没有明确的规则。简要地说,听取意见可以,但是听取之后有什么效果,却无法从程序上肯定。

总之,本人的基本看法是《立法法修正案(草案)》没有从立法程序的角度解决限制国务院相关机构的非科学化立法行为的问题。因此我建议，在这个重大问题上必须建立规则。首先，《立法法》必须要求国务院相关立法部门对全国人民代表大会的人民代表、地方人民代表大会常务委员会以及召开的听证会、论证会所提出的主要立法意见予以归纳和整理，然后向社会公布。其次，就是否采纳这些意见做出明确的说明。最后，对国务院立法行为中责任问题确定规则。

4. 《立法法》就经济特区立法权的问题应该建立更加明确的规则

目前，就经济特区的立法权的行使，已经产生了比较大的争议。尤其是深圳特区在2004年通过特区立法权将非特区的土地所有权一并收归"国有"的问题出现后，我国社会对此提出了很多批评意见。

在改革开放多年之后，特区立法权如何行使，特区立法权和地方立法权之间的关系问题，目前《立法法》还没有建立明确的规则。

另外，《立法法》第87条以下至第91条，就有缺陷的"法律、行政法规、地方性法规、自治条例和单行条例"行使审查甚至撤销的权力的情形中，不包括特区立法。《立法法修正案（草案）》从第97条到第100条，基本上完全沿用了这些制度。因此建议，在《立法法》的相关条款中，增加对于特区立法行使审查、撤销权的规则。

以上意见，仅供参考。

第十二届全国人大代表（代表证号0628）　孙宪忠

[建议题目]
关于建立"科研友好型经费使用管理制度"的建议[①]

一、案由

2014 年，本人已经提出过一次建议案，目的是反映关于我国科研经费使用管理制度给科研活动和科研人员造成损害的情形，而且针对性地提出了解决问题的建议。该项建议案是在本人调研中国科学院、中国社会科学院以及一些重点高校科研人员的基础上提出的。此项建议案提出后，相关的管理制度并未得到改善，因此今年再一次提出这一建议案。

科研人员普遍反映，科研项目普遍时间紧、任务重但是经费使用制度却存在很多不合理之处。其中显著的问题：首先是科研经费的使用必须严格依据预先的设想方案，没有任何的灵活性。其次是不论科研项目的性质，也不论经费来源是纵向课题还是横向课题，科研人员均不得从科研经费中取得劳动报酬。这一点对于项目主持人、主要承担人尤其不利，因为他们要在科研中承担主要的劳动，而且这一劳动十分辛苦，但是项目经费却不能给予其一分一文的报偿。最后，科研经费的报销制度已经发展到了完全不信任科研人员的地步，一些地方的报销审查严格到了极端。我们了解到的情况是，大多数项目都存在着到期之后经费不能全部使用的现象。这样，一方面科研人员的艰苦劳动不能从报偿机制上得到承认，另一方面科研经费普遍地不能充分支出。

目前有大量的科研人员已经放弃了申报科研项目，大学教授以上级别

[①] 本建议提出于 2016 年。

的科研骨干普遍的反映是，当前只要做好教学等本职工作即可，不再愿意做项目科研。但是恰恰是这一批人，才是最懂得专业、最有科研能力的群体。在本人参加评审的国家社科基金项目的申报人之中，除特别事项外，教授以上级别的科研人员已经非常少，著名教授申报课题者基本上已经没有了。本人所在学科里，去年中国社会科学院系统甚至没有一个人申报。其他科研项目系统也存在这种情况，据调查，目前申报本职工作之外的研究课题的主力人员是职称副教授以下的研究人员，他们主要是为了评职称才这样做的。这种情况，在中国科学院、科研重点院校同样存在。本人参加国家社科基金法学研究项目评审、教育部法学研究项目评审、司法部法学研究项目评审、中国法学会研究项目评审、北京市和上海市法学研究项目评审，发现这几年申报人的实际科研水平呈现下降趋势，不论是申请立项材料还是结项材料，都很少有优秀的作品。其中最主要的原因，就是现在的科研经费使用管理制度，对于科研的促进发挥了不友好的作用，使得最有科研能力和经验的也就是以前的科研骨干群体不得不退出了项目的申报。

近年来，国家对于科研投入资金不断增加，但是所获得成效却不高。这种情况必须予以改变，因此本人今年再次提出建议案，希望我国能够建立起"科研友好型经费使用管理制度"，希望科研经费的管理机构能够仔细思考其中的问题，改进自己的观念和做法，建立起一种对科研事业、对科研人员更加有利的管理制度。其实这些问题在这一段时间里很多人都在讨论，对现行管理制度提出批评者居多。即使是轻易不批评现行制度的《人民日报》，也发表了《科研经费改革应促进学术活力》（2016年1月21日，作者叶竹盛）一文，间接地提出了批评。本人在正式提出该项建议案之前，曾经将草拟的建议案挂在"中国法学网"上征求社会意见，短短的两天之内，居然收到将近8万条反馈意见，大多数意见都对本人的观点表示赞同，对当前科研经费使用管理制度提出了批评。由此可见，改变这一制度的不合理的方面已经成为基本的共识。

应该说明，我国当前建立的有些过分严格的管理科研经费使用的制度，也是因为出现过个别科研人员滥用甚至贪污科研经费的情形。这些负面的事实,确实也曾经发生过几次。所以,本人在这里提出的建议案,并不是要完全否定目前的科研经费使用管理制度,而是要认识到其缺陷,并提出自己的补正建议。所以,本建议案的一些言辞从表面上看是批评性的,但是这并不能表示我们对现行制度采取了完全否定的态度。

二、案据

对于科研活动以及科研人员"不友好"的缺陷,大体上有如下几点:

第一,对于科研经费的法律属性的定性不全面。目前的科研经费管理制度,不区分科研经费的来源,也不区分经费使用上的行政法律关系和民事法律关系,把国家项目(俗称"纵向课题")和一般法人自然人的委托项目(俗称"横向课题")混为一谈,统一纳入严格的行政管理渠道。实际上,科研经费提供者支持科研的目的并不相同。有些经费支持科研,就是出于单纯帮助科研人员完成一项有益于国家或者社会的科研活动,甚至有一些仅仅只是支持科研人员自己喜好的科研活动,经费提供者没有自己的经济目的。比如,国家设立专门的科研机构并拨付经费的,以及国家建立的科学基金,就是这种情况的典型。但是有些项目的设立以及经费的支持,却是经费提供者为了取得或者说购买科研人员所创造的成果,来满足自己的政治或者经济需要。这两者之间是存在本质区别的,但是在我国目前的科研经费使用管理制度上却显示不出来。

我国科研项目分为纵向课题和横向课题。其中,纵向课题经费多数是为上文分析提到的前一种目的的,但是也有一些是为了后一种目的。而横向课题,其中也有一些是社会人士给予科研人员的资助,但是比较多的是为了取得或者购买科研人员的劳动成果。如果从法学上定性,我们可以把那种为了自己的政治获得、商业利益而取得科研成果的科研经费支持,确定为民法上的"承揽合同"。这些课题来源、成果的完成、费用支付完全采取市场方式,因此课题组干了多少事情,应该拿到多少报酬,报酬如何使用,都应该由项目委托方和课题组协议决定。因为这是一种典型的合同法律关系,政府只能建立规则予以引导,而不能把将其纳入强制管理。这也是国际上的普遍做法。唯独在我国，不论纵向课题还是横向课题，不论科研活动是为了什么目的，这些科研经费都被纳入严格的行政管理，这一点非常不合理。

第二，不许科研人员享有报偿权的不当之处。不论是纵向课题还是横向课题的经费列支，都不许体现科研人员自己的劳动报酬，尤其是课题组负责人、主要研究人员的报酬。目前的经费管理制度仅仅许可劳务报酬一项列支项目预算总数的20%，而这些经费只能支付给课题组成员之外的科研辅助人员、其他临时劳动人员。课题组人员不得从课题经费中取得任何报酬。从上面我们关于研究课题的性质分析中可以看出，对于那些出资人目的在于购买科研成果的研究项目，科研人员从经费中取得报酬是完全合理的。即使是一些纵向课题，经费的使用也应该向课题负责人、主要承担人倾斜，许可他们在经费的使用上有适当的灵活性，甚至从其中获得类似于奖金这样的报酬。

在2014年本人提出建议案之后，财政部等部门对此的回答是，我国科研人员基本上都是国家工作人员，他们已经获得了工资，因此不应该再从科研经费中获得报酬。本人认为，这一回答不妥。原因很简单，纵向课题的承担，虽然有一些和科研人员的工资是挂钩的，但是也有一部分不是科研人员的本职工作，和科研人员的工资并无关联。而横向课题则基本上是市场化的运作，和科研人员的工资没有任何的联系。因此，以科研人员有工资为由，禁止科研人员从科研经费中取得报酬的观点是完全无法成立的。

无论如何，我们也应该考虑到科研劳动的艰辛，从科研友好型观念出发，从科研项目的法律性质出发，来研究和解决科研人员的报酬问题。

第三，对于科研经费的法律性质定义不当。在纵向课题中，现行的经费使用管理制度没有看到课题组与项目委托单位之间的合同关系。即使一个科研项目是从"国家"申请而来的，项目的经费也不可以再作为国有资产对待。这些项目经费已经投放到课题组手中，课题组只要按时完成了科研任务，在向委托单位提交了成果并获得检验通过之后，这些经费就应该留存在课题组手中，一部分应该用作科研人员的劳动报酬，或者作为下一步科研活动的启动资金。因此，这一笔经费的使用即使有所不当的，也难以被认定为贪污、侵占了国有资产。

在横向课题之中，将这些经费的使用当做国有资产就更不符合法理了。

对于那些国家设立科研机构并支付科研人员工资从事的科研项目，以及类似于国家科学基金这样目的纯粹的只是为了支持科研人员、出资人没有自己的政治与经济目的的科研项目，加强经费使用管理是应该的。这些项目经费的拨付、使用都应该纳入审计。对于那些并未按时按质完成科研任务，而随意花费科研经费的情形，甚至还可以追缴已经拨付的经费。我认为，在这一方面现行制度还有可以改进之处，比如对于那些不合格的科研成果，现行的经费使用管理制度显得无计可施。事实上，这一种经费的拨付应该是分阶段进行的，如果发现研究成果不能保证质量，应该有制度及时卡住不再发放。对于那些验收不合格、不能顺利结项的项目，我国甚至应该建立经费收回的制度。这些都是下一步应该改进的。

第四，科研经费报销制度限制过多、过于死板，不合情理者非常严重。比如，社会科学调研项目，有很多采取了发放调查问卷的方式，发放和回收问卷时需要大量的小额现金支出；有些调研还是以口头采访的方式进行的，需要给接受采访者小额费用；有时候调研还要吃住在农村，但是因为没有发票，这些调研活动的支出，按照现行的经费使用制度就不能报销。另外，学术会议邀请评审专家，也不可以发放符合市场劳务标准的报酬和交通费。这些都损害了实体研究工作的进行。

三、方案

应当看到，现在中央政府以及一些地方政府已经注意到了科研经费使用管理制度存在的问题，新近出台的一些政策文件似乎在呼吁解决这些问题。国务院办公厅发布了《关于优化学术环境的指导意见》（国办发〔2015〕94号），指出"良好的学术环境是培养优秀科技人才、激发科技工作者创新活力的重要基础"，要"着力构建符合学术发展规律的科研管理"。李克强总理也曾在其政府工作报告中提出，要"改进与加强科研项目和资金管理"。① 上海市财政局和上海市科学技术委员会于 2015 年 12 月 29 日颁布了《上海市科研计划专项经费管理办法》，该办法着力于建立健全符合科研规律的科研项目经费管理机制，简政放权，将多项权利下放至项目（课题）承担单位；同时，该办法确定的课题组使用经费的额度，远大于财政部的限制，体现了对科研人员的尊重，部分体现了科研项目中创新性劳动的价值。

但是，从国家层面来看，我国现行的科研经费管理制度，没有体现出"与时俱进"的精神，实践中暴露的问题没有解决。这些做法不但不能调动科研人员的积极性，反而限制甚至打压了科研人员的积极性，违背了中央提出的"创新发展"的精神。因此，本人再次提出本项建议案，并提出如下问题解决方案。

1. 指导思想

本人之所以建议，以"科研友好型"作为基本的指导思想和基本理念，建立对科研活动友好、对科研人员友好的科研经费使用制度。这个指导思想，和中央提出的"五大发展理念"是一致的。中央提出的"五大发展理念"，首先就是"创新发展"。没有科研活动，哪里来的创新？没有科研人员，哪里来的科研活动？因此，对于科研经费的使用管理不利于科研创新这个问题，我们应认真思考并加以解决。具体来说，目前解决问题的基本思路，应该有两个方面：

第一，依法治理科研活动。必须分清科研活动的法律性质，区分资助科研的项目和购买科研成果的项目；区分经费来源上的行政法律关系和民事法律关系，把科研人员对于国家所负的责任和对于一般项目委托人所负的责任严格分开。

我们认为，国务院办公厅《关于优化学术环境的指导意见》（国办发〔2015〕94 号）提出的要"坚持依法治学"的精神，完全可以应用在科研

---

① 参见《李克强总理作政府工作报告（文字实录）》，载中央政府门户网站：www.gov.cn，2014 年 3 月 5 日。

经费的使用制度方面。所谓依法，就是要尊重科研经费在法律关系上的基本规则，区分科研项目的两种不同性质的类型，不可以在科研经费管理方面全部套用行政管理的规则，把全部科研经费纳入国家经费。

第二，按照科学技术是第一生产力的精神，按照中央"五大发展理念"的精神，促进科研活动，保护科研人员。科研活动是我们建立创新性国家的核心环节，也是"五大发展理念"的第一大理念。科研活动在任何时候和任何情形下都是以科研人员的劳动作为核心来展开的。科研劳动是独特的创新性劳动类型，它应该得到我国社会足够的尊重和保护，应该放手交给科研人员使用经费，应该放开使用权；相应的劳动报酬应该得到足额的发放；科研经费的报销应该体现科研活动的要求。科研经费使用制度应该按照中央创新发展理念的要求建立并予以实施。

2. 应该解决的具体问题和解决方法

第一，对于科研经费使用制度方面法律关系不清晰的问题，解决的方案是把资助性经费和购买性经费区分开；把纵向课题和横向课题区分开。

对于资助性科研项目及其经费，比如国家设立专门的科研机构并予以设立的科研项目和拨付的科研经费，再如国家社科基金这样支持项目申请人完成其著述的项目及其经费，其经费的使用管理仍然可以遵行现行的制度。但是对于那些目的在于购买科研成果的研究项目，其经费的使用应该适用市场的规则，不应该将这些已经支付给研究人员的经费纳入国家财产。

对于纵向课题和横向课题，首先应该按照上面的原则予以类型划分。纵向课题中，如果所完成的成果归属于委托人，科研人员的工资也不包括在经费之中的，应该许可科研人员取得必要的报酬。

大体而言，全部横向课题都应该纳入民法上的承揽合同范畴，用发包人和承包人之间的法律关系规则规范当事人之间的权利义务。我国《合同法》第251条规定："承揽合同是承揽人按照定作人的要求完成工作，交付工作成果，定作人给付报酬的合同。"因为承揽合同常常被用来承包工程或者工作，因此合同的双方当事人也常常被称为发包人和承包人，发包人向承包人委托完成指定的工作，并向其支付工作的报酬。承包人必须按时按质完成指定的工作,并且在工作物检验合格、发包人受领全部工作成果之后,享有要求发包人支付报酬的权利。当然,在承包的工作开始之时,承包人也可以要求发包人支付基本费。在我国,横向课题基本上是依据承揽合同的规则订立的,当事人享有的权利和承担的义务,也完全符合承揽合同的要件。

按照承揽合同的基本规则,横向课题的当事人之间也可以约定其工作经费的支付方式,但是,在工作成果经检验合格并完成交付之后,科研成果归属于项目委托人,而研究经费归属于科研人员。在任何意义上,这些经费都不能再称为国有资产,不能依据国有资产管理的方式来管理这些经费的使用。

在国际上,依据承揽合同的法律关系来规制横向课题经费使用的情形比较普遍。除一般的社会法人和自然人之外,课题组也可以以这种方式接受政府的委托客体。比如,美国著名的智库兰德公司,就经常依据这种方式承担美国政府的重大决策课题研究。本人留学德国时所在的汉堡"马克斯—普朗克外国与国际私法研究所"中,有相当一部分学者其实是"报告撰写人",他们承担的基本工作就是接受政府或者公司的委托,就外国或者国际私法中的制度建设向委托人提交研究报告。这个研究所是一个公法法人,它对于科研人员只是提供必要的图书和办公室以及基本工资费用,他们的主要收入来源是委托人支付的项目费。这种情形,非常值得我们借鉴。

当然,对于那些利用横向课题非法转移资产等行为,国家依据刑法打击是正常的。这些行为已经不是正常的横向课题研究,因此我们在此不多讨论。

第二,从科研劳动的特殊性研究解决项目经费中的报酬问题。我们郑重地向政府财政以及科研管理部门提出建议,必须及时认真地修改相关规则,从有利于科研活动、有利于科研人员的角度,给科研人员尤其是课题负责人、主要承担人相应的劳动报酬。

众所周知,科研劳动是最为辛苦的,科研人员普遍存在着过劳、早衰的情形。而且越是有重大科研贡献的学者,越容易出现健康方面的问题。

在我国，广大科研人员立志报效祖国，发奋努力，各个领域都有一大批杰出的人才。但是同样众所周知的是，这些科研人员普遍地身体状况不佳，这和他们长年累月的辛劳有关。如果科研经费不包括科研人员的劳动报酬，于情于理都说不过去。

当然，我们也不否认在承认科研人员劳动报酬的同时，应当建立科研经费使用的管理和监督制度，促进科研经费使用的规范化。在上文中，我们已经对国家设立的科研机构的经费使用、针对纯粹为了支持公益性科研活动的经费使用有可能被不当使用甚至滥用的情形提出了制度建议。我们认为，经费管理机构完全可以建立分阶段的经费拨付和审计制度，以及不合格项目经费追回制度。在科研项目立项时，经费的支付只能是基本费；只有在科研成果完成而且也被检验合格、依法全部结项之后，再支付其余的费用。如果科研项目不合格无法通过审验办理结项手续，另一些经费不再拨付甚至拨付的经费要被追回。这些制度在我国都可以考虑建立起来。针对个人从科研经费中取得的报酬，国家的税法照样也可以发挥调节的作用，以避免个人收入方面的失衡现象发生。

第三，尽快解决当前科研经费预算过于死板、科研经费报销困难方面的急迫问题，让目前已经立项的资金能够尽快得以使用，发挥其应有的效益。

第四，在现行制度框架下，尽快解决科研人员经费使用失去自主权的现实问题。应该许可他们在科研经费的使用方面，比如劳务费支出方面的自主权，解决社会调查、学术研讨会、论证会等正常活动需要的经费报销问题。

以上意见，如有不妥，也请批评指正。

第十二届全国人大代表（代表证号 0628）　　孙宪忠

[建议题目]
对政府法制工作的一点儿看法①

李克强总理所作的政府工作报告在第十二届全国人民代表大会代表之中获得普遍的好评,是因为我们作为社会普通一分子,都能够从自己身边发生的变化,感受到本届政府在推进改革开放、保民生促发展方面的力度之大,超过了以往。我们可以看到,虽然全世界的经济都不景气,但是我国的经济发展保持了很高的增长率和绝对值,而且中国及时提出了供给侧改革这个转型经济结构的要害问题,提出了去产能、去库存、去杠杆、降成本、补短板这些既清晰明快又切中要害的对策;这一关键对策提出后,国务院作为全国经济与社会发展的总领头人,在落实这些对策时确实付出了极大的心血,也取得了很好的成效。现在我国的 GDP 总数已经达到 67.7 万亿,人均达到 7 924 美元,已经达到初步发达国家的水平。在我看来最值得欣慰的是去年农村贫困人口下降 1 442 万人,基本实现农村基本医疗的社会保障,这些都是新中国成立后的几十年从来没有做到的。

对于政府工作报告中涉及经济发展的内容我不打算多说,作为法学工作者,我对于政府工作报告涉及的政府法制工作发表一些看法。

首先,我们应该看到,这一报告有如下亮点:

(1) 在落实政府依法行政方面有很大成绩,在直接面对人民群众的社会管理行为中,从中央到地方,都加强了法治国家原则教育和管束,公安、工商管理、市政管理、税收、教育、医疗卫生、环境保护、食品安全

---

① 本建议提出于 2016 年。

等方面，做出了实实在在的努力，取得了显著成效。2015年一年，基本上没有发生这些方面的恶性事件和群体性事件。群众反映多年的"门难进、脸难看、事难办"等现实问题确实有本质的改进。

（2）在政府体系内部实行权力配置改革，取消和下放311项行政审批事项，取消123项职业资格许可和认定事项，彻底终结了非行政许可审批。这些公共事务从权力配置角度所实现的改革，幅度非常大，对于支持我国市场经济体制的发展和人民权利的保护，意义非常显著。

（3）在国家立法和行使国务院立法权方面，积极主动，向全国人民代表大会常务委员会提请11件立法审议议案，制定修订8部行政法规。

（4）在行政复议事务中贯彻依法治国原则，积极推广先进经验，保护人民群众权利。尤其是在征地拆迁的行政复议案件中操作稳妥，保障了城市发展和人民权利。

其次，我提出对政府下一步法制工作的几点建议：

（1）政府行使立法权，应该更加重视立法质量。按照我国立法法的规定，国务院有权制定行政法规，各部委可以制定部门规章。国务院行政法规在我国立法体系中实际上发挥巨大作用。

未来立法工作的新常态是修改法律。以土地为核心的自然资源立法的修改成为重中之重。希望这一方面要加强。

（2）涉及法律的决策，必须慎重。拆围墙事件影响很大。

（3）及时应对、处置行政执法中出现的问题。政府经常慢一拍。比如郑州拆迁医院事件。

（4）行政复议制度，要尽快解决多机构重合的问题。

第十二届全国人大代表（代表证号0628）　　孙宪忠

[议案题目]
关于加快修订《标准化法》的议案[①]

一、案由

现行《标准化法》是我国由计划经济向市场经济过渡时期的产物，随着我国社会主义市场经济体制的建立与不断完善，特别是党的十八届三中全会提出"处理好政府和市场的关系，使市场在资源配置中起决定性作用和更好发挥政府作用"的改革目标，《标准化法》的许多规定难以满足形势发展的需要，亟待修订。

二、案据

现行《标准化法》规定的国家、行业、地方和企业四级标准体制中，除了企业标准之外，其他都是由政府主导制定。这种单一的标准供给模式留存着明显的计划经济时代印记，不仅造成政府在管理上的"缺位""越位"和"错位"，也导致了市场主体活力未能得到有效激发。

1. 强制性标准制定主体多，政府该管的没管好

《中共中央关于全面深化改革若干重大问题的决定》提出，要处理好政府和市场关系，更好地发挥政府作用。强制性标准涉及安全、环保、人身健康等重大问题，是市场主体在经营活动中必须遵守的底线，必须执行，因此政府必须要管好管住。然而，现行《标准化法》规定，国家、行业、地方均可以制定强制性标准。目前我国强制性标准的发布主体除了质

[①] 本议案提交于 2016 年。

检总局、国家标准委外,还有环保部、农业部、住建部、卫计委等多个部门以及各省级地方政府标准化主管部门,国家、行业、地方三级强制性标准达一万余项。强制性标准层级多,多头分散制定的问题导致各级标准间交叉、重复和矛盾现象比较严重;超范围制定现象比较突出,如在我国强制性标准中,方法标准、标准中术语、抽样、试验方法、外观指标、待定数据指标等都可以被强制。这些既不利于全国市场统一,也增加了政府管理成本。同时,政府在强制性标准实施的政策引导、激励措施和监管力度不够,一些强制性标准执行不到位,强制性标准实施有效性也有待提高。正是由于政府在强制性标准管理上的缺位,导致强制性标准不"强",影响了强制性标准的权威性。

2. 推荐性标准范围不明确,政府管了不该管的

《标准化法》第 7 条规定:"保障人体健康,人身、财产安全的标准和法律、行政法规规定强制执行的标准是强制性标准,其他标准是推荐性标准。"这一规定将推荐性标准的范围无限扩大,与十八届二中全会对政府职能转变的要求不相符。按照《国务院机构改革和职能转变方案》的要求,政府职能定位于创造良好发展环境、提供优质公共服务、维护社会公平正义。然而一般性产品标准不属于政府基本公共服务的范畴,应当发挥社会组织和市场机制的作用。但在我国一般性产品标准却都由政府制定,这类标准在推荐性国家标准中占到了 1/3。由此可见,政府角色定位存在偏差。此外,由于政府并不是市场的主体,其基于错位和越位制定的一些推荐性标准的有效性差,在实践中往往出现推荐性标准"推而不用",企业自愿采用推荐性标准的积极性不高。比如,托盘作为物流业的重要器具,虽然 2008 年发布了国家标准,但在我国现有的 10 亿多片托盘中,标准托盘不足 10%,实现共用的仅有 1%,严重影响了物流效率。

3. 标准供给以政府为主,市场主体活力未能有效激发

在我国现有标准体系中,除企业标准外,其他标准均由政府制定发布,发布主体性质单一。虽然在标准的制定过程中也积极吸纳利益相关方参与,但总体上看仍由政府主导,市场和社会的资源没有充分利用、活力没有有效激发,标准化发展内生动力不足。随着经济、社会、科技快速发

展,标准化需求快速增长,以政府标准为主的标准体系难以紧贴产业实际,不能及时准确反映并满足需求,特别是在高新技术领域,这一矛盾更加突出。而与此同时,我国产业联盟、行业协会等社会组织近年来不断发展壮大,广东、北京、山东、浙江等地区团体标准化活动蓬勃发展,许多协会、产业联盟等社会组织制定了快速响应技术创新和产业需求的团体标准。但是,由于团体标准没有法律地位,未被纳入《标准化法》所确定的四级标准体系内,所以在实施过程中遇到了许多问题。团体标准很难被广大用户接受,难以发展壮大,无法有效弥补政府标准供给的不足。从国际上看,团体标准早已成为欧美等发达国家标准体系的重要组成部分。以美国为例,其国家标准体系中,以协会、联盟等组织制定的团体标准占据美国标准体系的绝大部分。美国试验与材料协会(ASTM)、美国机械工程师协会(ASME)、美国电气和电子工程师协会(IEEE)等在内的著名协会组织制定的团体标准,不仅在美国应用,还成为了世界知名标准品牌,被国际标准化组织(ISO)等国际标准组织以及世界各国的企业广泛采用,影响力巨大。

三、具体建议

按照党的十八届三中全会提出的"处理好政府和市场的关系,使市场在资源配置中起决定性作用和更好发挥政府作用"改革目标,围绕解决标准化目前存在的标准体制和管理体制问题,建议重点从以下几个方面对《标准化法》进行修改。

1. 加快《标准化法》的修改

《标准化法》自颁布实施至今已有 27 年的时间,该法在有计划的商品经济条件下制定,已经明显不适应经济社会发展的需要。国外许多国家都根据本国经济社会发展的要求,围绕理顺政府和市场关系,对标准化法及时做出修订。例如,《俄罗斯标准化法》于 1993 年颁布后,于 1995 年作了修订,2002 年又改为《俄罗斯技术监督法》。《俄罗斯标准化法》的修订顺应了俄罗斯经济发展与 WTO 原则协调的需要。《日本工业标准化法》

修订更为频繁，其修订多达16次，其中有一年就修订了3次。日本对标准化法的不断修订，目的就是为了更好地适应本国社会经济和国际贸易发展的需要。目前，我国《标准化法》修改已列入本届全国人民代表大会（以下简称"全国人大"）一类立法计划，《标准化法修正案（草案）》已报送国务院审议。因此，建议国务院法制办加快《标准化法》的立法审查与协调，加快工作进度，尽快报送全国人大审议，以更好地界定政府与市场在标准化中的地位和作用，更好地支撑经济社会发展。

2. 关于《标准化法》修改的具体建议

（1）加强强制性标准统一管理，更好地发挥红绿灯作用。一是统一强制性标准管理。为解决强制性标准多部门制定发布、各级标准交叉重复矛盾的问题，建议取消强制性行业标准和强制性地方标准，只设强制性国家标准一级，对确有必要强制执行的行业标准和地方标准，逐步转化、整合为强制性国家标准，既提高强制性标准的权威性，也提高强制性标准的有效性。二是严格限定强制性标准的制定范围。为解决强制性标准超范围制定的问题，建议强制性标准应以保障人身健康和生命财产安全、国家安全、生态环境安全为目的，产品标准不制定强制性标准。从而实现强制性标准的大幅瘦身，便于对强制性标准的质量及效益进行评估，提高强制性标准的科学性。

建议将《标准化法》第7条修改为："国家标准分为强制性标准和推荐性标准。行业标准和地方标准为推荐性标准。

"为保障人身健康和生命财产安全、国家安全、生态环境安全以及满足社会经济管理基本要求，需要统一的技术、管理和服务要求，应当制定强制性标准。国家对强制性标准实施统一编号、审批和对外通报。强制性标准的管理办法，由国务院制定。"

（2）优化推荐性标准管理，实现"瘦身"。为解决推荐性标准"推而不用"的问题，应明确政府制定的推荐性标准的范围，以基础通用、与强制性国家标准配套的标准为重点，提高标准协调性。凡能够依靠社会组织和市场机制有效供给标准的领域，政府标准要逐步退出，从而缩减推荐性标准的数量和规模，突出其公益属性。

建议《标准化法》第 6 条增加一款:"国家标准、行业标准和地方标准以制定基础通用、与强制性国家标准配套的标准为重点,一般不制定产品标准。"

(3)明确团体标准的法律地位,激发市场活力。为解决有效标准供给不足的问题,建议在新修订的《标准化法》中,明确赋予团体标准法律地位。允许社会团体基于自愿和市场需求以及产业发展,制定一般产品和服务的竞争性技术标准。政府不得干涉团体标准的制定,不对社会团体制定标准资质进行行政许可。团体标准由市场自由选择和自愿使用,发挥由市场竞争机制对团体标准优胜劣汰的作用,从而充分激发市场主体的创造活力。

建议在第 6 条增加一款:"依法成立、具备相应专业技术能力的社会团体可以制定团体标准,供社会自愿采用。"

第十二届全国人大代表(代表证号 0628) 孙宪忠

[建议题目]
关于尽快制定我国个人信息保护法的建议①

一、案由

　　近年来，因为个人信息泄露而造成的社会问题可以说是愈演愈烈，造成的损害非常严重。不论是徐玉玉死亡案件、李文星死亡案件这些尖锐的个人受损害案件，还是集群性、大面积的民众尤其是老年人群体、青年学生群体受诈骗案件，都不但引起了社会的愤恨，也引起了社会的恐慌。据2017年"两会"期间某个记者见面会公布的消息，仅2016年，我国6.88亿网民因垃圾短信、诈骗信息、个人信息泄露等承受的经济损失达915亿元。有关司法机关开展的针对这些和个人信息泄露有关的案件的查处，可以说是力度越来越大，不仅仅国内的打击而且跨国境的打击也已经多次举行。但是事实上在无数次这样的严厉打击面前，信息泄露造成的损害还是没有得到有效制止。这种情况发生的原因，我国仔细分析之后发现，造成信息泄露和损害的源头并没有得到有效地治理——信息采集、保管和利用的法律规制在我国尚付阙如。目前关于信息保密义务也只是在一些单行法规或者行政规章中有零散的规定，而没有系统的规制。所以我们现在的治理，只是末端治理而不是源头治理。

　　近年来，随着我国民法典编纂工作的展开，法学界一些同事提出，希望在民法典中规定独立的人格权编，通过人格权保护的方法来治理信息泄露问题。我们认为，这个建议可以说完全无法采纳，因为信息采集、保管、利用、泄露犯罪和侵权，看起来互相有联系，但是实际上涉及行政

---

① 本建议提交于2017年。

法、刑法、民法多个法律，民法在其中发挥的作用比较弱小。比如，山东徐玉玉信息泄露案件，泄露者是教育行政管理部门、招生办、大学、中学等，要解决这个案件中的信息保护问题，就应该从掌管信息的这些部门入手，这就不是个民法问题。针对一些政府部门，电信部门、IT产业、互联网产业、铁路、民航、银行、学校、商场、医院信息收集信息和保管信息的社会群体性行为，民法完全是无能为力的。另外，将来我国要建立的各种数据中心，所依靠的法律就是典型的行政法规则而不是民法规则。事实上，信息保护的立法对策，首先应该是行政法、刑法，民法上的侵权问题并不是主要的法律手段，因为《民法总则》第111条并不禁止收集和保管个人信息，而现实的问题恰恰首先出现在信息的收集、保管和利用的环节。

另外，目前我国社会和法学界一些同事将信息和"隐私"相混淆，从而把信息保护纳入到隐私保护，进而纳入到人格保护；进而用人格权保护的方法来保护信息，这种观点也是不正确的。因为，信息是可以为他人甚至必须为他人所掌握的（比如电话号码、家庭住址等），而隐私是绝对私密的，不能透露给任何人的。因此我国《民法总则》第110条规定了包括隐私在内的人格权保护，而第111条规定了信息保护，以示这两件事情有重大的区别。我们可以看到，不论是徐玉玉案件还是李文星案件，泄露的都是信息，而不是隐私。如果法学界在这个问题上不能建立准确认识，那必将会把信息保护问题引入歧途。

我们注意到，在本项立法建议提出之前，已经有全国人民代表大会（以下简称"全国人大"）代表提出了制定个人信息保护法的立法建议，这些年来还不断出现相关议案或者建议案。我们在这里提出的建议使用了"尽快"一词，表示对这一建议的支持。另外，我们也发现，以前一些议案或者建议案，多是根据现实问题提出的呼吁，其中多欠缺立法科学性、系统性对策。所以我们的建议并不是一项附议，而是基于立法专业性质的分析。

本项建议案的要点，是考虑到信息保护涉及多个法律领域、多种法律手段，因此必须采取综合治理的方式来解决信息保护问题。通过立法对策分析，我们认为，我国应该通过制定信息保护的特别法来解决这个严重而且紧迫的社会问题。

二、案据

1. 信息侵害的源头在于信息的采集和保管

根据中国社会科学院多年以来的研究，我国信息侵害的源头在于信息的采集和保管环节。中国社科院法学研究所针对个人信息保护现状组成的课题组，在全国多个地区进行调研，发现了很多涉及信息保护的问题。借鉴这些资料和我们的调查，发现信息保护的法律制度缺陷十分明显而且严重。主要在于：

（1）收集个人信息没有准入规则，似乎谁都可以收集个人信息。现实生活中我们可以发现，在我国没有收集个人信息的法律准入规则，谁都可以采集个人信息。除了一些政府部门和商家之外，我们还可以在一些公共场所遇到一些采集个人信息的个人或者企业。甚至有一些民间调查结构，似乎可以私自设立收集活动，把采集个人信息作为自己的专业。另外，一些没有必要收集个人信息的单位，为了固定自己的客户，也会采取各种手法收集个人信息。

（2）有权收集个人信息者，多数存在着过度收集的问题。有关机构办理个人业务采集信息时，过度收集成为普遍现象，把大量基本无关的个人信息纳入自己的控制范围之内。从目前掌握的情况看，几乎所有相关行业都存在着采集与本业务无关的信息的问题。一些政府部门收集的个人信息，可以说无所不包。电信部门、IT 产业、互联网产业、铁路、民航、银行、学校、医院或者个体医生等部门，总是要利用自己预先确定的格式条款合同来收集个人信息，都采集了与自己专业无关的身份信息。比如，这些部门常常要求个人登记自己的家庭电话、手机号码、电子邮箱、银行卡号码、家庭住址以及家庭成员的情况等信息，这些信息实际上有很多和这些机构的业务毫无关系。在这一方面做得最为过分的是一些商家，他们借助为客户办理积分卡的名义，要求客户提供的个人信息甚至要包括工作机构、受教育程度、婚姻状况、子女状况等全部信息。一些银行甚至要求申办信用卡的客户提供个人党派信息、配偶资料乃至联系人资料等。

（3）掌握个人信息者，均认为他们获得的信息是自己的财产，而不认为自己应该对于信息涉及自然人承担严肃的法律义务。最近，腾讯与华为两个大公司之间，因为关于用户数据收集发生了激烈争议。新浪和脉脉也为抓取"微博"用户数据而发生激烈争议。北京市某法院刚刚审结了淘友技术公司等与微梦公司合作期间取得并使用新浪微博用户的职业信息、教育信息的案件。本人从这些案件的材料中看到，这些公司都认为这些个人信息属于自己本公司的资产，如果未经许可取得别的公司的资产，就认为这是侵权。但是，这些公司没有一家认识到，这些信息涉及的信息主的权益问题，也认识不到自己对信息主严肃的法律义务。

（4）擅自披露个人信息。有关机构未获法律授权、未经本人许可或者超出必要限度地披露他人个人信息的情形普遍而且严重。比如，一些地方对行人、非机动车交通违法人员的姓名、家庭住址、工作单位以及违法行为进行公示；有些银行通过网站、有关媒体披露欠款者的姓名、证件号码、通信地址等信息；有的学校在校园网上公示师生缺勤的原因，或者擅自公布贫困生的详细情况。

（5）对个人信息保管不力，内部管理不严格。获得个人信息者，一般均不设定信息保护密码，或者只设立非常简单的密码，不但这些单位职工非法转让个人信息牟利，其他一些不法分子也可以登录其网页找寻他们占有的个人信息。从媒体报道的情况看，这种情形以银行、保险公司、航空公司、铁路、医院、大中小学校、教育行政管理部门等行业为甚。这些部门对于他们收集的个人信息没有采取必要的管理措施，造成信息被本单位职工和他人盗用牟利。

（6）非法买卖个人信息。调查发现，社会上出现了大量兜售房主信息、考生信息、股民信息、商务人士信息、车主信息、电信用户信息、患者信息的现象，并以此形成了违法和犯罪产业，从而造成严重的社会恶果。徐玉玉案件、李文星案就是典型。现在，考生在高考之后，其个人信息很快就会进入市场被买卖。个人在办理购房、购车、住院等手续之后，相关信息被有关机构或其工作人员卖给房屋中介、保险公司、母婴用品企业、广告公司等。

2. 我国现有立法分析

显然，建立保护个人信息的立法，在目前已经显得刻不容缓。这是因为我国目前还没有这样的法律。目前，我国法律提及个人信息保护的，在国家基本法层面的，仅仅只有2017年3月刚刚制定的《民法总则》的第111条。该条文规定："自然人的个人信息受法律保护。任何组织和个人需要获取他人个人信息的，应该依法取得并确保信息安全，不得非法收集、使用、加工、传输他人个人信息，不得非法买卖、提供或者公开他人个人信息。"这个规定从基本法的角度第一次建立了信息保护的规则，可以说意义非常重大。但是我们从它的内容可以清楚看出，这个法律条文是从禁止侵害的角度来保护个人信息的。这个条文没有禁止采集、保管和利用信息，那么，如何合法地"收集、使用、加工、传输"个人信息，这个法律条文没有任何规定。《民法总则》的这个规定是十分正确的，因为民法无法建立管理社会群体性行为的规则。从上文的分析我们可以看出，信息的采集、保管、利用，在我国是涉及很多机构和单位的群体性社会行为。举例来说，可以发生这些行为的，有公安以及民政等多个政府部门，也有互联网产业、电信产业、IT产业、铁路、民航、银行、学校、医院或者个体医生等产业行业。对这种群体性社会行为建立法律规则，属于社会管理性规则，这种法律规制显然应该属于行政法范畴，而不是民法能够承担的责任，所以《民法总则》仅仅从侵权禁止的角度（也就是上文所说的信息保护的末端治理的角度）来规定个人信息保护是非常正确的。

另外，我国针对个人信息保护的法律还有《刑法》。2009年2月，我国最高立法机关通过了《刑法修正案（七）》，在《刑法》第253条后增加一条，作为第253条之一："国家机关或者金融、电信、交通、教育、医疗等单位的工作人员，违反国家规定，将本单位在履行职责或者提供服务过程中获得的公民个人信息，出售或者非法提供给他人，情节严重的，处三年以下有期徒刑或者拘役，并处或者单处罚金。"之二："窃取或者以其他方法非法获取上述信息，情节严重的，依照前款的规定处罚。"之三："单位犯前两款罪的，对单位判处罚金，并对其直接负责的主管人员和其他直接责任人员，依照各该款的规定处罚。"这个规定虽然十分重要，但是因为它仅仅规定了信息犯罪与惩罚的规则（这是立法职责划分的必要），它仍然是信息保护的末端治理，而不是源头治理。该法律修正案生效已经多年，它在打击信息犯罪方面确实发挥了极大的作用，但是我们可以看到,这种犯罪仍然没有得到有效的遏制。这一点非常清楚地说明了对信息保护的立法必须转变观念。

事实上,我国已经制定的针对某些行业和部门的单行法规中,已经规定了不少涉及个人信息保护的内容,尤其是近年来全国人大常委会制定的法律包括单行法律在内,都注意写入个人信息保护的内容。如下表格可以清楚地看到这一点。

我国涉及个人信息保护的单行法律规定

法律	条文	内容
《网络安全法》（2016年制定）	第22条第3款	网络产品、服务具有收集用户信息功能的,其提供者应当向用户明示并取得同意;涉及用户个人信息的,还应当遵守本法和有关法律、行政法规关于个人信息保护的规定。
	第30条	网信部门和有关部门在履行网络安全保护职责中获取的信息,只能用于维护网络安全的需要,不得用于其他用途。
	第40条	网络运营者应当对其收集的用户信息严格保密,并建立健全用户信息保护制度。
	第41条	网络运营者收集、使用个人信息,应当遵循合法、正当、必要的原则,公开收集、使用规则,明示收集、使用信息的目的、方式和范围,并经被收集者同意。 网络运营者不得收集与其提供的服务无关的个人信息,不得违反法律、行政法规的规定和双方的约定收集、使用个人信息,并应当依照法律、行政法规的规定和与用户的约定,处理其保存的个人信息。
	第42条	网络运营者不得泄露、篡改、毁损其收集的个人信息;未经被收集者同意,不得向他人提供个人信息。但是,经过处理无法识别特定个人且不能复原的除外。 网络运营者应当采取技术措施和其他必要措施,确保其收集的个人信息安全,防止信息泄露、毁损、丢失。在发生或者可能发生个人信息泄露、毁损、丢失的情况时,应当立即采取补救措施,按照规定及时告知用户并向有关主管部门报告。
	第43条	个人发现网络运营者违反法律、行政法规的规定或者双方的约定收集、使用其个人信息的,有权要求网络运营者删除其个人信息;发现网络运营者收集、存储的其个人信息有错误的,有权要求网络运营者予以更正。网络运营者应当采取措施予以删除或者更正。
	第44条	任何个人和组织不得窃取或者以其他非法方式获取个人信息,不得非法出售或者非法向他人提供个人信息。

(续表)

法律	条文	内容
《网络安全法》(2016年制定)	第45条	依法负有网络安全监督管理职责的部门及其工作人员，必须对在履行职责中知悉的个人信息、隐私和商业秘密严格保密，不得泄露、出售或者非法向他人提供。
	第74条	违反本法规定，给他人造成损害的，依法承担民事责任。违反本法规定，构成违反治安管理行为的，依法给予治安管理处罚；构成犯罪的，依法追究刑事责任。
《全国人民代表大会常务委员会关于加强网络信息保护的决定》(2012年制定)	第1条	国家保护能够识别公民个人身份和涉及公民个人隐私的电子信息。 任何组织和个人不得窃取或者以其他非法方式获取公民个人电子信息，不得出售或者非法向他人提供公民个人电子信息。
	第2条	网络服务提供者和其他企业事业单位在业务活动中收集、使用公民个人电子信息，应当遵循合法、正当、必要的原则，明示收集、使用信息的目的、方式和范围，并经被收集者同意，不得违反法律、法规的规定和双方的约定收集、使用信息。 网络服务提供者和其他企业事业单位收集、使用公民个人电子信息，应当公开其收集、使用规则。
	第3条	网络服务提供者和其他企业事业单位及其工作人员对在业务活动中收集的公民个人电子信息必须严格保密，不得泄露、篡改、毁损，不得出售或者非法向他人提供。
	第4条	网络服务提供者和其他企业事业单位应当采取技术措施和其他必要措施，确保信息安全，防止在业务活动中收集的公民个人电子信息泄露、毁损、丢失。在发生或者可能发生信息泄露、毁损、丢失的情况时，应当立即采取补救措施。
	第8条	公民发现泄露个人身份、散布个人隐私等侵害其合法权益的网络信息，或者受到商业性电子信息侵扰的，有权要求网络服务提供者删除有关信息或者采取其他必要措施予以制止。
	第11条	对有违反本决定行为的，依法给予警告、罚款、没收违法所得、吊销许可证或者取消备案、关闭网站、禁止有关责任人员从事网络服务业务等处罚，记入社会信用档案并予以公布；构成违反治安管理行为的，依法给予治安管理处罚。构成犯罪的，依法追究刑事责任。侵害他人民事权益的，依法承担民事责任。

(续表)

法律	条文	内容
《消费者权益保护法》（2014年修正）	第14条	消费者在购买、使用商品和接受服务时，享有人格尊严、民族风俗习惯得到尊重的权利，享有个人信息依法得到保护的权利。
	第29条	经营者收集、使用消费者个人信息，应当遵循合法、正当、必要的原则，明示收集、使用信息的目的、方式和范围，并经消费者同意。经营者收集、使用消费者个人信息，应当公开其收集、使用规则，不得违反法律、法规的规定和双方的约定收集、使用信息。 经营者及其工作人员对收集的消费者个人信息必须严格保密，不得泄露、出售或者非法向他人提供。经营者应当采取技术措施和其他必要措施，确保信息安全，防止消费者个人信息泄露、丢失。在发生或者可能发生信息泄露、丢失的情况时，应当立即采取补救措施。 经营者未经消费者同意或者请求，或者消费者明确表示拒绝的，不得向其发送商业性信息。
	第50条	经营者侵害消费者的人格尊严、侵犯消费者人身自由或者侵害消费者个人信息依法得到保护的权利的，应当停止侵害、恢复名誉、消除影响、赔礼道歉，并赔偿损失。
《旅游法》（2016年修正）	第52条	旅游经营者对其在经营活动中知悉的旅游者个人信息，应当予以保密。
	第86条第2款	监督检查人员对在监督检查中知悉的被检查单位的商业秘密和个人信息应当依法保密。
《居民身份证法》（2011年修正）	第6条第3款	公安机关及其人民警察对因制作、发放、查验、扣押居民身份证而知悉的公民的个人信息，应当予以保密。
	第13条第2款	有关单位及其工作人员对履行职责或者提供服务过程中获得的居民身份证记载的公民个人信息，应当予以保密。
	第19条	国家机关或者金融、电信、交通、教育、医疗等单位的工作人员泄露在履行职责或者提供服务过程中获得的居民身份证记载的公民个人信息，构成犯罪的，依法追究刑事责任；尚不构成犯罪的，由公安机关处10日以上15日以下拘留，并处5千元罚款，有违法所得的，没收违法所得。 单位有前款行为，构成犯罪的，依法追究刑事责任；尚不构成犯罪的，由公安机关对其直接负责的主管人员和其他直接责任人员，处10日以上15日以下拘留，并处10万元以上50万元以下罚款，有违法所得的，没收违法所得。 有前两款行为，对他人造成损害的，依法承担民事责任。

（续表）

法律	条文	内容
《护照法》（2006年制定）	第12条第3款	护照签发机关及其工作人员对因制作、签发护照而知悉的公民个人信息，应当予以保密。
《社会保险法》（2010年制定）	第92条	社会保险行政部门和其他有关行政部门、社会保险经办机构、社会保险费征收机构及其工作人员泄露用人单位和个人信息的，对直接负责的主管人员和其他直接责任人员依法给予处分；给用人单位或者个人造成损失的，应当承担赔偿责任。
《统计法》（2009年修正）	第9条	统计机构和统计人员对在统计工作中知悉的国家秘密、商业秘密和个人信息，应当予以保密。

除此之外，还有一些政府部门的规章也对此做出了规定。比如信息产业部于2000年11月7日发布的《互联网电子公告服务管理规定》中提及"电子公告服务提供者应当对上网用户的个人信息保密，未经上网用户同意，不得向他人泄露"，违反此规定者，由电信管理机构责令改正，给上网用户造成损害或者损失的，依法承担法律责任。这个部门规章只是规定了互联网领域的信息泄露处理方法，在《民法总则》没有制定之前也发挥了一定的作用，但是其作用的范围是有限的。此外还有一些管理部门，从不同的角度建立了一些个人信息保护的规则。

应该看到这些规定在保护个人信息方面已经发挥了很大的作用。但是，我们还要看到，这些规定的特点基本上都是制裁性规范，也就是末端行为规范，而没有引导性的行为规范，即源头治理的规范，也就是我们在上文讨论中提到的，从信息的收集、保管、利用各个环节提出的一般要求性的规范。这些法律中，对个人信息保护规定比较多的2015年的《网络安全法》，它对于网络上信息的收集和保管制定了比较多的管理性内容。但是从个人信息保护的角度看，该法的缺陷还是很明显的：

（1）它的适用范围是有限的，它的立法目的是网络安全，而不全是个人信息保护，它不能解决我们在上文提到的全部问题。

（2）该法的内容无法包括全部收集个人信息的政府部门、电信部门、

IT产业、互联网产业、铁路、民航、银行、学校、商场、医院和个人等。

（3）该法一些制度显得简单，不够细致。

基于以上分析，我国现在真正需要建立的信息保护法律制度，是能够满足从信息采集、保管、利用的源头来保护的制度。对个人信息保护的现状进行治理，必须首先是源头治理，当然，对信息侵权、犯罪的法律措施也应该紧密跟上。所以我们在这里郑重提出制定个人信息保护法、以行政法规则、民法规则和刑法规则相结合的综合治理的方式来建立信息保护制度的建议。

3. 国际和境外立法例

目前，世界上已经有九十多个国家和地区制定了独立的个人信息保护法，其中的典型是欧盟的《通用数据保护条例》、新加坡的《个人资料保护法令》、日本的《个人信息保护法》和台湾地区的"个人资料保护法"等。如此多的国家和地区都认识到，依靠单一的法律来建立信息保护制度是不可取的。

三、方案

建立个人信息保护法的基本出发点：一是从源头保护做起，二是采取综合手段保护。当然，在立法中，我们应该准确地定义什么是个人信息，不要把个人隐私纳入进来，以避免立法走入歧途。我们认为，综合保护个人信息，首先要从信息获得的源头建立制度，然后才是法律制裁。从这些思路入手，我们认为，我国的个人信息保护法确立的法律制度，应该包括如下方面：

1. 关于信息的采集

首先，我们建议建立信息采集的许可原则，法律禁止任何机构、单位或者个人，在没有获得法律许可的情况下采集个人信息。采集信息者，事先应该就其采集的方式、内容、对象等报请有关部门审批。其次，应该采纳同意原则，不论是信息的采集、使用或者披露，都应该获得信息主的同意。采集者必须事先向信息主做出充分的说明，使得信息主知悉采集信息的必要性与可靠性。在使用信息的环节，应该在尽可能的情况下让信息主知悉信息利用的目的、方式和范围等。如果因为客观的原因不能让信息主知悉，那么就应该获得政府主管机构的审批。再次，信息的采集采取秘密原则，采集信息的过程应该足够隐蔽，防止其他人趁机窃取。最后，信息的采集应该适用范围限制原则，即法律只能许可采集有范围限制的信息，不许可任何单位和个人漫无边际地采集他人信息。

2. 对信息的权利和义务

个人信息保护立法的核心环节，是法律许可机构或者个人获得他人信息之后，涉及信息占有者和信息主之间的权利和义务问题。这个问题是立法的核心环节，涉及的法律问题需要借助于各个法律学科共同的力量来攻关解决。无论如何我们认为，信息获得者对这些信息仅仅只有占有的权利，并没有所有权。我们不同意信息占有者将这些信息当做自己的财产的观点。同时，我们必须强调，按照《民法总则》第111条，信息获得者对获得的信息负有严格保护的义务，以及依法使用的义务等。就信息涉及的权利和义务问题，应该作为立法认真讨论解决。

3. 行政监管，以及信息保密普遍义务和法律责任

从行政管理的角度，在国家层面设立专门机构，对个人信息安全承担全面的责任。在立法之内，设立专门条文，对各种机构、产业和行业逐一提出普遍的保密义务和法律责任。这一次立法建立的规范，不能仅仅限制于某些机构或者部门，而应该针对全部政府部门、电信部门、IT产业、互联网产业、铁路、民航、银行、学校、医院或者个体医生等占有他人信息者。这个法律应该是一个社会群体性行为的系统规范，而不是一个行业的规范。所以在法律上提出的义务和责任应该具有普遍性。

另外，我们现在必须提出在信息上加密的普遍义务和责任。从目前情况看，这种义务必须作为强制性规则来推行。信息安全保护机关有权力按照这一普遍责任和义务，督促占有个人信息的机构或者产业行业单位、个人履行相关责任和义务，并对其违法行为予以惩戒。比如，可以依据个人信息保护法，要求电信产业设立防止利用信息诈骗的保护网，也可以要求互联网产业设立诈骗信息屏障等。现在，几乎每一个有手机的人都收到过

诈骗信息；家庭电话，也不断收到诈骗电话。这些从技术上来看似乎并不难解决的问题，长期没有得到解决。行政机关可以设立时限，要求相关产业完成这些保护措施。

4. 严格责任

在个人信息保护方面涉及民事责任时，我们认为应该建立普遍的严格责任制度，把侵权人的抗辩理由压缩到极小范围。另外，在信息泄露者和利用信息侵害者之间，应该首先建立由信息泄露者对受害人赔偿的法律规则。如果能够建立这样的规则，那么信息泄露的问题大多数就可以解决。

5. 刑事责任

在追究信息保护涉及的刑事责任方面，我们认为目前的立法还有两个显著缺陷：

（1）目前我国在打击信息泄露而造成大量的恶性社会案件时，司法机构主要是把那些利用被泄露的信息来造成犯罪恶果的罪犯当做打击的目标，司法机构为此付出了极大的辛苦，社会公众都能看得见。但是，我们的司法机构从来没有对那些因为自己收集信息、保管信息而泄露信息的政府部门、电信部门、IT产业、互联网产业、铁路、民航、银行、学校、商场、医院追究责任。从目前的科学技术发展水平看，确定信息泄露源头应该不是一件难事。如果不对这些泄露信息者追究责任，问题还是不能根治。

（2）对那些利用被泄露的信息来故意犯罪者应该加大制裁。古人言，治乱世须用重典，目前个人信息保护的问题如此严重，司法机关的打击跟不上，明显是受到了现行法律的束缚。现在我们必须立即解开这些束缚，尽快解决这一问题。

显然，如上综合治理措施，应该统一纳入到个人信息保护法中为宜。

以上意见供参考。

第十二届全国人大代表（代表证号 0628） 孙宪忠

后 记

担任全国人大代表这5年，经历了很多大大小小的事情，值得回忆总结的大小事情还真是不少。这一份文集，其实也只是我在这一期间完成的部分文字，还有一些论文和其他研究性的文字，将收集起来在其他著述里发表。另外，我在2017年第十二届全国人大第五次会议上提出的两份涉及物权法的议案和其他建议，也没有收集在这里。

对《我动议》这份文集的出版，我想表示衷心感谢的人非常多。首先是曾经参与文集中的议案的部分撰写或者讨论的一些杰出的青年学者们。他们是：中国社会科学院法学所谢鸿飞研究员、朱广新研究员、窦海阳副研究员；北京大学常鹏翱教授；中国政法大学于飞教授、刘成伟教授；华东政法大学金可可教授、韩强教授；中南财经政法大学徐涤宇教授、张家勇教授；中国青年政治学院陈鑫教授；华中科技大学姜战军教授、张定军教授；西北政法大学袁震教授；上海财经大学叶名怡教授、李宇博士等。另外，还有很多青年学者，在此恕我不能一一列举其名。他们和我一直保持着学术联系，对我担任全国人大代表撰写议案、提出建议给予了很多帮助。

我担任全国人大代表期间，全国人大常委会以及法制工作委员会、中国社会科学院、社科院法学所的多位领导和同事，给我的工作提供了有力的支持。因工作纪律要求不能一一列举其名，但内心对他们的感谢是满满的。

交付整个书稿的时候，我不由得想起 2013 年参加第十二届全国人民代表大会第一次会议的一段往事。在审议最高人民法院工作报告这个环节，我针对当时法院将一些重大事项列为不立案使得民众告状无门的规则，提出了自己的批评意见。我发言道，对于涉及民生的重大事宜的争议，法院不立案，把矛盾推向了社会，这不但会造成民众对我国法制不信赖，而且也会损害民众的利益。《法国民法典》第 4 条规定，法官不得拒绝审判，否则就要承担刑事责任。提这个条文的意思，是希望我国法院能够思考借鉴。我话音未落，一位全国人大代表立即站出来对我提出批评：在这样庄严的人大会议上，还有人引用西方资产阶级的法律来批评我们！我们的司法，决不许可这样的批评！这位代表对我引用西方法律的批评，不但让我一时语塞，而且也使得当时的会场一下子冷寂下来。那是我第一次以人大代表的身份发言，我也没有想到会受到这么严厉的责备，一时心情沉重。幸亏当年最高人民法院领导更换，新的法院领导班子不久就建立了立案登记制，比较彻底地解决了法院立案环节的问题。之后我国又开始了意义深远的司法体制改革，开始全面地革除不符合依法治国原则、不符合司法体制运行规律的种种弊端，从此我国司法体制开始真正承担起了国家治理的职责。五年过去，回想起 2013 年那次会议上本人因为提起改变法院立案制度，因为引用了《法国民法典》的条文而受到严厉责备的那一幕，我自己也只是哑然一笑。

举这样一个小小的例子，我想说明的是，我们国家确确实实地变了。她不仅经济更为强大，而且政治也更加清明，法制更加健全，民生民权更加有保障。确实，这五年是中国政治社会刮骨疗毒的五年，是中国经济体制真正转型发展的五年，是中国法制重大变革的五年，尤其是民众权利保障的法制走上完善的五年。总而言之，是中华民族重拾信心、昂首阔步的五年！这些重要的发展变化，确实有一些是我作为一名全国人大代表亲历的所见所闻，当然也是很多人的共识。在这个伟大的变革过程中，我们大家都是劳动者，大家都在做出贡献。我和其他代表一起参加立法、参加法律执行和司法的监督工作，提出议案和建议，这是我的职责，也是在响应时代的呼唤。我个人的这一段经历虽然只能说是这个伟大时代的小小的片段和侧面，但是正如哲人所言，一滴水也能反映太阳的光辉。本人的这本文集，也能够反映出这一段我们国家走过的辉煌。无论如何，在如此短暂的时间里参与国事，有机会替人民代言，于公于私，都值得做一份简单的总结。

以此为后记。

孙宪忠
2018 年 1 月　北京天宁寺

图书在版编目（CIP）数据

我动议：孙宪忠民法典和民法总则议案、建议文集/孙宪忠著. —北京：北京大学出版社，2018.3

ISBN 978 - 7 - 301 - 29378 - 2

Ⅰ．①我… Ⅱ．①孙… Ⅲ．①民法—中国—文集 Ⅳ．①D923.04 - 53

中国版本图书馆 CIP 数据核字（2018）第 032643 号

书　　　名	我动议——孙宪忠民法典和民法总则议案、建议文集 WO DONGYI——SUN XIANZHONG MINFADIAN HE MINFA ZONGZE YI'AN、JIANYI WENJI
著作责任者	孙宪忠　著
责 任 编 辑	陆建华
标 准 书 号	ISBN 978 - 7 - 301 - 29378 - 2
出 版 发 行	北京大学出版社
地　　　址	北京市海淀区成府路 205 号　100871
网　　　址	http://www.pup.cn　http://www.yandayuanzhao.com
电 子 信 箱	yandayuanzhao@163.com
新 浪 微 博	@北京大学出版社　@北大出版社燕大元照法律图书
电　　　话	邮购部 62752015　发行部 62750672　编辑部 62117788
印 刷 者	三河市北燕印装有限公司
经 销 者	新华书店
	965 毫米×1300 毫米　16 开本　21.75 印张　319 千字 2018 年 3 月第 1 版　2018 年 3 月第 1 次印刷
定　　　价	59.00 元

未经许可，不得以任何方式复制或抄袭本书之部分或全部内容。
版权所有，侵权必究
举报电话：010 - 62752024　电子信箱：fd@pup.pku.edu.cn
图书如有印装质量问题，请与出版部联系，电话：010 - 62756370